OKTAY DIKOVA ISNIQI

EIN AUSLÄNDER RECHNET AB
51 JAHRE DEUTSCHLAND

novum ⬛ pro

www.novumverlag.com

Bibliografische Information
der Deutschen Nationalbibliothek:

Die Deutsche Nationalbibliothek
verzeichnet diese Publikation in
der Deutschen Nationalbibliografie.
Detaillierte bibliografische Daten
sind im Internet über
http://www.d-nb.de abrufbar.

© 2023 novum Verlag

ISBN 978-3-99131-655-8
Lektorat: Leon Haußmann
Umschlagfoto: Oktay Dikova Isniqi
Umschlaggestaltung, Layout & Satz:
novum Verlag

www.novumverlag.com

Gedruckt in der Europäischen Union
auf umweltfreundlichem, chlor- und
säurefrei gebleichtem Papier.

Climate neutral
Print product
ClimatePartner.com/16547-2201-1002

Inhaltsverzeichnis

Vorwort 9

Einleitung 11

Kapitel 1 – Ich … das älteste Kind 13

Kapitel 2 – Aufwachsen im Bayerischen Dorf 14

Kapitel 3 – Die Ausbildung 18

Kapitel 4 – Welt erobern mit 21 22

Kapitel 5 – Meine Disco-Freunde 27

Kapitel 6 – Meine eigene Schule 30

Kapitel 7 – Rollstuhl-Taxi 33

Kapitel 8 – USA-Besuch bei meinen Verwandten 35

Kapitel 9 – Jeder Mensch ist alleine 41

Kapitel 10 – Hartz IV und Rotlicht-Milieu 48

Kapitel 11 – Ist meiner damaligen
    Freundin Ute gewidmet 53

Kapitel 12 – Glaube und Religion 56

Kapitel 13 – 11 Jahre meines Lebens 61

Kapitel 14 – Leben oder Tod 71

Kapitel 15 – Was würden Sie tun??? 78

Kapitel 16 – Zum Schluss kommt die Abrechnung 80

Gedicht 82

Was mich betrifft 83

Nationalität 88

Gedicht 91

Die Art des Denkens verschiedener Ethnien 92

Zu den Deutschen 94

Der rote Faden 95

Und wieder ein Kapitel 99

Menschenfressendes Tier 102

Die Quadratur des Kreises 105

Deutscher als Deutsche 107

Erfolgreiche Ausländer 109

Genetik und äußere Einflüsse 111

Gedicht 115

Religion 116

Psyche und Würde 122

Der Islam 125

Ein kleines Gedicht zum Nachdenken 126

Morphium 127

Unterscheid zwischen hier geborenen Ausländern
    und neu Zugewanderten 129

Das Wort Ausländer 131

Gemischte Ehen 132

Heimat, was ist das??? 134

History 139

Gedicht 143

Der Spiegel 143

Onkel-Tom-Ausländer 144

Rassismus 147

Ein kleiner Blickwinkel,
    wieso Rassismus sehr dumm ist 149

Zwangsehen und arrangierte Ehen 151

Ressourcenverteilung 153

Der Krieg 156

WHO 159

Gedicht 161

Die Art zu leben 162

Und weil wir bei der Art des Lebens sind 165

Schulsystem und Ausländer 168

Ausländer und die Arbeitswelt 170

Gedicht 172

Das Bild der Ausländer und
    haben sie überhaupt ein Bild???? 173

Großstädte und die ländliche Gegend 176

Und nun einige Berichte, die man je nach Sicht
    interpretieren kann – das ist meine Sicht 179

Das Abschweifen 183

Gedicht 186

Nun etwas für die ausländischen Mitbürger 187

Das sollten Immigranten bedenken,
die neu in den Westen wollen 192
Die Sache mit der Wahrheit 194
Mechanismen 197
Meiner Meinung nach kann dich am besten dein
sogenannter Kontrahent therapieren und
zu deinem besten Freund werden 200
Ehrenmorde und kriminelle Ausländer 205
Was in meinen Augen Geld ist 212
Nun ein kleines Beispiel aus der Türkei 214
Unterschiede zwischen Ausländern 216
Unterschied zwischen Asylanten und Ausländern 219
Wie die Zukunft meiner Meinung
nach aussehen wird 221
Gedicht 224
Das Gefälle 225
Tribut an meine und alle anderen Eltern 227
Meine guten Erfahrungen mit den
Deutschen und Deutschland 229
Der Mensch 231
Ein ganzes Menschenleben und
doch immer ein Kind geblieben 234
Erfahrungsberichte 236
Dardan M. 237
John Dela Pina 238
Agus F. 240
Y.H. 244
Michael W. Späth 246
Florian G. 248
Marsala Koca 250
Familie Aksel 255
G.A. 257
Christian A. 261
Schlusswort 263

Vorwort

Meine lieben Leser!

Ich wollte anhand dieses kleinen Büchleins mal eine Welt der Ausländer vorstellen, die nur ein Beispiel ist für Menschen, die neben ihren Mitmenschen leben und von denen man so wenig weiß. Ich denke, die Zeit ist überreif, diesem Thema ein ernsthaftes Gehör zu schenken, um eine gute und erfolgreiche Zukunft zu gestalten für alle Menschen, die in einem Land leben und am Ende doch alle an einem Strang ziehen sollten. Ich erhoffe mir, dass die Leser dieses kleine Werk unvoreingenommen lesen und sich nicht von ihren Glaubenssätzen und Weltanschauungen beeinflussen lassen, sondern mal versuchen, ein Gefühl zu entwickeln, in dem sie sich in die Lage des Gegenübers versetzen, damit sie in eine Welt eintauchen, um sie besser zu verstehen wie eine Art Schlüssel, den ich ihnen mitgebe, um die verschlossenen Türen zu öffnen in eine andere Welt und somit jeder für sich das Beste daraus ziehen kann, um mit jeder Situation besser umzugehen, die in unserer realen Welt auf uns zukommt, ohne sich wegzudrehen oder sie vorzuverurteilen. Ich habe darauf verzichtet, ein Buch zu schreiben, in dem ich Zahlen, Daten und Fakten aus Statistiken bringe, um ein kaltes rationales Werk zu erschaffen, das emotionslos zur Kenntnis genommen wird und sogleich wieder aus den Herzen der Menschen verschwindet. Es ist so aufgebaut, dass es anhand meiner persönlichen Lebensgeschichte in späteren Kapiteln Erläuterungen dazu gibt, um eine Art Gesamtbild zu bekommen, womit man ein Verständnis entwickelt und sich vielleicht sogar die Menschen etwas näher kommen können auf der menschlichen Ebene, weil nur durch Nachdenken und Erfahrungen ist man in der Lage, dies zu bewerkstelligen. Hauptsächlich ist es den ausländischen Mitbürgern gewidmet, aber im Laufe des Lesens werden sie merken, dass ich auch versucht habe, es so zu gestalten, dass es jedem Leser gerecht wird und sich jeder in der einen und anderen Situation wiederfinden kann und somit vielleicht erkennt, dass es keine wirklich großen Unterschiede gibt zwischen den Menschen, wenn man sie auf das Wesentliche beschränkt und das ist die Menschlichkeit und der Wille zu leben ... Nun wünsche ich Ihnen eine kleine schöne und doch emotional aufreißende Reise durch das Leben eines Menschen in einer Gesellschaft von 84 Millionen Seelen. Ich hoffe, ich kann den Ausländern und allen anderen Menschen ein gerechter Vertreter sein, indem ich allen ein nettes kleines Werk zur Verfügung gestellt habe.

Einleitung

Nun sitze ich hier und weiß nicht, wie ich anfangen soll, euch eine Geschichte zu erzählen, die das Leben eines Ausländers widerspiegelt, der sich nach 51 Jahren in der Fremde fragt: Was hat das alles gebracht. Seitdem ich mich mit dem Thema auseinandersetze, kommen mir immer mehr Bilder aus meinem Leben, die ich verdrängt habe und die mich sehr nachdenklich stimmen, ob es ein lebenswertes Leben war oder wie man so schön sagt: Außer Spesen nichts gewesen, doch ein Dritter ist auf unserem Rücken reich geworden und genesen.

Ich habe so viel Trauer und, wie ich zugeben muss, Hass in mir, dass ich es auch wie ein Hass-Prediger schreiben hätte können, doch ich habe schon seit Jahren erkannt, dass man so die Welt nicht bewegen kann und erst recht nicht drehen, so bin ich zum Entschluss gekommen, es so liebevoll wie möglich zu gestalten, damit meine irdischen Geschwister zum Nachdenken angestoßen werden, aber ich werde auch sehr scharf schießen, denn nur so kommt die Wahrheit auch am besten zur Geltung. Ich hoffe, ich kann mit meinem Buch viele ausländische Mitbürger würdig vertreten und dazu beitragen, dass wir uns näherkommen als Menschen, weil jede Seite die andere näher kennenlernt und dadurch merkt, dass es auch viele Gemeinsamkeiten gibt.

Mein momentaner Stand im Leben ist alles andere als berauschend, ich bin knapp am Tod vorbeigerauscht und nun sitze ich bankrott in meiner Einzimmerwohnung; gesundheitlich angeschlagen mit meinem Zwergdackel „Jacky" und einem Haufen unerfüllter Träume, das Herz ist voller Kummer der zurückgehaltenen Tränen, die ein Krieger im Verborgenen heult, na ja, so ist das eben. Und ich habe das Gefühl, dass es vielen auch so geht wie mir, was uns doch sagen sollte, dass wir alle denselben Bedingungen im Leben ausgesetzt sind und tja, aufgeben ist keine Option für mich, weil ich Albaner bin und wieso ist das wichtig, dass ich Albaner bin, weil es besser ist, als Ausländer tituliert zu werden … nun, seitdem ich denke, wollte ich immer Albaner sein und ich denke, das ist sehr wichtig, eine Herkunft zu haben für sich selber als Mensch, aber im Gegensatz zu anderen sind wir alles sterbliche Wesen und Kinder Gottes. Ich habe immer noch die Wahl zwischen sich selbst entsorgen oder Lottogewinn, na ist das nicht gut??? So, nun lasst mich meine Geschichte erzählen und lasst euch in eine Welt entführen, die die meisten so vielleicht nicht kennen und nicht mal wussten, dass es solche Geschichten gibt.

Kapitel 1 – Ich ... das älteste Kind

Ich bin das älteste Kind unserer Familie mit zwei Geschwistern. Meine Eltern sind albanisch-bosnischer (montenegrinischer) Herkunft. Mein Vater ist Albaner und wurde vor 65 Jahren in die Türkei vertrieben vom damaligen Jugoslawischen Staat, der in der Zeit von Serben dominiert war und die uns geschichtlich immer Feinde waren, doch das ist eine andere Geschichte. Meine Mutter kommt aus Bosnien, doch ihr Vater wiederum flüchtete aus Montenegro, weil die moslemische Bevölkerung damals dort gejagt und massakriert wurde, und ich habe das leise Gefühl, dass er auch irgendwie albanischstämmig war ... Und nun zu meinen zwei Schwestern, die jünger sind als ich, die eine ist mit einem Deutschen verheiratet und sie führen ein bodenständiges Leben und die andere ist selbstständig mit einer Agentur, sagen wir es mal so, sie hat ganz oben in der Liga mitgespielt oder spielt da immer noch, und hatte einen deutschen Mann geheiratet, der auch sehr wohlhabend war, doch er dachte wohl, er findet eine bessere und hat sie mit ihrem Kind sitzen lassen, tja aber dazu später mehr. Und nun kurz zu meiner Person, ich bin 51 Jahre alt, wurde in Deutschland geboren, habe hier den Kindergarten, Grund- und Hauptschule bis zur 9 Klasse besucht, danach zwei Lehren gemacht, die ich erfolgreich abgeschlossen habe, eine war Teilezurichter und eine war Masseur und medizinischer Bademeister, nebenbei arbeitete ich beim Roten Kreuz, ehrenamtlich war ich im Sicherheitsdienst wie auch als Verkäufer tätig, auf dem Bau habe ich auch einige Erfahrungen gesammelt und ich hatte drei Sportschulen.

Kapitel 2 – Aufwachsen im Bayerischen Dorf

Meine frühsten Erinnerungen sind, dass ich in einem kleinen bayrischen Dorf in einer kleinen Wohnung aufgewachsen bin bei einer netten deutschen Familie, die ab und zu auf mich auch aufgepasst hat und beim Metzger gab es auch mal eine Scheibe Bierschinken, nun für ein Kind der 70er-Jahre war das schon etwas. Danach weiß ich nur, dass wir in das nächste Dorf gezogen sind nahe einer mittelgroßen Stadt mit dem größten Münster der Welt. Dort ging ich in den Kindergarten, bis ich, eingeschult worden bin, in der Zeit ist nicht viel Großes passiert, außer dass mein Vater sich mit einem Nachbarn gestritten hatte und zur Sicherheit das Brotmesser mitnahm oder das man mich Sauback knack genannt hat und mir vorgeworfen hat, dass ich schuld sei, das Deutschland den Zweiten Weltkrieg verloren hat, weil die Italiener sie angeblich im Stich gelassen hätten, aber ansonsten ist alles cool gewesen, ganz normale Kindheit eben ... doch in Wirklichkeit ist es bitter und es hat auch Spuren hinterlassen bei einer kleinen Kinderseele, die in der Fremde aufwächst und immer das Gefühl der Minderwertigkeit zu spüren bekommt ... in der ersten Klasse bin ich prompt durchgefallen und habe irgendwie keine Erinnerungen daran, als wenn es gelöscht wäre. In der zweiten ersten Klasse am ersten Schultag dürfte ich mit Leonida ganz hinten in der letzten Bank sitzen ohne Schultüte und da verstand ich schnell, wo mein Platz in der Gesellschaft sein wird. Bis zur 4. Klasse habe ich 4 Jahre die Schulbank gedrückt, wurde nie auf einen Kindergeburtstag eingeladen und durfte nicht am sogenannten Börsenspiel teilnehmen, weil da nur die angeblich Klügsten mitmachen dürften ... Ja und einmal bin ich mit meinem Freund spazieren gewesen und da kam ein Mann mit seinem Wagen auf dem Feldweg angerast und hat uns höchst aggressiv angeschnauzt, und wie sollte es anders sein, wir waren eben die kleinen Kanacken. Es war das erste Mal im Leben, dass ich wirklich Angst hatte, weil wir waren Kinder und ich konnte mich nicht mehr in den Spiegel schauen, da ich Angst hatte, weil Angst und Schwäche, das ist das Schlimmste gewesen in meiner Weltanschauung und ich habe es nie vergessen und das sollte mir auch nie wieder passieren, lieber ehrenvoll zugrunde gehen als mit Angst aufzugeben … mit meinen zwei Geschwistern teilten wir uns ein Zimmer und meine zwei besten Freunde, wie sollte es auch anders sein, waren Attika und Mehmet, die ich immer zu allerlei Sachen überredete, wir erkundeten die Nachbardörfer und spielten eben miteinander was Kinder eben so tun. Dann war da noch der Gilbert, ein Junge, der in dem Wohnblock wohnte, er war ganz lieb, doch etwas älter als ich und ich war immer ganz stolz, wenn er und Peter mich mal mitnahmen zum Fußballspielen oder so … und da gab es noch den „Edi", der in derselben Straße wohnte. Die Eltern waren auch voll lieb und schenkten mir zum Geburtstag manchmal etwas Gebrauchtes, das ihre Kinder nicht mehr wollten, das war der Grund, wieso ich da auf einmal auch zwei Mal im Jahr Geburtstag hatte und einmal klaute ich dem „Edi" drei römische Legionäre zu Pferd, weil ich die so toll fand, aber mich plagte mein schlechtes Gewissen, sodass ich sie früh morgens in ihrem Garten wieder zurückgelegt habe, damit keiner Verdacht schöpft … Ansonsten war nicht mehr drin, Kino, viel Spielzeug oder andere Sachen waren mir fast unbekannt … in der fünften Klasse kam ich in die Hauptschule oder wie die Politiker es liebevoll nannten Restschule … Ich spielte eine Zeitlang Fußball, war aber nicht so mein Ding, weil Ersatzbank drücken, während die Sprösslinge der anderen spielen durften, wo die Eltern dahinter standen, war nicht berauschend und ich wechselte zur Leichtathletik, die Auswahl war eben nicht so groß … die Leichtathletikgruppe war voll cool, ich dürfte mal zum Zelten mit, da war ein netter Junge, der etwa 6 bis 7 Jahre älter war und mir gleich gezeigt hat, dass er nicht so der „Kanacken-Freund" ist, aber he, da stehe ich drüber … Ansonsten war ich ein guter Langstreckenläufer, hat wohl irgendwie niemanden interessiert und eines Tages, es waren fast alles Gymnasiasten, kam ein Freund von ihnen das erste Mal zum Training, das war der Uli, und der hat mich auch prompt herausgefordert, fünf Runden um den Sportplatz zu rennen, wer besser sei. Für mich war das eine Beleidigung, weil ich seit vier Jahren im Verein war und der mich hier irgendwie wohl unterschätzt hat … klar nahm ich die Herausforderung an und als wir starteten, da wurden wir, ne, ich meine, der Uli wurde angefeuert und das machte mich traurig und sauer; nun gegen das kollektive Unterbewusstsein kann man wohl nicht viel machen und die Frage ist, ob man dafür die anderen abstrafen kann oder man die Benachteiligung eben wie ein kleiner Gandhi hinnimmt und den Kürzeren zieht … kurz gesagt ich rannte ihn fünf Runden zu Boden bis er zusammengebrochen ist und danach noch 40 Bonusrunden und das war das letzte Mal, dass man mich dort gesehen hat, ist wohl auch niemandem aufgefallen, weil nie einer nach mir gefragt hat und was ich auch supertraurig fand, war, dass die Leichtathletikgruppe auch mal eine Party gefeiert hat und dafür das Training ausfallen lassen hat, nur einer war halt nicht eingeladen … und als ich in der 5. Klasse zum Lehrer sagte, ich wolle auf die Realschule wechseln, da sagte er mir, ich sei nicht klug genug. Eines Tages brachte er einen Aufsatz von der Realschule mit und sagte, er sei sehr schwer und wir könnten uns ja mal daran versuchen und welch Wunder, der Klassenbeste war der kleine Junge, der nicht klug genug war. Nebenbei hatte ich einige Prügeleien, wo sich die Wut meiner Mitschüler an mir ausgeladen hat, doch ich konnte es gut meistern und habe fast immer gewonnen. Und noch eine kleine Erfahrung aus der Kindheit, damit ich damit abschließen kann. Als der Lehrer eine Frage gestellt hat, meldete ich mich als erstes und danach die anderen Kinder. Komischerweise nahm der Lehrer mich nicht dran, aber die anderen, sogar manche zwei Mal. Tja, die Frage ist, ob er mich nicht gesehen hat oder mich nicht sehen konnte, weil er nur das gesehen hat, was in sein Weltbild gepasst hat … wenn ein Kind schon mal mit solchen Bedingungen aufwächst, ist das mit Sicherheit nicht der beste Start für ein erfolgreiches Leben … aber he, nicht alles war dunkel. Zu Weihnachten wurde ich bei meinen Nachbaren eingeladen, durfte mir die vielen Geschenke ansehen, die mein Nachbar bekommen hat … ich weiß nicht, ob das heute noch jemandem bekannt ist, aber es waren BigJim-Figuren und das war mein Traum, den ich als Kind nie erfüllt bekommen habe, das war toll und ich bekam ein kleines Säckchen mit zwei Nüssen, eine Orange und wenn ich mehr Glück hatte, etwas Schokolade und dann konnte ich zuhause von den Spielsachen träumen, die ich beim Nachbarn unter dem Weihnachtsbaum gesehen habe ...

Kapitel 3 – Die Ausbildung

Als ich die Hauptschule verlassen habe, begann ich gleich mit einer Ausbildung in der Firma, wo mein Vater angestellt war. Nun, das ist wohl bei vielen Menschen gleich, der Bub fängt in der Firma an, wo der baba schafft ... Doch das war für mich ein Kulturschock, weil ich da zum ersten Mal mit viel Älteren zu tun hatte und ich wie ein Rehkitz war, ich hatte keine Ahnung von der Welt und deren Laster und vom behüteten Zuhause ins Leben katapultiert zu werden ist nicht einfach, wenn man vorher gezwungenermaßen noch ein Spätzünder war ... Und wie jeder weiß, sind Lehrjahre keine Herrenjahre ... Ich versuche, dieses Kapitel schnell abzuhandeln, doch es ist wichtig, damit man versteht, was im nächsten kommt. Ich traf da das erste Mal albanische Jugendliche, Bosnier, Türken; aber ausschlaggebend waren die Albaner, weil ich bis dahin wusste, dass ich albanischer Herkunft war, aber mir kein wirkliches Bild darüber machen konnte ... ein Kroate und ein Albaner waren da auch gleich meine zwei besten Freunde, es ist seltsam, aber immer schließen sich Menschen zu Gruppierungen zusammen, wo man sie nicht integrieren will, um eine kleine Mauer zu bilden, die das scheinbare Überleben sichert, ob es nun real ist oder nicht ... und ja, in der Firma gab es wieder mal die netten Leute, die mich spüren lassen haben, dass ich ein Ausländer bin ... und mein Berufschullehrer sagte mir, ihr seid wie Tiere, die man mit Stecken und Speeren jagen muss, indem er mich gegen die Wand presste, zu der Zeit war ich eben noch klein und schmächtig und hatte einem erwachsenen Mann gegenüber nicht viel entgegenzusetzen ... doch ich muss auch eine Lanze brechen für die Deutschen und das ist der Punkt, der es schwer macht, es gab auch wundervolle Deutsche, die einen mit Respekt behandelt haben, die einen auch fürsorglich behandelt haben und das zeichnet den Deutschen eben auch aus und das muss unbedingt zur Sprache gebracht werden ... man darf nicht vergessen es waren die 80er- und

90er-Jahre, da tickten die Uhren noch anders und in den 70ern ganz anders ... und wieso sollte man die Deutschen verurteilen, die aus Unwissenheit, Angst oder Konditionierung so gehandelt haben, wie sie es eben gemacht haben, weil meiner Meinung nach ist der Mensch immer ein Produkt seiner Umwelt und seiner Gene, die aber durch die Umwelt verändert werden können, doch das ist meine Denkweise, die ich mir im Laufe der Zeit angeeignet habe durch Beobachtung, Erfahrung und bestimmte Bücher, die ich gelesen habe ... nun so ist die Welt eben kein Ponyhof, sondern knallhart, wir werden alt, krank und sterben, das ist so wie es ist und jeder muss schauen, wo er bleibt ... Doch ich würde die verurteilen, die das Wissen haben und sich abwenden und es aussitzen, während die anderen versuchen, sich durch Kampf die wenige Butter vom Brot gegenseitig zu nehmen, weil die, die es wissen, schauen auf ihren Vorteil, sie sehen nur die Endresultate und der Weg dahin darf da ruhig auch mal ruppig sein. So mit 18 kaufte ich mir mein erstes Buch im Leben, weil ich immer wusste, dass ein Mensch mehr ist als nur das, was ich gerade lebe, arbeiten, Klamotten kaufen, Sport, Disko, nun ist ja schön und gut, doch wenn ein Mensch einen inneren Trieb hat, wie sagt man immer so schön, Potenzial setzt sich durch, muss er eben dem Ruf seiner inneren Stimme folgen. Das erste Buch war von einem Erhard Freitag und es handelte sich irgendwie um einen Nachahmer von Dr. Joseph Murphy, das positive Denken und diese Richtung vertrat. Da begann meine Odyssee, ich habe da etwa über 200 Bücher gelesen von Psychologie, Esoterik, Anthropologie, Soziologie, Philosophie und Religionen ... nun, es war auch vieles darunter, das hätte ich mir sparen können. Zu dieser Zeit fing ich mit Taekwondo an, was mich 33 Jahre begleitete und mich wohl von Drogen und Alkohol abgehalten hat, nebenbei Boxen, Wing Tsun und natürlich Fitness, was zu einem richtigen Mann nun mal dazugehörte, hahaha ... leider war das auch die Zeit, wo ich mich einige Male geprügelt habe, darauf bin ich aus heutiger Sicht nicht stolz, aber zu der Zeit war es wohl wichtig ... es waren zwei Prügeleien, an die ich mich noch gut erinnere, die eine war mit einem jungen Mann, der versuchte, mich in einer Diskothek lächerlich zu machen und da er einen Kopf größer war, hat er wohl nicht erwartet, dass ich zu einem ernsten und schnellen Gegenschlag ausholen würde als er es übertrieben hatte ... so schnell konnte er nicht mal schauen, da packte ich ihn intuitiv an den Haaren und rammte ihm das Knie ins Gesicht, weil in einem Kampf geht es immer nur um eins, um das Gewinnen, da sind die Mittel der Wahl leider frei und als er sich befreien konnte, warf er mich gegen einen Tisch, der gegen eine Wand kippte, sodass ich mich abstoßen konnte und ihn mit meinem Beinen nochmal weggetreten habe wie in so einem Western ... danach lief er mit Tränen im Gesicht weg, doch ich bin hinterher und habe mich sogar entschuldigt, weil soweit wollte ich es nicht kommen lassen, aber ich denke, es war ihm eine Lektion, dass man respektvoll mit Menschen umgehen soll. Die zweite Prügelei war auch in einer Diskothek, wo einer dachte, er muss meinen Freund Peter mit Wasser von der Theke beschütten, doch Peter tat so, als sei nichts gewesen ... ich war empört und ich kann Ungerechtigkeit einfach nicht ertragen ... Danach kreuzten sich unsere Wege an diesem Abend nochmals und als er mich erkannte, stolzierte er an mir vorbei, so als sei er ein Sieger und ich konnte es nicht sein lassen, ihm ein Bein zu stellen ... da stürzte er natürlich zu Boden und alles lachte, da stand er auf und packte mich am Kragen und ich ließ keine Zeit verstreichen, weil ich weiß, dass die meisten Menschen nicht wirklich kämpfen können und man schon erkennen kann, wer ein ernstzunehmender Gegner ist und wer nicht. So gab ich ihm unerwartet einen Handkantenschlag gegen den Unterkiefer, worauf er geschockt die Hände von meinem Kragen löste, und trat ihn noch mit zwei Frontaltritten quer durch die Diskothek, da schritten auch gleich die Türsteher ein und einer umklammerte mich von hinten, aber ich schüttelte ihn ab, als sei es nichts gewesen. Ich habe da solche Kräfte freigesetzt, dass ich die ganze Diskothek zerlegen hätte können. Da kniete der Türsteher vor Angst vor mir und bat mich, aufzuhören, ich besann mich wieder und gab nach und der andere wurde rausgeworfen ... doch der Freund des anderen kam auf mich zu und sagte, ich sei gefährlich und solche wie mich sollte man aus dem Verkehr ziehen … doch was er nicht wusste, ist, wenn ein Mensch sein Leben lang wegen jedes kleinen Vorkommnisses um seine Existenz im Leben kämpfen muss, ist er unbewusst in einer Art Kampf-Modus und wenn dieser entfacht wird, dann wird es leider sehr gefährlich. Leider, das alles muss nicht sein, aber in der Jugend wollen sich Menschen irgendwie immer beweisen, vielleicht ist das aus der tierischen Evolution bei uns hängengeblieben, sich als Platzhirsch zu beweisen, doch bei mir war es kein Beweisen eines Platzhirsches, bei mir war es aufgestaute Wut über die Ungerechtigkeit und wenn man als kleines Kind von älteren ein paar Mal knallharte Schläge auf dem Kopf spüren dürfte, dann lernt man dazu und es heißt entweder du oder er. Kleines Beispiel: einmal hat mir ein Junge, er war Deutscher, muss ich leider sagen, der bestimmt 3 bis 4 Jahre älter war, so hart auf meine Stirn geschlagen, das ich Sternchen sah, und das aus heiterem Himmel heraus bei einem normalen Gespräch … heute würde ich es so beurteilen, ich bin teilschuld gewesen, weil mein Ego es nicht ertragen konnte, ungerecht behandelt zu werden, doch das ist kein Grund für körperliche Auseinandersetzungen, sondern ein Grund, sich in Disziplin zu üben und nachzugeben … wer das alles liest, kann sich nun gut vorstellen, dass das die Versuche eines Menschen sind, seinen Platz auf der Welt zu finden, weil ohne richtiges Rüstzeug ist es schwer, sich einfach zu entfalten, man muss eben alles machen, um am Ende zu merken, dass man es hätte einfacher haben können, doch die Bedingungen waren eben wie oben geschildert alles andere als gut.

Kapitel 4 – Welt erobern mit 21

Mit 21 kündigte ich in der Firma, was meinen Vater so ganz und gar nicht gefallen hat, weil ich die Welt erobern wollte, tja jung und dumm eben … da war ich zuerst mal eine Runde arbeitslos, ich wollte weiter auf die Schule gehen, aber ich wurde nicht angenommen, nun, es hat wohl an Sympathie gefehlt sag ich mal vorsichtig vom Direktor her, da begann ich als Verkäufer bei einem Bekannten und gab das erste Mal unten im Keller seines Ladens Taekwondo-Training, das lief gleich so gut, dass ich viele Schüler hatte … Und oben im Verkaufsladen, der ein kleines altes heruntergekommenes Stück Altbau war, aber eine Art Liebe und Herzlichkeit ausgestrahlt, was einem eben immer im Herzen bleibt, ein kleines Stückchen altes Deutschland, wo heute ein Neubau-Block steht, verkaufte ich Kampfsportartikel und Heilsteine, nun, es war eine lustige und unbeschwerte Zeit, wo allerhand Menschen kamen von romantischen Kampfsportlern, die mehr reden wollten als etwas kaufen, bis zu gestörten Menschen, wenn man das so sagen darf, die in Heilsteinen und allerhand Esoterischem herumgekramt haben, um in diesem Leben klar zu kommen, weil sie meiner Meinung nach den roten Faden verloren haben im Leben und nun sich selbst überlassen waren, auf der Suche nach Befreiung, aber leider auf dem instant weg, es soll eben schnell gehen und am besten man macht selber nichts dafür … und im Hinterzimmer, wo ein alter Ofen stand, zog ich allerlei Menschen an, komischerweise hatte ich so ein Talent, die nur in den Laden kamen und mit mir über Themen sprechen wollten, die ihnen am Herzen lagen und einmal kam sogar eine Deutsche ins Hinterzimmer, die uns reden hörte und unsere Themen höchst interessant fand und uns bat, ob sie mitreden dürfte, ja, so können Mensch sich eben auch näher kommen … doch nach zwei Jahren wurde das alte, mir liebgewonnene Gebäude abgerissen, und das war es dann mit der Villa Kunterbunt …

Zwei Jahre später begann ich wieder in der Firma, wo ich die Lehre angefangen habe, das war ein Glück, weil ansonsten wäre es wohl nicht gut ausgegangen … manchmal denke ich, ich habe immer einen Schutzengel an meiner Seite gehabt … in der Firma, ja da war das Leben; behütet man bekam seinen festen Lohn, es gab die Vesperpausen und die Mittagspausen und meine per Waschanlage (Tetrachlorethen ist als krebserzeugender Gefahrstoff der Kategorie drei eingestuft. Die **chronische Aufnahme führt zu Leber- und Nierenschäden.** Es steht in Verdacht, reproduktionstoxisch und karzinogen zu sein. Die IARC stufte Tetrachlorethen im Jahr 2014 als wahrscheinlich krebserzeugend ein), an der ich arbeitete, war wieder ein Magnet für Lehrlinge, Studenten (Ferienarbeiter) und Paradiesvögel, wir sangen, trainierten und stritten uns, man mag es wohl kaum glauben, aber ein Freund von mir, der in einer Firma 20 km weiter weg beschäftigt war, sagte mir, dass man mich sogar dort kennen würde und was ich alles so da treibe. Wie gesagt, irgendwie kam ich durch ohne Mahnungen, als hätte ich eine schützende Hand über mir. Am Schluss hielten die Studenten mich noch selbst für einen Studenten, der einen Ferienjob macht … doch man darf nicht vergessen, ich arbeitete an einer per Waschanlage und wollte sogar einen Aufstand planen in meiner Abteilung, weil unser damaliger Meister ein richtig fieser und rechtsgesinnter Mann war, doch damals war rechts nicht wie heute, es war so eine Art; es gehörte zum guten Ton … so, wie ging das mit dem Aufstand aus? Am Geburtstag unseres Meisters gab es von ihm halbe Hähnchen spendiert und ich versuchte, meine Arbeitskollegen zu überzeugen, dass sie das Angebot nicht annehmen und ihm durch ihr solidarisches Verhalten zeigen, was sie von ihm halten. Das Ende vom Lied war, dass alle gegessen haben und ich alleine an meiner Waschanlage die 60 Grad heißen Metallteile aus der Waschanlage holte … Ein anderes Mal holte uns der Abteilungsleiter gruppenweise in den Gesprächsraum, um uns die neusten Erfolge der Firma offenzulegen: Dass sie in einem Jahr 40 Millionen Umsatz gemacht haben und dass wir Deutschen so toll sind und die besten. Ich saß mit den Ausländern am Ende eines langen Tisches und hörte mir das an, ich war mir nicht mal sicher, ob die Ausländer, die ein Drittel der Belegschaft ausmachten, überhaupt verstanden haben, was er damit sagen wollte, sie nickten nur und klatschten ... Doch wie das Leben es will, hat die Firma Arbeitsplätze gestrichen und ich wurde gefragt, ob ich mit einem Angebot von 30 000 DM die Firma nicht verlassen wollte. Klar, ich nahm an und mein Vater drehte ein zweites Mal durch, hahaha, oh, was mein Vater mit mir nicht alles mitmachen musste ... Und mit meiner Abenteuerlust fragte ich meinen Freund Faton, ob wir nicht eine Reise nach Süd-Korea machen wollen und das zu einer Zeit Anfang der 90er, wo so etwas für die meisten Ausländer nicht mal in ihren kühnsten Träumen vorstellbar war. Mit meinem Freund Faton eine Reise nach Süd-Korea, das war zu der Zeit der Hit und ganz besonders für Ausländer, das in deren Vorstellungen unvorstellbar war. Wieso gerade Korea?? Nun, ich hatte in einer Sportschule trainiert zu der Zeit damals, da kam ein koreanischer Großmeister für zwei Wochen zu uns und abends gab er Training, doch am Tag saß er nur rum und diese Chance ließ ich mir nicht entgehen ... also packte ich Faton und Bujar in meinen Wagen, wir holten ihn ab und zeigten ihm unsere Stadt, er war so begeistert, dass er eines Tages sagte, wir seien herzlich willkommen bei ihm in Korea, doch ich denke, er dachte nicht mal im Traum daran, dass wir mal vor seiner Türe stehen würden ... etwa sechs Monate später riefen wir ihn an und sagten, wir kommen nach Korea. Oh Mann, war das eine Aktion, ich war damals glaube ich 26 und Faton erst 17, ich sag es mal liebevoll, zwei junge Albaner flogen in die weite Welt, ohne Wissen und Ahnung, aber mit mutigem Herzen und einer Hand voll Geld ... wir wurden herzlich aufgenommen, doch hatten wir wirklich keine Vorstellung was auf uns zukam. Ich von meiner Seite aus hatte ein naives Bild von romantischen Dörfern und Städtchen mit Menschen in traditionellen Kleidern, die alle Taekwondo machen, unglaublich blauäugig. Die Wahrheit sah ganz anders aus, es war eine knallharte Industrienation mit Megacitys wie Seoul, keine Spur von Romantik und Taekwondo trainierten nur Kinder oder bestimmte

Studenten und das Militär, die anderen waren nur am Arbeiten und Lernen. Da merkten Faton und ich das erste Mal, dass wir Europäer sind und die Deutschen uns so nah. Man muss sich vorstellen, Europa ist über Jahrtausende durch den Informationsfluss zusammengewachsen, so sind sich die Europäer im Grunde sehr ähnlich und das merkt man ganz deutlich, wenn man mal in die weite Welt streift und dort bei den Einheimischen so lebt wie sie leben, und in Korea, da schliefen wir auf dem Boden und saßen immer am Boden beim Essen und in Restaurants und da ich zu doof war, mit Stäbchen zu essen, musste man manchmal die ganze Straße entlanglaufen, um Messer und Gabel für mich zu finden, damit ich essen konnte. Faton war da viel geschickter und nach jedem Essen fingen die Koreaner an zu trinken, zuerst Bier und dann, ich glaube es hier Soucek, tja, kurz gesagt, wir waren fast jeden Abend blau, wie sollte ich das Fatons Eltern bloß erklären, hahaha. Am Tag standen wir früh morgens auf, gingen ins Fitnessstudio und am Abend trainierten wir immer 4 bis 6 Stunden, sodass mir persönlich irgendwann einmal der Film gerissen ist, und ich dachte, hinter dem Berg, da muss meine Heimatstadt sein, ich muss nur rüberrennen und dann sehe ich das Münster und das am anderen Ende der Welt. So vermischten sich Fiktion und Realität unter hohem Stress; es war sogar noch schlimmer und was das Training anging, waren die Koreaner erbarmungslos uns gegenüber und wehe wir verschliefen morgens, da wurden wir mit einem Stock geweckt. Bis ich es geschafft habe, nach 6 Wochen mein Denken abzuschalten und nur noch zu funktionieren, ansonsten wäre ich über den Berg gerannt. Die Koreaner sind so ein gastfreundschaftliches Volk, das ist unglaublich, und wenn Faton und ich durch die Straßen schlenderten, wollten sie uns in ihre Kneipen oder Restaurants reinholen und uns was spendieren, weil sie Europäer zu der Zeit in der Stadt nicht so oft zu Gesicht bekommen haben, außer ab und zu einige amerikanische Soldaten, aber auf die waren die Koreaner nicht gut zu sprechen. Man muss sich vorstellen, zu der Zeit gab es Kameras in den Fahrstühlen und jede Wohnung hatte eine Sprechanlage, man war voll überwacht. Eines Tages rauchten Faton und ich im

Fahrstuhl und der Hausmeister sah das über die Kamera und am Abend tönte es aus dem Lautsprecher, wo der Hausmeister an alle Mietparteien die Nachricht durchgab, dass die zwei Europäer es unterlassen sollten, im Fahrstil zu rauchen … das war für unseren Meister bitter und das spürten wir dann auch im Training, hahaha … tja, an einem Abend luden uns irgendwelche Koreaner ein, die mit unserem Meister befreundet waren, einige Mafiosi und andere, die ich nicht einordnen konnte.

Das Essen alleine kostete damals 2 000 DM, sagte mir mein Meister und ein Koreaner, der mir während des Essens ins Gesicht rülpste, was bei ihnen ganz normal war und ich wie geschockt das nicht einordnen konnte, sagte mir, ich sei ein sehr mutiger Mann, er sehe es in meinen Augen und die seien das Tor zur Seele und später gingen wir noch zu unserem Unglück in eine Karaokebar, wo sie Mädchen bestellten, die mit uns tanzen und feiern sollten und ich musste unbedingt auch noch „The Power of Love" singen, das war mir so peinlich, aber was soll's, du bist am Arsch der Welt, also zieh es durch … ja, nun noch zu unserer Heldentaten in Korea: Wir bestiegen als erste Westler die „jirisanMountens" und das hatte man uns bestätigt. tja, ich sagte dann spaßeshalber die zwei ersten Albaner hahaha und während eines Trainings schlug Faton dann noch den besten Schüler einer Schule im Kampf, was natürlich Konsequenzen hatte, und am nächsten Tag kamen dann einige koreanische Brocken, die die Schmach wiedergut machen wollten und wenn haben sie ausgesucht? Nicht den süßen jungen Faton, nein mich, und ich dachte: „Na toll, das war's", doch der Meister hat die Lage bemerkt und Einhalt geboten … am Schluss vor unserer Abreise verschenkten wir all unser Geld an die Kinder und verabschiedeten uns mit Tränen beim Meister und den anderen, aber der Haken war, dass wir die Taxe bezahlen mussten, tja, vorher wie „klingdingeling" alles Geld verschenken, hahaha, Gott sei Dank kratzen wir die letzten Piepen, die wir gefunden hatten, und wie es Gott wollte, hat es bis auf den letzten Pfennig damals gepasst … kurz, ich bin überzeugt, dass es eine göttliche Fügung gibt, weil solche Sachen sind mir im Laufe meines Lebens immer passiert, ihr werdet sehen.

Kapitel 5 – Meine Disco-Freunde

So nun bevor ich über meine Schule rede, die ich nach der Korea-Reise eröffnete, kommt noch ein paralleles Leben, was ich führte, hinzu und das widme ich meinen Freunden, ich nenne sie hier Hassan, Jorgos und Takis ... es war die Zeit, wo wir abends in die Discos gingen, es waren hauptsächlich Ausländer-Diskotheken oder amerikanische Clubs und wenn uns der Türsteher reingelassen hat, auch mal eine deutsche, aber ok, so schlimm war das nicht. Klar, es ist etwas rassistisch gewesen, doch es gab auch tolle Zeiten, nun so ist das nun mal als Ausländer ... zu Hassan: er war sozusagen mein Ziehsohn, wenn man es so ausdrücken darf, er war erstaunlich, wir trainierten miteinander und am Abend, nun ja, Disko, aber da habe ich mit den zwei anderen mehr erlebt, doch Hassan war ein Phänomen. Er hatte nie genug Geld und ich lud ihn oft ein, seine Klamotten, nun er schusterte sich diese zusammen, wo er sie finden konnte und Markenkleidung war das bestimmt nicht, aber er hatte komischerweise immer die besten Freundinnen, was mir immer ein Rätsel war, doch was ich damit sagen will, vieles liegt auch an der Lebenseinstellung, was man aus den Umständen macht und vieles ist eben Gottes Fügung, doch leider hatte Hassan eben auch einen Weg, der ihn in das Gefängnis gebracht hat, doch wer Hassan als Mensch kennen würde, würde verstehen können, dass es die Umstände waren, weil Hassan selber war so lieb. In einem anderen Umfeld wäre er heute mit Sicherheit ein Professor geworden ... nun zu Jorgos und Takis, meine zwei besten Freunde, unglaublich, aber wahr, weil zu der Zeit wusste ich nicht, dass die Griechen nicht gerade die besten Freunde der Albaner sind, das hat uns auch nicht gejuckt. Wir kauften Klamotten, hingen in Kaffees und Kneipen ab, abends wieder mal Discos und falls sie bemerken, das sind bestimmte Muster, die sich wiederholen ... na klar die Sache ist die, wenn man keinen Anschluss zur Gesellschaft hat und sich als Ausländer zusammenrottet, was soll man tun?? Wir kannten keine Zeltlager oder kleine Tagesreisen, geschweige denn Museen oder andere kulturelle Orte, die wir aufsuchen hätten können. Sport, Ausgehen, mehr war in der Lage nicht drinnen, weil Lernen, Fortbildung und so, das war was für die Deutschen, wir waren eben Malocher ... das ist das Bewusstsein, das wir hatten und das kommt ja nicht von ungefähr ...

Ja, Takis war auch sehr wissbegierig und bat mich mal mitzukommen, weil er sich in der Fachhochschule oder so anmelden wollte, ich sagte: „Na klar, da gibt es bestimmte nette Mädels", tja, so war das eben. Doch der Witz an der Sache war, dass ich beim Eignungstest angenommen wurde und mein Freund nicht, die steckten mich in eine Klasse und dann ging es los und ich mittendrin, was für ein Käse, wie komme ich da wieder raus, hahaha? So, nun in der einen Stunde fragte der Lehrer so einige Sachen und ich meldete mich, er sagt ja und erwartete wohl eine fachliche Antwort, doch ich sagte nur, ich wolle nach Hause, es war ja ganz nett hier, doch das sei ein dummer Zufall, dass ich hier gelandet bin und die ganze Klasse begann zu lachen im wahrsten Sinne des Wortes, sie bogen sich vor Lachen, der Lehrer sagte, es stehe mir frei zu gehen und ich glaube, er hat das bis heute nicht ganz verstanden, was da geschehen ist ... heute hätte ich die Schule durchgezogen, aber wie gesagt, ich war mir eben damals meiner selbst und der Welt nicht bewusst ... leider ist unser Freund Jorgos an Drogen verstorben und die Ärzte sagten, er war jung, er hätte es schaffen können, doch er selber hat aufgegeben ... man muss die Situation verstehen: Ausländer mit nicht intakten Familien ohne Ausbildung sich selbst überlassen versuchen, einen Traum zu träumen, bis es nicht mehr geht und dann erkennen sie die Realität und das wars dann, die Friedhöfe und Gefängnisse sind voll von Kindern, die keiner haben wollte und alle schweigen ... Kurz: Takis' Eltern, das waren so liebe Eltern und ich habe sie geliebt, weil sie herzlich waren, Ehre sei ihnen gegeben, nebenbei glaube ich, dass es Griechen waren, weil, was mich immer gewundert hat, war, wenn die Cousins kamen, einige sahen mir komischerweise sehr ähnlich, nun in meinen Augen sind Griechen und Albaner Cousins, das sage ich für beide Seiten, damit sie verstehen und eines Tages vielleicht den Hass etwas reduzieren … Und Jorgos Eltern waren auch super, sie mochten mich auch sehr … Eine kleine Szene: Als ich mit Jorgos in sein Zimmer war, kam seine kleine Schwester im Pyjama und plauderte mit uns im Kinderzimmer, nun, es war eben sehr familiär, ich glaube, sie ist heute verheiratet und auch Mutter von Kindern, ja, das Leben ist manchmal so schön und so grausam. Auch seiner Familie sei Ehre geschuldet …

Kapitel 6 – Meine eigene Schule

Jetzt endlich zu meiner Schule, die ich mit dem Geld der Abfindung in einem bosnischen Club eröffnete. Wie gesagt, es war ein bosnischer Club und die Miete waren 500 DM, was ich damit sagen will, die wussten es zu schätzen, was ich tat, weil es ja echt was Soziales war und ich Kinder von der Straße holte, nun, das ist leider der Unterschied, der Deutsche ist da, ich bin ehrlich, nicht so, der will Gewinn erwirtschaften, auch wenn er selber sehr reich ist, er denkt nun mal nicht weiter in der Richtung, für ihn ist es ein Geschäft ... der bosnische Club war in einer ehemaligen Siedlung der amerikanischen Soldaten, die dort stationiert waren, das bedeutete, das es zu der Zeit ein Auffanglager war für bosnische Kriegsflüchtlinge und russlanddeutsche Neuankömmlinge. Und es war ein Garant, dass ich innerhalb einer Woche schon 60 Kinder hatte und einige Erwachsene ... kurz, ich war wieder mal voll erfolgreich und wir hatten bei vielen Turnieren große Siege feiern können, aber ich war viel zu jung und naiv, um die Lage richtig einzuschätzen ... was meine ich damit? Wir waren so gut, doch wir wussten es nicht und als ein Koreaner immer kam, um Prüfungen abzunehmen, machte er immer einen kleinen vor Lehrgang und zeigte uns einige Tricks, doch irgendwann mal sagte er, er zeige uns nichts mehr spaßeshalber, weil wir seine Geheimnisse kopierten und beim nächsten Mal konnten wir alles perfekt, hahaha, nun, wir waren jung und liebten es eben ... Aber es geht hier nicht um die sportlichen Leistungen, sondern eher um das, was ich mit 27 zu bewältigen hatte. Da kamen die kleinen russischen und bosnischen Kinder und glaubt mir, ich habe sie geliebt und immer wenn einer ging, hat es mir das Herz zerbrochen, und als ich die Schule schließen musste, habe ich um meine Kinder geheult, aber so weit sind wir noch nicht. Nun einige kleine, aber sehr interessante Auszüge aus den vier Jahren ... die Eltern brachten mir ihre Kinder und ich sah in den Augen der Eltern, dass sie mir ihr Wertvollstes übergaben im vollsten Vertrauen und das war echt hart für einen jungen Mann damals, doch ich bekam es aus heutiger Sicht grandios hin ... da war z. B. ein russlanddeutscher Vater, der einen Schlaganfall hatte und seine Frau verstorben war, er brachte mir seinen Sohn und ich verstand, ich solle seinem Sohn etwas geben, was er so nirgends wieder bekommen würde, Geborgenheit, Sicherheit, eine Familie, kurz, ich durfte sein Leben retten, wäre vielleicht zu viel gesagt, aber ich erleichterte ihm sein Leben ungemein und es war mir im Nachhinein eine Ehre. Jahre später traf ich seinen Vater, der mir immer noch dankte, dass ich seinem Sohn so geholfen habe ... der Sohn hat studiert und ist nun in München in einer großen Firma gut angestellt, tja, ich denke, das ist doch was oder ... dann war da dieses farbige Mädchen, deren Mutter, ich sage mal so, eine Dame war, die sehr viele Männer hatte, am liebsten farbige, aber he, jeder soll glücklich werden auf seine Art und Weise, doch das Problem war, dass das Mädchen die Männer nackt in der Wohnung rumlaufen sah, ok, weiter will ich es mir nicht mehr in meiner Vorstellung ausmalen ... nun, heute habe ich das Mädchen nach über 20 Jahren auf Facebook gesehen und sie angeschrieben und ich war stolz, sie sah gut aus, damit meine ich, sie hatte einen guten Job und sah gepflegt aus, sie hat Fuß fassen können ... Ich hatte auch sehr traumatisierte Kinder aus Bosnien, da fällt mir ein Junge auf, dessen Vater mit mir sprach, dass ich ganz besonders auf ihn aufpassen solle, weil er viel erlebt hat, doch genau wollte er sich nicht äußern ... im Nachhinein erfuhr ich, dass der Junge bei einem Bombenangriff miterleben musste, die, ich bin mir nicht sicher, ob es Verwandte oder Freunde waren, von der ungeheuren Kraft des Bombenangriffes in Stücke gerissen worden sind, und der kleine Junge versuchte irgendwie, die Leichenteile zusammenzusuchen, um sie in einer Plastiktüte oder etwas ähnlichem mitzunehmen, er muss wohl unter sehr starkem Schock gelitten haben ... nun, so sieht das Leben eines Ausländers aus, was sich Deutsche nicht mal in ihren kühnsten Träumen vorstellen können, das ist kein Angriff auf jemanden, man sollte nur mal sehen, was in ihrer Parallelwelt so alles existiert, damit ihnen das auch mal die Augen öffnet … ja, aber nun kommt der Knaller, ich hatte einen älteren Herrn damals, der mir bei dem Papierkrieg half, weil ich keine Ahnung hatte, und ich war ihm so dankbar, nebenbei war er ein großer Judo- und Jiu Jitsu-Meister glaube ich und ich dachte, so ein netter Mann, ein Deutscher, gerecht, aufrecht und ehrlich … tja, aber die Wahrheit sah ganz anders aus, er zwackte sich Geld von meinem Konto ab, ohne dass ich es merkte, und das nicht zu wenig … aber das war noch das Harmloseste, weil er nebenbei bei einem großen Kinder-Pornoring eine führende Figur war, das kam sogar im Fernsehen und die Polizei verhörte einige Kinder, weil er mit ihnen ohne mein Wissen einige Foto-Shootings machte … können Sie sich vorstellen, was mir durch den Kopf geschossen ist, als ich das mitbekommen habe? Ich dachte, wenn die mich dafür dann kriegen wollen, obwohl ich unschuldig bin, dann hast du verloren und ich habe mir aus meiner Naivität überlegt, wie ich ihn umbringen kann und wo ich ihn verscharren könnte, ich hatte Todesängste … doch zum Glück wurden wir von der Polizei überwacht, was ich nicht wusste, und die Polizei sagte mir, sie kennen mich und ich muss mir keine Sorgen machen … tja, leider wurde der Club vom bosnischen Verein aufgegeben und ich stand von heute auf morgen ohne Schule da. Wieder mal kam mir das Leben unerwartet anders entgegen, als ich es geplant habe …

Kapitel 7 – Rollstuhl-Taxi

Parallel zu dieser Zeit bin ich Rollstuhl-Taxi gefahren, nun, ich habe immer eine soziale Ader gehabt, es war sehr interessant, doch am Interessantesten war, dass ich entdeckt habe, wie viel die Leute der Organisation an Lohn bekommen haben, nun, da lohnt es sich, einen auf guten Menschen zu machen ... mehr will ich mich nicht äußern und die Gedanken sind frei, macht euch eure eigenen Gedanken. Doch den Job vermittelte mir eine Mutter eines ehemaligen Schülers und das war eine super Frau und ich bin ihr so dankbar gewesen und glaubt mir, sie war in meinen Augen sogar unterbezahlt, weil sie einfach toll war ... nun hatte ich keine Schule mehr und das mit dem Rollstuhl-Taxi ging auch zu Ende ... also kam ich wieder durch großes Glück als Zeitarbeiter in dieselbe Firma und das war das dritte Mal, leider nur für 6 Monate und da ich ernsthafte Rückenprobleme hatte, bekam ich nach langer ärztlicher Prüfung eine Umschulung als Masseur, ich sag ja, bei mir ist es im Leben kurios abgelaufen ... doch bis zur Umschulung musste ich mich mit dem Arbeitsamt rumschlagen, das war nicht sehr berauschend, aber das werde ich im übernächsten Kapitel ausführlicher schildern, nur dass man mal sieht, wie es wirklich abläuft so im Leben ... also überbrückte ich die Zeit und landete in der Sicherheitsbranche ... als ich im Sicherheitsdienst arbeitete, hatte ich wirklich Glück und es war eine tolle Zeit, nur der Lohn war nicht so gut ... nun, da arbeitete ich mit fünf Freunden, einem Bosnier und vier Albanern in Aktionärsversammlungen, wo man nur rumstand und nette Hostessen zum Flirten hatte, es gibt Schlechteres, hahaha, und das Catering war exzellent ... aber interessant war, dass, wenn es immer gefährlich wurde, ich nie dabei war und am nächsten Tag hörte ich, da gab es eine Prügelei und meine Mitarbeiter hatten gebrochene Gliedmaßen, blaue Augen und nur ich war immer verschont worden von diesen Zombie-Jobs, dafür war ich mal mit einer jungen hübschen Blondine im Münchner Museum bei einer privaten Party der Britisch Airways als Security und wie das so ist, man ist jung und den ganzen Abend mit der Partnerin zusammen, da kommt es auch vor, dass man anfängt, sich näher-zukommen … also gingen wir immer raus, um eine Zigarette zu rauchen … es war Winter, der Schnee fiel romantisch und wir schauten zum Himmel, es war so schön, nur dass wir im Hin-tergrund nicht bemerkt haben, als der Alarm losging und alle in hellem Aufruhr rumrannten, aber nein, die zwei jungen Securi-tys sahen zum Sternenhimmel … ok, wie gesagt, das ist das reale Leben, Hollywood ist da manchmal echt nur ein Abklatsch … oder dass es mal einer von unseren Securitys geschafft hat, an den Sicherheitsketten von Georg Bush vorbeizuschleichen und eine Ehrenrunde mit seiner Limousine gedreht hat, nun, das war lus-tig, aber nicht für ihn und seinen Bruder, der der Sicherheitchef der Firma war, man kann sich vorstellen, wie das Sicherheits-personal von Georg Bush durchgedreht ist … und noch einen Letzten zum Besten: Ich weiß, das Thema ist ein anderes, aber wieso sollte man solche Sachen den Menschen nicht auch mit-teilen, damit sie was zum Schmunzeln haben, weil, was soll ich euch sagen, ihr wisst genau, wie schwer das Leben ist … also, da war ich nicht dabei, das waren meine Freunde, die ein Kranken-haus bewachen mussten im Sommer über Wochen … und wie das so bei Menschen ist, sind sie am Schluss immer nachlässiger geworden und aus Langeweile rasierten sich die einen Glatzen und die anderen rasierten sich gar nicht mehr und als wenn das nicht reichen würde, fingen sie an, nackt rumzulaufen oder im Hof nackt Rad zu fahren … nun, als der Auftraggeber kam und sie so erwischte, sagte er nur: „Jungs, ihr seht so Scheiße aus", das war's dann auch mit dem Auftrag …

Kapitel 8 – USA-Besuch bei meinen Verwandten

Nun entführe ich euch noch in die USA, wo ich drei Mal zu Besuch bei meinen Verwandten war und zu einem Ausflug nach dem Bosnienkrieg … in den USA habe ich sehr reiche Verwandte und einer war während des Bosnienkrieges sogar in der bosnischen Auslandsregierung und er sagte mir, dass ein ranghoher General sagte, wir wollen den moslemischen Bosniern nicht helfen, weil wir keine Moslems in Europa haben wollen … nun, das ist die Wahrheit und uns manipuliert man mit Lügen, dass wir Fairplay praktizieren sollen und dass man Menschenrechte achten sollte, und aber wenn es drauf ankommt, kommt es immer noch schlimmer … es geht ja hier nicht um Politik, aber kleine Auszüge können einem den Geist schon durchschütteln, was auch mal ganz gut ist, um nachzudenken … ja und man hat dann auf der bosnischen Seite, die damals verzweifelt gekämpft hat, aber immer mehr die Oberhand bekommen hat, einen Kuhhandel ausgehandelt, indem man absichtlich einige Leute geopfert hat und dieses Massaker war dann der endgültige Grund für die NATO, einzugreifen … Vorne sterben die Bauern und hinten handeln die Mächtigen … tja, dann zeigte mir mein Onkel noch ein Video von Kriegsverbrechen, was die damals aufgenommen haben, da habe ich zur Hälfte eingeschlagene Köpfe gesehen oder Menschen, denen man Nägel in die Köpfe geschlagen hat, es ging von abgeschnittenen Ohren, Nasen und anderen Gliedmaßen bis zum intakten Körper mit verbrannten Köpfen. Zu der Zeit war mein Onkel in serbischer Gefangenschaft in einem Lager. Er hat das Trauma, glaube ich, nie ganz überwunden und reden tut er auch ungerne darüber, weil es ihn dann am ganzen Leib schüttelt. Er erzählte, dass sie 20 Tage an einer Wand aufrecht stehen mussten, ohne sich einmal hinzusetzen und es lief laute Musik, um die Schreie der Gefolterten oder Erschossenen nicht zu hören. Mein Onkel war so weit, dass er sagte, dass das Sterben eine Befreiung war und jeden Tag kamen die Aufseher, zeigten mit dem Finger auf die Gefangenen und das bedeutete das Todesurteil, man nahm sie mit und das war's; trotz lauter Musik hörte man die Schreie oder die Todesschüsse. Doch wir kannten einen Serben und bezahlten 10 000 Euro, um ihn herauszuholen. Er sagte, als man ihn herausgerufen hatte, dachte er, nun wird er hingerichtet, doch man setzte ihn in einen Wagen und fuhr ihn zur Grenze, wo man ihn laufen lassen hat … Ansonsten waren die USA ein schönes Land, ich würde jedem raten, der kann, es sich mal anzusehen. Es ist in meinen Augen ein wirklich großes und freies Land, ich hatte so ein gutes Gefühl, so als sei ich auf einem anderen Planeten und Europa so weit weg. Mein Traum war es immer, mal in den USA zu leben, als ich jünger war, weil dort spürt man Freiheit. Natürlich, aus heutiger Sicht würde ich sagen, Freiheit in dem Rahmen, wie es das Land zulässt. In den USA hatte ich kein Gefühl der Minderwertigkeit oder benachteiligt zu sein, nein, es war befreiend und erfrischend, was ich nie wieder in meinem Leben vergessen werde. Die Denkweise ist optimistischer, auch wenn es teilweise gekünstelt war, und die Menschen leben in meinen Augen mehr im Hier und Jetzt als es die Deutschen tun, weil in Deutschland ist alles perfekt durchstrukturiert und in den Staaten, da muss man auch selber schauen, wie man weiterkommt. Klingt vielleicht hart, doch man ist da eben auch freier, was das Leben und die Möglichkeiten angeht. Klar, ich hatte Glück, dass meine Verwandten zum Teil reich sind, weil nicht alles, was glänzt, ist Gold, aber alleine das Gefühl der Freiheit. Bei anderen Verwandten, die neu aus Bosnien hingezogen waren, war das mit dem Wohlstand noch am Anfang und sie lebten in Holzhäusern, wo man in der Nacht, als man sich zur Ruhe gelegt hatte, das Gefühl hatte, wenn ein Laster vorbeifährt, er genau an deinem Bett vorbeirauscht … doch interessant ist, meine Verwandten sind Europäer und sie sind fleißig, sie hatten eben ein anderes Bewusstsein als die Alteingesessenen. Sie schafften zum Teil in zwei Firmen 16 Stunden und wurden in sehr kurzer Zeit reich, einer hat sogar eine Riesenfirma, die man in Bosnien sogar im TV vorgestellt hat, weil in den USA ist es so, dass man auf dein Können achtet und nicht auf deine Herkunft und als mein Cousin, der als Kriegsflüchtling zu der Zeit in Deutschland war, sagte, er wolle für einige Tage nach Bosnien, direkt nach dem Krieg, bin ich natürlich mitgegangen … es war Winter und ich wusste wie immer wieder mal nicht, auf was ich mich einlasse … schon an der kroatisch-bosnischen Grenze sah ich die ersten Kriegsversehrten, die dort im Rollstuhl saßen und sich von den aus Deutschland Kommenden etwas Geld erhofften, es war ein Bild, das man sich nicht vorstellen konnte. Winterkalte matschige Straßen, wenn man es Straßen nennen konnte, weil es Behelfswege waren, da man wichtige Brücken während des Kriegs gesprengt hat und Baracken, die herhalten mussten als Zollhäuschen, Gaststätten … nun, da Bosnien in verschiedene Sektionen geteilt war, wo es entweder Moslems, Katholiken oder Orthodoxe waren, die da lebten, mussten wir diese durchqueren, um in unsere Stadt zu gelangen … als wir das serbische Gebiet durchquerten, gab es da einen kleinen Stau, weil in der serbischen Ortschaft standen die Serben links und rechts aufgereiht und wollten uns alles Mögliche verkaufen von Zigaretten, Parfüms bis Selbstgestricktes, so mussten wir in Schrittgeschwindigkeit durchfahren und mein Cousin versteckte sich immer mehr unter dem Lenkrad mit ins Gesicht gezogener Baseball-Mütze. Ich fragte ihn, was denn los sei, und er sagte, wenn mich einer von denen erkennt, dass ich im Krieg gekämpft habe, ziehen sie uns raus und knüpfen uns am nächsten Baum auf … Nun, wenn Sie wissen wollen, was der Überlebenstrieb ist, stellen Sie sich in so einer Situation vor … ich dachte mir, falls es wirklich zu so einer Situation kommt, hast du verloren, weil es keine Fluchtmöglichkeit gab. Vor und hinter uns Autos und auf beiden Seiten voll mit Menschen im sogenannten Feindesgebiet, doch Gott sei Dank kamen wir heil durch. Als wir dann in den Bergen in einem Dorf angekommen waren, das nicht unsere Heimat war, gingen wir zu einem Wochenendhaus, wo meine Verwandten lebten, da wurde mir klar, sie haben uns aus den Häusern vertrieben, die uns gehörten … es war ein schönes Wiedersehen und wir gingen in dieses kleine Häuschen, wo nur das Wohnzimmer beheizt war, der Rest war kalte

Mutter Natur, also musstest du dich sehr warm anziehen, um nicht zu frieren beim Schlafen … in den nächsten Tagen besuchten wir andere Verwandte und ich konnte mir ein Bild machen von der Lage, wie kleine Kinder mit Holzscheiten zur Schule gegangen sind, damit sie die Schulräume beheizten … oder wie ich viele Kriegsversehrte sah. Ich hatte das Gefühl, dass jeder zweite mindestens eine Schusswunde oder von einer Granate zugefügte Wunde hatte. Und am Friedhof sahen wir lauter Gräber junger Menschen, die von 15 bis Mitte 20 waren, es waren Gefallene aus dem Krieg und wie das leider so ist, sind es immer die Jungen, die man blind in eine Schlacht führen kann … so, nun noch eine besondere Begebenheit, ich habe einen Cousin, der ein Kriegsheld war, er bekam sogar eine Auszeichnung vom Präsidenten und es klingt hart, aber es war Krieg und er tötete so viele Feinde, dass er sogar von der Gegenseite mit einem Kopfgeld gesucht war … er hatte die Hälfte seiner Schädeldecke aus einer Art Plastik, weil während eines Gefechtes schlug ihm ein Granatsplitter die halbe Schädeldecke weg, doch er überlebte und musste mit offener Schädeldecke weiterkämpfen, bis sie in Sicherheit waren und er in ein Krankenhaus kam. Durch die offene Schädeldecke konnte man sein Gehirn sehen, es ist ein Wunder, dass er keine größeren geistigen Schäden davongetragen hat. Außer dass er ab und zu Phasen hatte, wo man ihm aus dem Weg gehen musste, weil er dann irgendwie ausgetickt ist und sich in einer anderen Welt wiederfand … So, nun nahm dieser Cousin einen Revolver, lud ihn mit Kugeln und reichte ihn mir. Ich nahm ihn in die Hand und er sagte, ich solle auf den Baum schießen und mir vorstellen es sei ein … Ich gab ihm den Revolver zurück und sagte, einen Feind, der mich angreift, werde ich bekämpfen, aber so etwas mache ich nicht. Er sah mich eine Weile an und nahm den Revolver voller Respekt. Ich glaube, ich habe ihm in diesen Augenblick ein Stück Menschlichkeit zurückgegeben. Es ist einfach schwer zu beschreiben, er hatte absolute Brutalität erlebt. Einmal schilderte er mir, wie er zwei gefangen genommen hat von der Gegenseite und sie heulten um ihr Leben und er sagte, sie dürfen gehen, aber sollen nie wieder kämpfen. Doch wie das Leben es so wollte, fing er sie ein zweites Mal und sie heulten wieder … Er sagte: „Ich habe es euch damals gesagt, dass ihr eure Waffen niederlegen sollt und nach Hause gehen sollt", nun zeigte er keine Gnade und teilte sie entzwei mit seinem Maschinengewehr. Klingt hart, aber Krieg ist eine Sache, die bitter ist. Oder er erzählte mir, dass die Gegenseite den Gefangenen befahl, ihr Gesicht gegen die Wand zu schlagen, bis das Gesicht zertrümmert war. Was sollten sie machen, sterben oder ihr Gesicht zertrümmern, was hätten Sie getan? Und wie würden Sie dem Feind begegnen? Das hätte ich fast ganz vergessen, es gab einige deutsche Nazis, die nach Bosnien gegangen sind, um mitzukämpfen. Die haben wohl gedacht, dass es so wie in den Hollywood-Filmen sei, doch als die ersten Kugeln um die Ohren geflogen sind und die ersten neben ihnen umgekippt sind, haben sie geheult wie kleine Kinder und wollten nach Hause und andere, die waren knallhart und kämpften heldenhaft, doch leider sind das die, die gefallen sind, sagte mein Cousin. Kurz gesagt, wer aus Deutschland kommt, sollte so einen Unsinn sein lassen, wie Isis oder so, weil das ist kein Spiel und hier haben wir trotz Problemen ein wundervolles Land … nun, wie gesagt, mein Vater ist Albaner, meine Mutter aus Bosnien, aber ich definiere mich mehr als Albaner, doch das ist eine Sache, die muss jeder für sich entscheiden, was er ist und was ihm mehr entspricht … mein Vater kannte mich und ich war der einzige Sohn und während des Kosovo-Krieges bat er mich, nicht die Dummheit zu begehen, mit irgendwelchen Freunden runter zu gehen, um zu kämpfen, weil, wie gesagt, mein Vater wusste, ich sei der erste, der das getan hätte und wenn ich ehrlich bin, manchmal bereue ich es, nicht gegangen zu sein, weil manchmal ist ein ehrenvoller Tod besser als ein Leben, wo man von Tag zu Tag um alles, was man hat, kämpft, und das ist die menschliche Würde. … meine liebe und hochgeschätzte Mutter sagte immer, wenn ich bockig war und uneinsichtig, das sei mein albanisches Blut in mir. Nun, ich will hier keine Abhandlung machen über Albaner, aber es ist eben ein sehr stolzes und unbeugsames Volk. Selbst in der Antike oder bei den Osmanen wollte man keine albanischen Sklaven, weil man vor ihnen und ihrer Rachsucht Angst hatte und vor ihrer Unbeugsamkeit … nun muss ich noch etwas einschieben, was, wie ich denke, sehr wichtig ist, um die Menschen besser zu verstehen, weil oft werden durch Missverständnisse und unterschiedliche Weltanschauungen die Menschen in Konflikte gezogen und keiner ist schuld außer ihre Unwissenheit … als ich das erste Mal zu meinem heutigen Friseur kam, er ist Armenier, fingen wir an zu plaudern und ich sagte: „Ich kann mich nirgends gut unterordnen und komme immer in Streit mit meinen Arbeitskollegen." Er lachte und fragte mich, ob ich Albaner sei, ich war geschockt; aber Friseure sind unglaublich mit ihrem Wissen und ihrer Erfahrung; und er sagte im Spaß: „Gott hat euch kreiert für die Wildnis, damit ihr als freie Männer Schafe hütet oder Bären jagt …" nun, es war ein Spaß, aber wer das tiefer versteht, weiß genau, was er gemeint hat, weil es darum geht, dass der Albaner seiner Natur nach ein freier Mann ist, der die Natur und die Gerechtigkeit liebt und sich nur schwer in Konzepte einpacken lässt, die zwar funktionieren für bestimmte Ziele, die man erreichen will, aber seinen aufrechten Werten entgegen sprechen. Dazu sollte man die Natur der Albaner kennen, doch das wäre wieder ein neues Thema, was den Rahmen hier sprengen würde. Ich werde aber in späteren Kapiteln versuchen, verständlich aufzuzeigen, wieso es Menschen mit verschiedenen Werten und kulturellen Hintergründen manchmal schwer haben, auf eine Linie zu kommen.

Kapitel 9 – Jeder Mensch ist alleine

Dieses Kapitel zeigt, dass jeder Mensch alleine ist, wenn es drauf ankommt, doch der Ausländer ist doppelt und dreifach alleine. Es geht um meine zwei Masseur-Ausbildungen, die eine habe ich geschmissen, die andere habe ich erfolgreich beendet ...

Also, die erste Ausbildung, die ich begonnen habe, wäre ganz gut gelaufen, wenn da wieder mal nicht das Leben mir ein Strich durch die Rechnung gemacht hätte ... es begann verheißungs-voll, ich lernte fleißig, doch wie das Schicksal es wollte, war mein zukünftiger Sitznachbar, der am ersten Tag zu spät kam, wohl von höheren Mächten gezwungen, neben mir zu sitzen, da ich in der vordersten Reihe auf der letzten leeren Bank al-leine saß ... was war das für ein Mensch? Er war der Sohn ei-nes wohlhabenden Vaters, der Professor an der Uni war und ne-benher einige Physiotherapie-Praxen besaß ... sein Sohn war ein Kind, das die Scheidung der Eltern miterlebt hat und sich als Krimineller im Leben durchgeschlagen hat, Drogen konsu-miert hat und die Sache ist die, wenn ein Deutscher mit einem reichen Familienhintergrund so etwas macht, ist es ein Aben-teuer mit Sicherheitsgurt. Wenn ein Ausländer das macht, ist es eine Überlebensstrategie ohne Sicherheitsgurt. Der Hans sagte mir mal: „Mann, das Leben ist geil wie eine Achterbahn", und ich antwortete: „Ja, aber im Unterschied zu dir will ich aus die-ser Achterbahn endlich mal raus, ich bin nicht freiwillig in der Bahn ..." ich war damals einfach zu naiv, weil ich von zuhau-se keine soziale Kompetenz mitbekommen habe für dieses Le-ben und ich hatte, wie mein Freund Vladimir mir sagte, immer noch die rosa Brille auf ... der Hans machte am Anfang einen guten Eindruck, nun, über die Tattoos habe ich mir bei ihm kei-ne Gedanken gemacht und so zogen wir in einen Weg, was der Anfang vom Ende war ... es fing harmlos an, wir gingen am Abend in die Pufferbar und begangen mit unserem Ritual. Ein

Bier und ein Jägermeister, manchmal waren es bis zum Schluss einige Biere und sehr viele Jägermeister, worauf ich knapp dem Alkoholismus entkommen war. Bannwart plauderte Mädels an und hatte sogar manchmal zwei Freundinnen gleichzeitig, der Peter war eben ein Phänomen oder wir suchten Streit, ab und zu zertrümmerten wir etwas oder machten anderen Unfug. Ich war ein Mensch, der Sport getrieben hat, ab und zu Diskotheken oder Cafés aufsuchte und immer meine Linie gehalten hatte und ab und zu sogar ein Mädel fand, mit der ich rumknutschte (sagt man das so), also ein rosa Elefantenbaby eben. Und Hansi zeigte mir das Leben eben mal aus einer Richtung, die für mich verlockend war ... da lernte ich auch Korina kennen, eine gebildete, sehr hübsche Frau und sie war meine große Liebe zu diesem Zeitpunkt. Nun ich muss nicht auf alle Details eingehen, weil ich denke, jeder weiß, was Liebe ist und so. Sie war zu der Zeit wieder einmal meine große Liebe und das machte ich etwa 20mal durch, hahaha, bis ich verstanden habe, die große Liebe gibt es nicht. Man muss sie erarbeiten und das mit einer Frau, bis es eine große Liebe wird. Doch das Traurige war, dass sie mich ihren Eltern nie vorgestellt hatte und als es bei uns das Cityfest gab, wollte sie nicht mit mir dahin, sie ist lieber alleine gegangen, um mit ihresgleichen zu feiern, und da war ich irgendwie fehl am Platz ... Und das Ende vom Lied war, dass sie Schluss machte mit der Begründung, nicht dass wir mal heiraten und ich mit dem Gewehr unten auf sie aufpassen würde, das hat mich so sehr getroffen, was für ein Bild sie hatte von mir, obwohl, ihr gebe ich nicht die Schuld, es ist eben das Bild, was man unbewusst hat von Ausländern und wenn man tiefer buddelt, kommt es, wenn es ums Ganze geht, auch ungeschminkt heraus, so ist es eben, sie war ja auch den äußeren Einflüssen unterlegen und was hätte sie ihren Eltern sagen sollen oder ihren Verwandten, dass sie einen Ausländer hat und eine Nestbeschmutzerin war? Und so eine Situation habe ich einige Male erlebt, nur in anderen Versionen ... So, nun wieder einen Schwenker zum Hansi, er schaffte es in kürzester Zeit, unsere WG zu einem Ort der Wegelagerer zu machen. Eines Nachts waren alles Zuhälter und deren Damen da, eines anderen nachts waren Drogenkonsumenten da und einmal kam sein Freund, der Fred, dessen Vater ein hochrangiger Beamter war bei der Polizei ... und als Fred einmal im Gefängnis gesessen ist, genügte ein Anruf des Vaters und Fred war wieder draußen.

Mehr muss man wohl nicht dazu sagen und es waren Schwerkriminelle im Gegensatz zu den Ausländern, die im Knast verrotten, bis ihre Strafe abgesessen ist ... also ich merkte schnell, meine schulischen Leistungen waren am Schluss unterdurchschnittlich und mein Leben stand auf der Kippe und ich hatte morgens immer mehr den Drang, einen Jägermeister zu trinken, also musste ich die Notbremse ziehen, das bedeutete das Aus, was die Masseur-Ausbildung anging und ich stieg frühzeitig aus dem Vertrag aus ... es war ein sehr wichtiger Schritt, weil ich keinen Background habe, der mich beim Fall sanft auffängt, bei mir bedeutete das, mit der Fresse voll auf den Bordstein ... und um es zu verdeutlichen, der Hansi sagte, er sei morgens mal mit seinem Freund Ali in Basel aufgewacht nach einem Dogenexzess. Hansi ist aufgestanden aber der Ali war tot ...

Die zweite Ausbildung als Masseur zog ich durch und beendete sie erfolgreich ... die Klasse war durchsetzt mit Russlanddeutschen, was einen Lehrer mal zu einem Witz animierte, der sagte, was ist denn hier los, die Russen haben uns unterwandert. Kurz, mein bester Freund in der Klasse war der Vladimir, der aus der heutigen Ukraine gekommen ist, er diente, während es noch die Sowjetunion gab, als Militärpolizist und während der Zeit hat er einen Menschen erschossen und einen Menschen wohl totgeschlagen, aber das war, wie bitter sich das auch immer anhört, sein Job als Militärpolizist. Danach machte er sich sehr erfolgreich selbstständig, bis die Mafia kam und sagte, er solle sein Geschäft übergeben, ansonsten wäre es das für ihn gewesen ... dank Valdimir habe ich die Zeit während der Ausbildung überstanden. Klingt fast so, als sei ich im Knast gewesen ... nun, einige Dozenten waren, ich sag es mal vorsichtig, den Ausländern nicht sehr zugetan und ein Professor, der im Zweiten Weltkrieg die Flak oder wie das Ding heißt, bediente, war ganz offen mit seinen rassistischen Äußerungen, wie z.B. dass es nicht gut sei, dass sich fremde Rassen mischen oder das mal ein hochintelligenter junger Russe die Ausbildung nicht geschafft habe und dann hatte er ein Grunzen im Gesicht ... also am ersten Schultag, wie es das Leben wohl wieder mal gut mit mir gemeint hatte, sah ich gleich neben Ingo, der mit einem netten Landser T-Shirt (ich nehme, an Borsten war im Herzen ein Landser, der aber von der Bundeswehr nicht genommen worden ist wegen körperlicher Mängel) mich mit knirschenden Zähnen begrüßt hatte ... Borsten war zu mir so abartig, dass ich die Sitzbank während der Stunde gewechselt habe, da er immer über die anderen laut gelacht hat, wenn sie was Falsches gesagt haben und so ... das war die Gelegenheit für den klapprigen Borsten, seinen Untermenschen, den er wohl in mir zu sehen schien, als Nationalfeind Nummer eins zu sehen und somit machte er mir das Leben bitter schwer und alle wussten es und alle schwiegen ... Doch ich habe es am Schluss auf die albanische Art gelöst, weil ich will auch leben ... der Borsten haute so Sprüche in der Klasse raus, dass Deutschland ein Durchreiseland schon immer gewesen war, und alle eines Tages wieder gehen werden oder dass er chinesisches Katzengras verabscheute und vieles mehr ... Einmal kam es in der Klasse unter einer kleinen Gruppe zur Diskussion und einer sagte, Deutschland hätte den Krieg gewinnen können. „Wenn das Wörtchen wenn nicht wär, werde ich ein Millionär" ... und wie sagte Wilhelm Tell so treffend (Friedrich Schiller) ... Es kann der Frömmste nicht in Frieden leben, wenn es dem bösen Nachbar nicht gefällt. Kurz gesagt, der Borsten wickelte zwei Jungs ein und hetzte sie auf mich, ohne dass diese Jungs genau wussten, wieso die das taten, würde ich jetzt mal so sagen ... sie piesackten mich so lange und Ingo immer im Hintergrund der mutige Landser der... bis ich eines Tages dem einen eine schmierte, das langte ihm, und den anderen mit einem Schubkick so hart gegen die Wand gedroschen habe, dass es ihm auch reichte, doch der Borsten konnte fliehen, der tapfere Recke. Tja, meine Selbstbehauptung war die Lösung und wenn mir jetzt jemand kommt

mit „So geht das nicht, das ist brutal, kriminell, unzivilisiert"
oder so ein Scheiß, der soll abwarten und wird sehen, dass ich
richtig gehandelt habe … die ganze Klasse sah es und wusste es,
aber niemand hatte Interesse, sich einzumischen. Schon gar nicht
zu meinen Gunsten, das ist kriminell, brutal, und von zivilisiert
schon mal gar keine Spur … also ging Borsten zum Lehrer und
schwärzte mich an und das hätte um ein Haar meine Umschulung gekostet als Masseur, für Ingo nichts, aber für mich mein
Leben … nun, ich würde es so beschreiben: Ein Spartaner unter Philistern hat keine guten Karten außer seinem Schwert …
der Lehrer kam auf mich zu mit rotem Kopf, weil der eine, dem
ich eine geschmiert habe, war ein Sohn von reichen Eltern, die
wohl die Schule finanziell irgendwie unterstützt haben, nebenbei war der Junge solo doof und schrieb nur schlechte Noten,
aber he, mit Geld schafft jeder die Prüfung.

Sogar in Deutschland. Glaubt ja nicht, dass hier alles mit rechten Dingen zugeht. Er sagte mir, ich solle die Wahrheit sagen, es
würde mir nichts passieren und ich hätte keine Konsequenzen
zu tragen (tja, das deutsche Wort Lügner bezeichnet wohl einen
Menschen, der die Unwahrheit sagt, so muss es hier im Land auch
Menschen gegeben haben, die Lügner waren und das nicht erst,
seitdem die Ausländer da sind …) Ich wusste, dass, wenn ich meine Wahrheit sagen würde, es für mich mein Todesurteil gewesen wäre, und so musste ich lügen und sagte, ich habe nur dem
einen eine Art Klaps gegeben, der Lehrer brüllte außer sich und
schrie mich an, dass es Konsequenzen haben werde, nun stellen
Sie sich vor, ich hätte die Wahrheit gesagt … doch die Klassen-
sprecherin fasste sich ein Herz und sagte dem Lehrer, dass mich
die drei seit über einem halben Jahr ärgern und somit konnte sie
meinen Rauswurf verhindern, doch wer jetzt sagt, sie sei toll
gewesen, der hat vergessen, dass sie alle ein halbes Jahr zugese-
hen haben … nun,die Wahrheit ist eben das, was einem nutzt …

So nun einige Erlebnisse, die ich hatte, während ich in Krankenhäusern Dienst hatte als Masseur … also, ich möchte nur
Erfahrungen wiedergeben, die mich geprägt haben, und keine

Diskussion entfachen über unser marodes Gesundheitssystem und dass der Mensch nichts wert ist in der Zwei-Klassen-Medizin ... In den Krankenhäusern, ich glaube es waren Massagen im 15- oder 20Minuten-Takt, wurden die Menschen geschrubbt, aber von Massagen in meinen Augen in den meisten Fällen keine Spur. Ein Mensch ist ein Wesen, das aus Geist, Körper und Seele zusammengesetzt ist, und so sollte man dieses Wesen auch behandeln mit Zuwendung und herzlicher Hingabe, doch in einem System da wird gebrettert nach Stückzahlen bis der Geldbeutel klingelt ... einem älteren Herrn, dem man, glaube ich, einen Halswirbel versteifen wollte, hat man aus Versehen die Speiseröhre verletzt, sodass man von vorne auch einen Eingriff machen musste, dabei bekam er einen septischen Schock. Nun, dass er noch lebt, ist ein Wunder ... ein anderer, der jahrelang Drecksarbeit machen musste für den Chef, hatte einige Bandscheibenvorfälle und litt so sehr, dass er mir leid getan hat, doch erstaunlich war sein Kadavergehorsam, dass er sagte, nun, so ist das Leben, hm, dachte ich mir und dein Chef fährt bestimmt Porsche und hat eine 20 Jahre jüngere Freundin ... ok ich massierte den armen Teufel 15 Minuten und tja, was soll ich sagen, menschliche Leistung wird honoriert, nur das System muss laufen, das ist alles und Frührente gibt es wohl nur dann, wenn du kurz vor dem Abnippeln bist, vorher wirst du ausgedrückt wie eine Tube bis zum letzten ... sehr christlich ist das alles nicht in meinen Augen, aber wer bin ich schon, mir ein Urteil zu erlauben. Nebenbei gesagt mir sind Religionen alle gut bis zu dem Punkt, wo man sie ernsthaft praktiziert, ansonsten kann man das C bei manchen Parteien getrost streichen ... das es eine soziale Ungerechtigkeit gibt, ist allen klar, man sollte nur ehrlich dazu stehen und nicht lügen wie Sau und in einer vorteilhaften Position leben wie Sau und sich auch noch für etwas Besseres halten, wenn man sich an den unteren Kasten ergötzt. Aber ihr wisst ja, man darf alles im Leben, nur sich nicht erwischen lassen und die Wahrheit sagen ... ich könnte wahre Schreckensgeschichten hier preisgeben, aber das lass ich mal lieber sein aus Sicherheitsgründen ... und falls ihr nun denkt, ich habe ein Horrorleben, na, dann passt auf, das dicke Ende kommt noch … und falls ihr denkt, ihr seid vollwertige Mitglieder einer Republik, die für euch sorgt, dann fangt mal an, bis 83 Millionen zu zählen, da habt ihr Monate Zeit zum Nachdenken, wie wichtig ihr seid, während die anderen auf eure Kosten sich selber feiern und das Leben.

Kapitel 10 – Hartz IV und Rotlicht-Milieu

Als ich damals die Ausbildung zum Masseur bestanden habe, bin ich auch prompt in Hartz IV gefallen, aber das war kein Problem, ich arbeitete in einem Bad auf Zeit und nebenbei ab und zu in einer Praxis, ich war eben ein fleißiges Kerlchen. Der Haken war, als ich beim Sozialamt vorlegte, was ich verdient hatte, wurde es verrechnet. Blöd, dass ich in diesem Monat gut verdient habe und die Monate darauf sehr wenig, was ein Problem nachgezogen hat, dass das Sozialamt mir monatlich nur noch einen kleinen Teil überwies,,als hätte ich gut verdient … Natürlich wollte ich das klarstellen, aber die Dame lachte, ich will ihren Namen hier nicht nennen, und sagte, sowas nennt man dann wohl Künstlerpech und ich solle die Jobs streichen, damit ich wieder auf mein volles HartzIV-Geld komme, unglaublich aber wahr. Nun die Dame war die Frau eines Rechtsanwalts, voll gekleistert mit Make-up und Luxuskleidung und hat sich benommen, als sei sie eine Fürstin und ich ihr Leibeigener, doch sie ahnte nicht, dass ich alles über sie recherchiert habe, was ich benötigte, weil eins habe ich im Leben gelernt, kenne dein Gegenüber gut und du wirst gewinnen … nebenbei habe ich vergessen zu erwähnen, dass ich mal eine junge Dame massiert habe, die bei so einem Amt in der nächsten Stadt gearbeitet hatte und irgendwie habe ich eine Art Schlüssel und lockere jede Zunge … sie erzählte mir, dass sie das nicht sagen dürfe, aber man setzt die Arbeitslosen mit Absicht unter Druck und verhängt Sanktionen, sodass sie wieder in die Gänge kommen. Hm, also so geht das System mit den Menschen um, ohne zu wissen was die Menschen plagt und wieso sie in solch einer Situation sind, und ich habe mich schon gefragt, wer sich diese fiesen Formulare ausdenkt, wo ein normaler Mensch schon beim Lesen kollabiert und überfordert ist, ihnen nachzukommen, tja, ok, weiter im Text … als ich dann einmal wieder bei der Fürstin antanzen durfte, sagte sie mir, ich solle doch endlich einen Job finden …

darauf erwiderte ich, dass es nicht so einfach ist, was es wirklich auch war … und sie sagte, ihre Bekannte habe sofort einen Job bekommen, und ich sagte, wie das denn, das sei unfair, so eine Junge, die gleich einen Job bekommt, die bei ihren Eltern wohnt und nur Disco- und Klamottengeld braucht, ich war empört und sie sagte lachend, tja, Vitamin B … ich dachte mir, wie kann man nur so ein schlechter Mensch sein und sich das erlauben aus einer sicheren Position heraus … das Problem ist, dass diese Frau auf meiner Würde rumgetrampelt ist und es für mich seelisch nur schwer zu ertragen war, doch das ist eben die Sache, wenn man abhängig ist von System … es war eine Zeit der psychischen Qual und das kann mit Sicherheit jeder bestätigen, der mal in dieser Lage war … aber das System ist nicht menschengerecht, es frisst die Menschen für seine Zwecke … und nebenbei, wenn mir jemand sagt, Deutschland sei nicht korrupt, tja, da antworte ich nichts mehr, ich lächle nur noch … meiner Meinung nach sind die Malocher hier von Kindheitsbeinen an so konditioniert, dass sie total obrigkeitshörig sind und an die Werte felsenfest glauben, ohne sie zu hinterfragen, während andere auf ihrem Rücken reitend dem Sonnenuntergang entgegen gleiten von einer Symphonie zur nächsten … Anstand und Gesetze gelten nur für die Kleinen, die Großen müssen sich nicht daran halten. Du brauchst einen guten Steuerberater, einen guten Anwalt und viel Geld, dann bist du save, selbst wenn deine Intelligenz nicht einmal das Niveau eines Hundes hat.

Also sagte mein Freund Wladimir: „Melde ein Gewerbe an und arbeite bei uns im FKK-Klub", und ich war geschockt, obwohl ich ein erwachsener Mann war, und noch die rosa Brille trug, war das für mich verwerflich, doch er überzeugte mich und so tat ich das auch … und da sah ich das erste Mal wirklich großes Geld sich drehen, doch darauf will ich nicht weiter eingehen. Ich hatte im ersten Stock meine Massagebank und wartete auf Kundschaft, anfangs war es mir unangenehm und die Prostituierten merkten, dass da ein erwachsenes Kind kam, weil ich mit meinem Verhalten wohl wie ein rosa Elefant aufgefallen sein musste … man darf nicht vergessen, die sind da alle nackt rumgerannt. Außer die Freier, die hatten, wenn sie wollten, ein Handtuch um die Hüfte ... und ich kam da angestriegelt mit einer weißen Masseur-Hose und einem Poloshirt, oh Mann, war ich eine Lachnummer ... doch die Prostituierten waren voll lieb, sie wollten sich wohl unbewusst meinem Niveau anpassen, weil sie merkten, da war einer, der nicht auf ihre Reize angesprungen war, nein, der las sogar noch ein Buch von Bruce Lipton ... man muss sich das so vorstellen, eine Prostituierte, die alles, was sie hatte, preisgab, war der Hauptgrund für die Freier und wie unangenehm muss es für sie gewesen sein, wenn da einer kommt mit Anstand und sie sehr gut behandelte wie Damen, ohne auf sie und ihren Job einzugehen oder dass sie nackt vor mir standen ... viele kamen zu mir zum Sprechen und manche wollten mich reizen, damit ich aus mir herausgehe und auf sie reagiere ... aber ich las mein Buch oder spielte Rome total war auf meinen PCs wie ein großes Kind eben, das konnten manche einfach nicht verarbeiten ... doch da gab es große Unterschiede unter ihnen, die einen waren, so leid es mir tut, verlorene Seelen, die anderen waren knallharte hochintelligente Geschäftsfrauen, die am Abend mehr Geld machten als einer, der einen halben Monat arbeitete und sie sparten das Geld, viele von ihnen kamen aus dem ehemaligen Ostblock und verdienten sich ihre Zukunft, innerhalb von einem Jahr hatten sie in ihrer Heimat ein Haus oder mehrere, sie waren echt top, einige hatten studiert und unterhielten sich mit mir über Philosophie und mehr ... und sie waren alle außer sich, als mal eine junge Putzfrau kam, die durchschnittlich aussah, aber etwas Besonderes an sich hatte und ich mit ihr so leicht anbandelte, nun es war nichts Ernstes, aber das gab ein Chaos bei manchen Damen, wie ich nur so eine Schraube in ihren Augen gut finden würde ... ok, also ich sehe den Menschen eben mit anderen Augen und da muss alles passen, doch es lief nichts mit ihr, weil ich ihr signalisierte, dass das hier mein Job ist und mehr nicht ... tja, ich gehörte halt zu den Vögeln, die immer noch an die große Liebe glaubten, hahaha ... doch den Weihnachtsmann, den gibt es nicht, das weiß ich auch, weil er mir nie etwas in meine Socken gesteckt hat. Hahaha, doch nun wird es etwas ernster, mein Verdienst war sehr gut, doch kein Geld der Welt kann dir den Seelenfrieden erkaufen, wenn es nicht in deiner Natur steckt, in so einer Welt zu leben … was ich damit sagen will, wenn jemand eine traurige Welt sehen will, wo Menschen sich gegenseitig das Schlimmste antun, dann ist er hier richtig, wenn er hinter die Kulissen schaut, da gibt es kaum ein Happy End und für manche ist der Tod wirklich das Happy End, doch mir stellt sich die Frage nicht, für uns alle ist der Tod wenn man es ganz genau nimmt, eine Art Happy End von einer Welt, wie die Buddhisten sagen, wir werden alt krank und müssen sterben mit vielen unerfüllten Hoffnungen, Träumen und Leidenschaften, die am Ende nur Leiden geschafft haben? So, nun weiter im Text, sprach die Kuh und machte muh … an einem Tag kam eine Dame zu mir, die war so abgemagert und ich hatte das Gefühl, dass sie unter Drogen stand, sie muss wohl Mitte 40 gewesen sein und irgendwie sprach sie im vollsten Bewusstsein, doch auf eine Art, wo ich mir dachte, die Lebenserwartung wird nicht mehr sehr hoch sein, als ich sie massierte, nur Haut und Knochen einer Seele, die wie tot dalag, es war grausam und ich fragte mich innerlich, was erwartet so ein Mensch noch vom Leben, doch erstaunlich war, dass sie viele Freier hatte, nun, das bedarf wohl keiner weiteren Ausführung. Und an einem anderen Tag kam eine junge Dame, die sich neben meiner Bank hingesessen hat und heulte, sie hatte einen Zusammenbruch, es war ihr zu viel geworden, ich versuchte, sie zu beruhigen bis, nun ja, das hört sich komisch an, ihre Eltern kamen, um sie abzuholen. Und da war auch noch so ein ekliger Freier, der Multimillionär war, er hatte eine Firma und kam vier bis fünf Mal die Woche mit seinem Luxuswagen und gab am Abend mindestens 500 Euro aus … wie es der Zufall wollte, lernte ich einige Arbeiter seines Unternehmens kennen, die mir sagten er sei sehr geizig und drücke die Löhne immer … also dieser nette Mann kam ab und zu zur Massage, gab nie Trinkgeld und jammerte mir vor, wie traurig die Welt ist und wie schlecht die Menschen seien und dass, wer die Menschen kenne, die Tiere liebe … nebenbei hatte er ein teures Hobby, das mit Tierchen zu tun hatte, die irgendwie in der Gegend rumhüpften und wofür man große Preise erringen konnte, der Rest ist zum selber Nachdenken, was ich wohl meine … also meine Massagebank stand in einem Flur, wo die Freier mit den Damen vorbei mussten, um in die Zimmer zu gelangen … es war eine christliche Uhrzeit, wie man so schön sagt, als dieser nette Mann mit einer jungen, hm, sehr jungen hübschen Rumänin an mir vorbeikam und mich mit seinem erigierten Glied lachend begrüßte. Nach sage und schreibe einein- halb Stunden Minimum kommen sie wieder lächelnd raus und ich schaute nur, was sollte ich denn sonst tun … 20 Minuten später kam die Rumänin heulend hoch und ich fragte, was denn los sei, und sie sagte, sie habe einen entzündeten Unterleib und, nun ja, den Rest kann man sich selber denken … also ich habe so einiges erlebt in der Richtung, wie sich einer den Daumen brechen lassen hat für Geld und andere komische Sachen … da das für mich nicht mehr zu ertragen war, habe ich so etwas wie die mündliche Kündigung eingereicht … diese Welt war bei mir so schlimm, dass meine Augen leer geworden sind und ich ohne mit der Wimper zu zucken den Mann mit einem Stein hätte erschlagen können und das zeigte mir, dass ich da so schnell wie möglich weg musste. … aber eins muss man erstaunlicherweise sagen, die Prostituierten hatten mehr Anstand als viele Damen draußen, die, wenn man sie kennenlernt, echt billig sind, doch das ist eine andere Geschichte … so mein persönliches Fazit … vergib ihnen, denn sie wissen nicht was sie tun.

Kapitel 11 – Ist meiner damaligen Freundin Ute gewidmet

Ute ist ein wundervoller Mensch, im Nachhinein gesehen war sie zu der Zeit ein Geschenk Gottes. Als ich Ute kennengelernt hatte, war es zu der Zeit. als ich meine neue und voraussichtlich letzte Schule eröffnete. Mit meinem Freund Faton haben wir die Schule geführt wie zwei Blinde, waren wir aber voller Tatendrang und Gottvertrauen, doch in Deutschland genügt das nicht, du musst ein Geschäftsmann sein und nebenbei ein Steuerberater, Psychologe und ein kleiner Jurist ... tja, das macht es eben allen Menschen schwer in Deutschland und den Ausländern leider doppelt so schwer, weil Kuhhandel geht nicht ...Ute sah das Chaos und unseren unbändigen Kampfgeist, es war Leben in der Halle. Ohne sie hätten wir es nicht geschafft. Sie war ein Manager, eine Bürofachfrau, die gute Seele der Schule. Doch nun zu Ute, sie war ein Phänomen und wir waren ein sehr gutes Team, unzerstörbar und ich habe sie mit der Zeit immer mehr und mehr lieben gelernt, doch leider ist das Leben nicht immer so leicht, wie man es sich wünscht. Sie hatte einen Sohn, den Max, den ich lieben lernte wie meinen eigenen Sohn ... es ist schwer, in Worte zu fassen, was Liebe bedeutet, doch ich hätte mein Leben für ihn gegeben, auch wenn er es mir wirklich nicht leicht gemacht hat, weil Kinder merken intuitiv schnell, wenn einer sie liebt und das können sie auch zu ihren Gunsten ausnutzen, doch da mach ich dem Kleinen keinen Vorwurf, er war ein Kind und handelte seiner Natur gemäß. Wir hatten tolle Zeiten und gaben vollen Einsatz, sodass unsere Schule schnell gewachsen ist und wir riesige Erfolge feierten und einen unermesslich großen Bekanntheitsgrad erlangten, doch was du auf der einen Seite investierst, bekommst du 10-fach zurück. Der Haken ist einfach, dass man schnell ausbrennt, und da fangen schon die ersten Probleme an ...und was das Menschliche angeht, muss ich sagen, dass alle Menschen gleich sind, nur der Anstrich ändert sich ... Ich war nun mit der Familie von Ute bekanntgeworden und es waren nette Leute und klar jeder hat seine Macken, aber das ist menschlich ... interessanterweise waren die Themen immer dieselben, egal welche Nation, die Menschen reden immer über die Vergangenheit, ihre Probleme im gesundheitlichen Bereich und die Menschen, die man nicht mag, damit es nicht langweilig wird für uns Menschlein ... es sind so viel Impressionen, die im Herzen gespeichert sind, und es ist schön, man will nur das Gute sehen, weil das Schlechte soll man schlecht sein und stehen lassen, so ist es besser. Wir waren Wandern, gingen im Urlaub in den bayrischen Wald, waren auf Festen und vieles mehr, es war wundervoll ... doch wie das mit Menschen ist, hat Max mir ernsthaft Probleme bereitet und ich denke, ich habe sie relativ gut gemeistert und Jahre später habe ich mich bei Max noch entschuldigt, dass ich mir nicht mehr Zeit genommen habe für ihn, weil ich denke, das machen die wenigsten Eltern, ich habe es getan, um ihm zu zeigen, dass es mir leid getan hat, und er mit einem Seelenfrieden nicht an mich denken musste, was wäre, wenn ich besser gewesen wäre. Ich habe ihn und mich somit befreit ... ich gab mir ernsthafte Mühe, als er von der Grundschule immer nach Hause kam, zitterte ich schon beim Öffnen der Türe, weil manchmal drehte er durch und ließ es mich spüren, aber egal, ich liebte ihn, ich kochte ihm Buchstabensuppe, am Abend lag er neben mir auf dem Sofa und wir schauten uns Geschichts-Dokus an, was ihn unbewusst sehr gebildet hat, das erfuhr ich im Nachhinein ... ich spielte mit ihm und gab ein kleines Vermögen für Spielsachen aus, womit er teilweise nicht mal spielte, er hortete sie nur. Leider konnte er einem auch alles versauen wie Turniersiege, Geburtstage und mehr einmal schrie er knapp zwei Stunden hinten im Auto, so, dass ich am liebsten aus dem fahrenden Wagen gesprungen wäre ... doch als es in die Brüche ging, konnte ich es Ute schwer klar machen, wieso es so war, weil sie blind war und ihre Weitsicht vertrat und ihr Sohn am Ende doch wichtiger war als ich, was auch ok ist, Blut ist nun mal dicker als Wasser. Er war in seiner Seele verbittert, er wusste wohl unbewusst, dass er einen richtigen Vater hat und das machte ihn verbittert. Ich hoffe, in den fünf Jahren konnte ich ihm etwas geborgene Kindheit schenken und Ute, ich hoffe, sie verzeiht mir und fängt mal auch an, die Situation von meiner Seite aus zu betrachten, was aber schwer ist für viele Menschen, und umso früher sie das lernen, umso schneller befreien sie sich von falschen Vorstellungen, die im Kopf kreisen, Tag ein Tag aus, aber wenn man immer auf derselben Stelle tritt ... man kann die Menschen nicht verurteilen für das, was sie tun, ohne zu wissen, was sie tun (ich weiß, das ist aus der Bibel, doch sehr treffend für alle Ewigkeit), nun es ging in die Brüche und Frauen können sehr brutal sein, das wusste ich und ich hielt mich sehr stark zurück, um Schadensbegrenzung zu betreiben, weil ein totalen Krieg hätte ich in meiner körperlichen Verfassung nicht durchgestanden und Krieg ist immer die schlechteste Lösung, lieber einige symbolische blaue Flecken als eine Vollamputation ... und Ute soll wissen, falls sie das lesen sollte, ich habe sie geliebt und Jahre später tat es mir in meinem Herzen weh, als ich kleine blonde Jungs sah, die Max ähnelten, er war nun mal mein Sohn für diese Zeit und wer viel Energie reinsteckt, der wird zu einem Teil des anderen, würde ich behaupten ... fünf Jahre später traf ich Ute wieder und sie sagte: „Mann, bist du alt geworden", und ich sah sie nur an, weil, was sagt man einem Menschen, der Teilschuld ist in meinen Augen, es bringt nichts, Schweigen ist da oftmals die bessere Option, so ist es halt.

Kapitel 12 – Glaube und Religion

Das Buch nimmt eine Wendung, die wohl so niemand erwartet hätte, doch das Thema geht viel weiter, als dass ein Ausländer Klage erhebt gegen jemanden, der ihm Unrecht getan hat ... von meiner Warte aus muss man verstehen, dass wir Menschen alle nur ein Produkt unserer Gene und des Umfeldes sind, das uns formt ... ein kleines Beispiel: bei mir trainierte ein kleiner Junge, er war frech und sehr lebhaft und eines Tages sagte er mir, ich sei kein Deutscher. Ich lachte nur und sagte, ja, er habe recht, ich komme vom Mond ... später erfuhr ich, er war aus Russland adoptiert und dass sein Umfeld ihn so unmodelliert hatte, dass er sich für einen Deutschen gehalten hat, was mir sagt, dass meine Theorie stimmt. Doch nicht zu vergessen, das ist aus meinem Erfahrungsbericht, aber ich bin nicht der, der diese Theorie in die Welt gesetzt hat, da gibt es wahre Koryphäen wie Bruce Lipton eine ist, doch voller Stolz kann ich sagen, dass meine Deobachtungen von mir selbst kamen ... mir ist auch aufgefallen, als ich in Frankreich war, dass mich die Franzosen sofort für einen Deutschen hielten, was wohl meine Körpersprache, Kleidung und Statur ausgemacht haben muss. Ich konnte das nicht gleich verstehen, aber als ich in Paris die Araber sah, war es mir klar, weil die Araber dort meistens schlank und sehr graziös aussahen, so wie der Franzose im Gegensatz zum Deutschen, der stämmiger ist und wuchtiger auftritt ... so muss wohl das Umfeld unbewusst mich auch auf eine Art und Weise ummodelliert haben, ohne dass ich es gemerkt habe. Ich werde es jetzt nicht weiter ausführen, es sollen nur Streckenpunkte sein, die man am Schluss verbindet, um ein Gesamtbild zu bekommen. Nun es gibt viele Religionen und das Problem ist, dass jede für sich in Anspruch nimmt, die richtige zu sein, und leider sind einige Religionen stark rassistisch und nun ist die Frage, wie soll ein Mensch damit umgehen, dem das auffällt, weil entweder wollen wir den Weltfrieden und Gleichheit oder alles ist eine Riesenlüge ... ich werde nur kurz die hinduistische Religion ansprechen, weil die Inder sagen nur ein Inder kann ein Hindu sein … über andere Religionen werde ich jetzt nicht in diese Richtung weitermachen, weil ich habe eins im Leben gelernt, erstens: stell niemals die richtigen Fragen und zweitens: sage niemals die Wahrheit, obwohl jeder, der logische Zusammenhänge erkennen kann, zu demselben Schluss kommen würde … ich glaube, ich habe alles gesagt was man dazu sagen kann, wenn man richtig zwischen den Zeilen lesen konnte …

Meine persönliche Meinung ist, dass es Gott gibt, jeder wird es anders definieren, doch ich benutze dieses Wort, weil damit jeder etwas anfangen kann … meiner Meinung nach hat jedes beseelte Wesen mit einem menschlichen Bewusstsein schon die Verbindung zu Gott, denn nur er hat uns kreiert und die Wissenschaftler können bis heute kein Wesen mit Bewusstsein und schon gar nicht mit Seele erschaffen … Ich war in vielen Situationen, wo Gott mir geholfen hat, und interessanterweise immer dann, wenn ich meine Komfortzone verlassen habe und mich ins Ungewisse begeben habe oder ich in ernsten Problemen gesteckt habe. Ich werde einige Beispiele bringen. Es gab eine Zeit, da hatte ich kein Geld und unendlichen Hunger, doch wie vom Himmel geschickt, klopfte meine Nachbarin bei mir, es war eine weit über 80-jährige Dame, die mir was zu Essen gebracht hatte, und erstaunlicherweise sagte sie zu mir, sie habe das Gefühl, dass ich das gut gebrauchen konnte … Zufall? Ok, wie wäre es damit, es gab einen alten abbeter zu dem ich gegangen bin, der mich behandelt hatte. Ich bin ohne Termin zu ihm gegangen und seine Philosophie war, er da ist, stellt sich an, bis er dran kommt … und eines Tages, als ich wieder zu ihm kam, sagte er, er wisse, dass ich heute kommen würde, mir war das etwas schleierhaft, aber ok, was soll's. Ein anderes Mal wollte ich ihm 20 Euro geben, obwohl ich kaum Geld hatte, er war es mir wert und er sah das Geld und sagte, nein, ich will die 5 Euro, das genügt mir, doch ich war mir sicher, dass ich keine 5 Euro hatte, weil ich vorher das Geld abgezählt hatte, und er sagte, schau rein, und was denkt ihr, was los war, da waren wirklich 5 Euro … Zufall? Wie wäre es damit: ein anderes Mal, als ich zu ihm kam, waren im Vorraum drei ältere Damen gesessen und ich wusste, danach bin ich dran. Alles gut soweit, ich sah sie mir an und zu meiner Schande muss ich gestehen, dass ich dachte, hm, ländliche Damen, was gibt es da schon weiter über sie nachzudenken, doch sie saßen da, als würden sie auf was Bestimmtes warten und ich wusste nichts, außer dass sie aufgerufen werden zum abbetet … auf einmal fing die eine an, mich etwas zu fragen, und ich antwortete und dann ging es los, sie fingen alle an, mit mir zu reden und ich war geschockt, als hätten sie auf diesen Moment gewartet, und sie wussten irgendwie alles über mich. Ich war fast unter Schock, ich hatte das Gefühl, als seien das drei Engel oder sowas, und als ich zum abbetet kam, beobachtete er mich und lächelte. Das Ding ist, es war so, wie wenn ein Wesen aus einer anderen Realität mich beobachtet, wie ich das Leben meistere … ich fasste meinen ganzen Mut zusammen und fragte, wieso er mich so beobachte, als wurde er mehr wissen als er sagte, doch er lächelte und sagte, ich bilde mir das nur ein, und das Traurigste war, dass er in der Woche drauf von heute auf morgen verstorben ist und ich irgendwie das Gefühl hatte, ich sei der Auslöser gewesen, so wie wenn ich sein letzter Job auf Erden gewesen wäre … Zufall???? Ok, wie wäre es damit, ich bin in eine fremde Stadt gefahren in einem fremden Land und das unter Bedingungen wie im Delirium. Es waren 1400 km und ich kam wie von Gottes Hand heil an, ohne dass ich dort jemanden kannte, traf ich gleich auf einen Albaner. Der Haken war, dass er in einer Stadt mit 40 000 Einwohnern der einzige Albaner war und er auch noch aus unserem fies (stamm) war und sein Bruder in Deutschland lebte, den er 20 Jahre nicht gesehen hat, und ratet mal, in welcher Stadt, genau, in meiner Stadt, nebenbei brachte er mich zu einer Familie, die mich wie auf Händen trug … tja, wenn kein Vogel vor Hunger stirbt, wieso hast du Mensch Angst, obwohl du so ein Vielfaches höher bist … ich könnte noch einige Beispiele nennen, aber das soll genügen …und nun meine karmischen Beobachtungen. Übrigens, im Islam wird Karma oder

Handlung auch erwähnt und in der Bibel kam Jesus nur einmal für die Menschen auf diese Welt, bedeutet das, dass die Menschen öfters gekommen sind??? Oder alle Haare seine gezählt … also ich sage jetzt Karma oder Ursache-Wirkung-Prinzip … also ich hatte einen Bekannten, der war im Rotlicht-Gewerbe tätig, er wurde erschossen. Ich hatte einen Bekannten, das war ein ganz schlimmer Finger, der ist schwer krank geworden, ich hatte einen Vermieter, der war die Hölle, nicht nur für mich, er war bekannt, er wurde vom Motorrad runtergeholt und war tot, ich hatte eine Freundin, die mich viele Jahre meines Lebens, meiner Gesundheit und mehr gekostet hatte, sie wäre fast an einer Vergiftung gestorben und meine letzten Vermieter waren so hart und grausam, ihr Vater ist gestorben und ich befürchte, die bekommen noch eine karmische Packung. Nun, das sind die großen Dinge, ich kann auch kleinere aufzählen, aber können das alles gottlose Zufälle sein??? Rekapituliert euer Leben doch mal selbst, vielleicht fallen euch Muster auf, die dem, was ich sage, ähneln … so, nun zum Resümee meines Kapitels, hier ein Rat von mir, ob ihr an höhere Mächte glaubt oder nicht, haltet euch immer etwas mehr auf der guten Seite auf, da seid ihr besser aufgehoben … und wie kann ich Menschen hassen, bloß weil sie Menschen sind, und die Dame mit weit über 80 und der abbetet, ich habe sie geliebt, das waren wundervolle Menschen und Deutsche … was mich aber nicht davon abhält, Missstände aufzuzeigen, weil nur so können wir es besser machen … und wir neigen leider immer ganz schnell dazu, den anderen zu entmenschlichen und das birgt meiner Meinung nach eine große Gefahr mit sich … und noch eins sei gesagt: erkennt euch selbst, das ist der beste Weg den anderen zu erkennen … ein kleines Beispiel: wenn ein Franzose gemein ist zu mir, ist es ein Idiot, der gemein ist zu mir, aber was machen wir Menschen, wir sagen uns, er ist ein Franzose und das ist ihre Art und somit ist es ein dummer Franzose wie alle dummen Franzosen mit ihrer dummen französischen Art, in Wirklichkeit ist es nur ein Idiot, mehr nicht … nur noch eins zum Schluss, was Religionen angeht. Kaiser Konstantin kam aus Sardinien und er etablierte das Christentum und er war ein großer Mann der Weltgeschichte und er kam aus dem heutigen Balkangebiet, das von Illyrern oder sagen wir Albanern bewohnt war und er selber war nie wirklich Christ bis zu seinem Tode, wo er sich angeblich taufen lassen hat.

Kapitel 13 – 11 Jahre meines Lebens

Wie schon erwähnt, eröffnete ich meine Schule und das mit 39 Jahren. Es war so eine Art alles auf eine Karte und es war 5 Jahre ein Riesenerfolg und die nächsten 5 Jahre nur noch ein Kampf um das nackte Überleben … meine Schule eröffnete ich in einem kleinen Städtchen

im Schwabenland mit etwa 15 000 Einwohnern, was ich aber nicht wusste, war, worauf ich mich da einlasse und dass ich da zum ersten Mal im Leben Deutschland von einer Seite gesehen habe, die mein Weltbild erschüttert hatte … die erste Halle war in einem Komplex mitten in der Stadt, der aber etwas abgesondert war und von einem Park umgeben war, neben dran war eine Sportbar, die von einem Kurden geführt worden ist und eine kleinere Kneipe, die ein Türke führte … die erste Zeit begann sehr gut und mein Kumpel, der mit mir angefangen hat, aber später ausgestiegen ist, und ich hatten eine wundervolle Zeit … es war fast wie in einem Märchen, die Schüler kamen und meldeten sich an, natürlich war unsere erste Klientel fast nur aus Ausländern besetzt und einige Deutsche, die mich seit Jahren begleitet haben und mich als Mensch zu schätzen gelernt haben, was auf Gegenseitigkeit beruhte … doch als Ute noch miteinstieg, ging meine Schule hoch wie eine Rakete und da merkte ich, was es bedeutet, wenn eine Deutsche mit an Bord ist im Gegensatz dazu, wenn ein Ausländer alles alleine macht. Sie war sozusagen wie der goldene Schlüssel, der Türen öffnete, von denen ich nicht mal wusste, dass es sie gibt … ein Beispiel: wenn ich alleine zu Ämtern gegangen bin, war ich eben immer vorbelastet, was bitte keiner leugnen sollte, wenn, dann muss man Ross und Reiter nennen, und als Ausländer bist du nun mal vorbelastet …

und mit Ute gingen die Türen auf und die Deutschen fassten auf einmal Vertrauen und kamen auch zu meiner Schule, natürlich nur stückchenweise … ein Beispiel: in dem kleinen Städtchen gab es noch drei andere Kampfsportschulen und die eine war in einem Verein seit über 30 Jahren und da ist klar, dass sie unsere Konkurrenz waren und ich würde behaupten, dass sie nicht gegen uns gearbeitet haben, aber bestimmt nicht zu unseren Gunsten … also Ute hatte einen Dackel und eine französische Bulldogge, ich liebte die zwei Kleinen. Ute sagte mal sogar ganz wütend, du liebst den Dackel ja mehr als mich. Dem war nicht so, aber jeder Hundenarr wird wissen, was ich meine … ich war immer zwei Stunden früher da, öffnete meine Schule und Max war auch dabei. Ich stellte meine Liege auf und sonnte mich, die zwei Hunde bei mir und Max, dem ich ab und zu Geld gab, damit er sich was holt, entweder was Süßes oder Spielzeug. Ja, es war wundervoll und wenn dann die Schüler kamen, war es wie eine Familie. Ute kam nach der Arbeit, wir machten Kaffee oder Tee und jeder war herzlich willkommen … doch eines Tages stand da ein kleines hübsches Mädchen mit etwa 13 Jahren und sagte, sie wolle bei uns trainieren. Ich war etwas überrascht, weil ich mir dachte, hm, ohne Eltern, und sieht die nicht, dass hier fast alles Ausländer sind, das war mir komischerweise fremd, doch sie meldete sich an und war im Nachhinein eine tolle Schülerin und ihre Eltern, die ich später kennengelernt habe, waren auch wundervoll. Nun, was ich damit sagen will, ist, wir leben nebeneinander, aber nicht miteinander und obwohl uns nur einige Meter im Supermarkt als Beispiel trennen, sind wir menschlich so getrennt als seien wir von verschiedenen Sternen … ich hatte einen Lieblingsschüler, nennen wir ihn hier Roman, den ich seit 18 Jahre an meiner Seite hatte, er war nun 18 und war kurz vor seinem Abschluss mit dem Fachabitur. Ich trainierte ihn fast schon Tag und Nacht, er war ein perfekt austarierter Kämpfer und Sportler, er konnte vieles turnerisch wie unserem Sport spezifisch fast in Perfektion und Ute sagte mal aus Eifersucht, ich würde lieber alles in ihn stecken als mir ein Paar Socken zu kaufen und ja, er war mein Paradestück und auch eine Art Sohn, so gesehen hatte ich viele Kinder, denen ich auf dem Lebensweg, denke ich, etwas mitgeben konnte … Roman war aus einer russlanddeutschen Familie, die sehr nett war, doch leider waren sie ein typischer Fall von zerstörten Illusionen, die sie sich gemacht haben, als sie nach Deutschland kamen, wenn ich das hier so schreiben darf … die Eltern waren dem Alkohol sehr zugetan und seine zwei Brüder waren schwer drogenabhängig, von denen einer leider später daran auch verstorben war … Romans Mutter sagte mir mal voller Dank, ich hätte wenigstens einen gerettet, das war der Roman … doch alles kam anders und Undank ist der Welten Lohn, im Nachhinein ist das okay, doch zu der Zeit hat es mich gebrochen, was alles noch geschehen ist … also wie gesagt, unsere Schule war nach etwa einem Jahr schon so voll, dass ich die Kinder kaum mehr auseinanderhalten konnte, und sportlich waren wir so erfolgreich, wie man es sich nur wünschen kann … ich investierte all meine Lebensenergie und all mein Geld in die Schule und wäre mein Plan aufgegangen, wären wir heute unter den Top 10, doch wie heißt es so schön, der Mensch plant und Gott lacht … unsere Halle war eine kleine niedliche Halle, ein alter Getränkemarkt, doch die Heizung funktionierte nicht und mich wundert es, dass viele Vermieter immer solche Lügenbeutel sind und nicht immer die Wahrheit sagen, aber wenn es um ihr Recht geht, da kämpfen sie wie Drachen, doch alles rächt sich im Leben … im Winter mussten wir Gasstrahler benutzen und der Getränkemarkt war ein einfacher Betonblock, nicht isoliert und alles klapperte im wahrsten Sinne des Worts und jedes Reklamieren beim Vermieter stieß auf taube Ohren, nebenbei hat er uns die Halle zu teuer vermietet, aber ok, damit konnte ich noch leben … was mich aber anwidert ist, dass der Vermieter, der mit Sicherheit einige Millionen auf der hohen Kante hatte und einen auf freien Politiker machte, in der kleinen Stadt so etwas wie die Welt mitverändern wollte, aber auf lokaler Ebene so ein Schuft war und es ihn nicht im Geringsten interessierte, dass wir im Winter froren wie die Schoßhunde … aber nach außen hin sich teuer verkaufen … und das Beste war, als ich da eine Jahresabrechnung von ihm bekam von fast 4 000 Euro, weil es keinen Strom und Wasserzähler gab, legte er es doch knallhart auf alle Mietparteien um, also da waren eine Riesensportbar, eine kleine Kneipe und ein Künstleratelier und unsere Schule, die kein Warmwasser hatten und sich fast nie jemand geduscht hatte und wir am Abend maximal 4 Stunden etwas Strom verbraucht haben, als das Licht anging ... also sagte ich ihm, dass ich das nicht zahlen werde, und er drohte mir dann mit seinem Anwalt, tja, er dachte wohl, ich sei dumm, doch ich trieb es so weit, bis es zur Gerichtsverhandlung kam und ich die Verhandlung gewonnen habe, und sein Anwalt sagte, er könne nicht Erscheinen zur Verhandlung, weil er verhindert sei, tja alles klar ... das Ende vom Lied war, ich musste eine neue Halle in dem Städtchen finden und da hatte ich auch Glück im Unglück und wiederum Unglück ...wir wechselten die Halle und der Vermieter der alten verstarb ein halbes Jahr später, indem er vom Motorrad runtergeholt worden ist, tja, jeder bezahlt für das, was er bestellt und sterben müssen wir alle, nur der Tod ist gerecht am Schluss ...

Bei mir trainierte ein junger Mann, der aus dem Städtchen ist, und das sind sehr reiche Leute mit Grundstücken. Er und sein Bruder, noch nicht mal 40, beide wundervolle Häuser, verheiratet und gute Jobs ... der mir eine Halle, die ihrem Besitz war, angeboten hat und so konnte ich ausweichen ohne große Verluste ... wir zogen im Sommer um und da war wieder alles strahlend und glänzend, nun der Preis war in meinen Augen etwas zu hoch für wiedermal einen Betonklotz, der nicht isoliert war, wo die Heizung nicht funktionierte, aber das erfuhr ich wieder mal erst im Winter und viele anderen Mängel ... die Schule wurde noch erfolgreicher, so dass selbst über 200 QM Trainingsfläche nicht mehr ausreichten, doch irgendwann, als ich mit Ute die Beziehung beendet habe, kam die Wende, und da fing der Untergang meines kleinen Imperiums an ... zu der Zeit war ich körperlich schon massiv angeschlagen und musste nun alles selber führen ohne Utes Unterstützung, doch ich war gottfroh, dass Roman da war und es ging auch ein Jahr gut, bis Roman begann, sich zu verändern, ohne dass ich es anfangs merkte ... ein neuer Schüler, den ich auch sehr lieb gewonnen habe, war ein Rumäne, ich nenne ihn Peter, der in der Gegend so eine Art soziale Arbeit machte, um sich zu resozialisieren. Er war hoch gebildet und hochintelligent, doch leider auch ein Schwerkrimineller, der in Rumänien knapp dem Tod entkommen war, sodass ihn seine Mutter nach Deutschland geschickt hat … Peter und Roman waren gleich ein Herz und eine Seele und zogen sogar zusammen in eine Wohngemeinschaft und die Mutter von Peter bedankte sich, weil sie gemerkt hatte, dass ich ihn im Griff hatte und ihn in die richtige Richtung gezogen hatte … wir trainierten im wahrsten Sinne des Worts sieben Mal die Woche, Roman und Peter waren so etwas wie meine Prätorianergarde geworden und wir waren unschlagbar … und ich hatte die Schule, mit allem was dazugehört, halbwegs unter Kontrolle, doch Peter fing mit der Zeit an, in alte Muster zu verfallen, und für Roman war das interessant, sodass er sich mitreißen lassen hat, es ging um Frauen, leichte Drogen, das Übliche, was wilde Jungs so denken, das sie machen müssen, um Männer zu sein … ich erfuhr das später und musste ihnen Einhalt gewähren, weil sie beide waren ja nun auch wie meine Söhne, doch wie kann man einen kleinen Bach aufhalten, der zu einem reißenden Fluss mutiert und einen einfach wegschwemmt … und so geschah es, dass Roman der bei mir das Training mitführte, eine Art kleiner Superstar war und ich das alles viel zu spät gemerkt habe, weil ich einfach nicht das sehen wollte, was real war … Roman fing an, sich zu verändern und machte mir immer mehr das Leben schwer, was ich anfangs nicht einordnen konnte, bis eines Tages die Bombe geplatzt ist und ich erfahren habe, was sich im Hintergrund abgespielt hat und wie das so ist, der Chef merkt es immer als Allerletzter, wenn alle es schon gewusst haben … Roman fing mit einer Mutter von drei Kindern, die bei uns trainierten, etwas an. Das Problem war, dass ihr Mann Türke war und nichts davon wusste und als er es erfahren hatte, war die Hölle ausgebrochen. Nun verstand ich, wieso Roman sich mir gegenüber so aufmüpfig verhalten hat, weil die Dame, mit er angebandelt hat, und sie war 10 Jahre älter, sagte zu ihm, er sei der neue Boss der Schule und man müsse mich langsam rausdrängen … also zitierte ich Oman zu unserer Sportschule und packte ihn am Hals, drückte ihn gegen die Wand mit einem Knüppel in meiner anderen Hand und ich sagte, mit seinem Verhalten bringt er mein Lebenswerk in ernsthafte Gefahr. Da kam der Peter in die Schule, der das mitbekommen hatte, und auch die besagte Dame angerufen hatte, dass sie so schnell wie möglich kommen solle … nun ich muss ehrlich sagen, ich hätte dem Roman mit dem Knüppel vor Wut schon arg zugesetzt, doch ich konnte mich beherrschen, als Peter eintrat in unsere Halle und einen Schlagring gezogen hatte und neben mir stand … Roman ganz bleich an der Wand, nicht mehr Herr der Lage und Peter neben mir mit dem Schlagring, ich wusste, dass Peter mich mochte, doch er musste Roman zur Hilfe kommen und ich dachte, ok, wenn ich den ersten Schlag mit dem Schlagring, den ich erhalten würde, überstehe, habe ich eine gute Chance, mich zu verteidigen, weil nur mit einer freien Hand war das eben etwas schwer, doch da kam zum Glück die besagte Dame herein zur rechten Zeit und schrie und flehte, dass wir aufhören sollen, und so konnte sie die Lage deeskalieren … sie versprachen mir, dass sie damit aufhören würden und nichts nach außen dringen würde, doch leider war der türkische Ehemann sehr clever und hatte ein zufälliges Telefonat mitgeschnitten und das war das Ende … Roman und die Dame flohen, Peter ging mit ihnen und ich stand alleine da, der berechtigten Wut des Ehemannes und seines Clans ausgesetzt und musste es ausbaden, weil ich eben der Ziehvater war … es waren harte Zeiten und viele Kinder aus der türkischen Comunità meldeten sich da ab und mein Ruf war ruiniert, ohne dass ich was dafür konnte … nun stand ich alleine da, musste das sinkende Schiff retten, ich war total überfordert und keine Hilfe weit und breit, bis ich mir alles so hinschusterte, dass es irgendwie weiterging … nur kurz: nebenbei bin ich ganz knapp an einer Steuerprüfung vorbeigeschrammt, weil Ute aus Rache meine Buchführung so manipuliert hat, das es mich im Nachhinein bestimmt 20 000 Euro gekostet hat und das, während sie noch mit mir zusammen war, tja, ins Gesicht lächeln und hinter dem Rücken das Messer wetzen, hätte mir da eine andere Dame nicht geholfen, wäre ich platt gewesen, man muss verstehen, Ute hatte einen Sohn, also einen Nachkommen und sie hatte einen guten Job und da sie das einzige Kind war, ein ordentliches Erbe und ich hatte nichts, das war mein Ein und Alles, und leider auch kein Kind und dann so gnadenlos sein, einem Menschen, der mit gebrochenem Rückgrat am Boden liegt, das Genick noch einzutreten, ist genau das Problem, was ein Deutscher nie verstehen wird, weil ein Deutscher, der in seinem Land alles hat und voll abgesichert ist, den kann man nicht mit einem Ausländer vergleichen, der jeden Tag um sein nacktes Überleben kämpft. Doch da mache ich den Deutschen keinen Vorwurf, vielleicht animiert meine Lebensgeschichte ja mal zum Nachdenken, damit wir uns nicht immer so weh tun und auch mal versuchen, die andere Seite zu verstehen. Doch da ist es die Frage, ob einer aus einer sicheren Position sich die Mühe machen soll, einen zu verstehen, weil das ja nur Stress ist und einen schlecht drauf bringt, flapsig gesagt … es war eine Zeit wo ich mit Schulden, Krankheit und Stress wie vom Blitz getroffen eines Abends zuhause zusammengebrochen war, es war so, als sei ich leer gewesen, alles leer, und die Gedanken stoppten, ich sah in den leeren Raum meines Zimmers und sah nichts, alles war wie in Zeitlupe, so als würde eine Kugel aus dem Nirgendwo auf dich abgefeuert worden und du sie in Zeitlupe auf deine Stirn zukommen sahst und nur darauf wartetest, dass sie den befreienden Einschlag durch deine Stirn macht und sie dir dein Gehirn zerfetzt, damit du es hinter dir hast, es war eine sehr gefährliche Zeit für mich. Weiter im Text: Gott, sage ich mal schickte mir zwei Geschwisterpaare, auch Albaner, die als Kinder zu mir kamen und die ich umsonst trainieren ließ, weil es Asylanten waren und ehrliche Seelen. Ich zahlte ihnen die Ausrüstung, die Prüfungen, die Turniere, weil ich sie liebte, nicht weil es meine Landsleute waren, sondern weil es gute Kinder waren, zwei Jungs und Mädchen und meine Investition machte sich bezahlt, sie halfen mit, die Halle zu putzen, später übernahmen sie das Training. Es war ein Segen, weil ich immer mehr angeschlagen war, gesundheitlich hat mich eben alles sehr viel Kraft gekostet … nun muss man wissen: wir waren im örtlichen Verein angegliedert, wo der Vorstandsvorsitzender auch bei der Polizei tätig war, und der Schwiegervater meines Vermieters, also Kleinstadt eben … und Deutschland

beschloss, einen Bauern zu schlachten, um das Volk zu besänfti-
gen, weil es sollten gerade einige hundert Albaner abgeschoben
werden und ich kämpfte wie ein Löwe, ging zu Ausländerbehör-
den, Asylantenvereinen, keine Ahnung mehr, wie die alle hießen,
und zur Polizei, wo der Tao unser Vereinsvorstand arbeitete, ich
bat ihn, diese zwei Familien zu verschonen, weil ich habe sie wieder mal lieb gewonnen und sie waren mir so eine große Stütze,
dass ich ohne sie wieder einen Einbruch erleiden würde ... Tao
sagte, er schaue, was er machen könne, im Nachhinein erfuhr ich,
dass Tao der bei der Polizei arbeitete, seit Wochen wusste, dass
genau meine Kinder, ich meine deren Familien, abgeschoben werden würde, aber er verschwieg es mir und ich rannte wie ein Idiot von Amt zu Amt und was ich so traurig fand, war, dass am
nächsten Tag in der Bild-Zeitung ganz groß stand: Abschiebere-
port, und das man so und so viel Albaner wieder zurückgeschickt
habe, ich nannte es den Hinrichtungsreport, es waren Bauernop-
fer, 300 abgeschobene und tausende, die täglich neu ankamen,
Bauernfängerei eben ... und nur mal zum Thema traumatisierte
Kinder und Kinderrechte, sorry, alles wieder mal eine Show für
die gläubigen Systemwürmchen ... eines Nachts bekam ich von
meinen Kindern um 4 Uhr morgens etwa einen Anruf, dass die
Polizei ihre Wohnung gestürmt habe und sie umstellt hat, da wurden sie mit ihren Habseligkeiten in den Mannschaftswagen ver-
frachtet und zum Flughafen gebracht und das war's, ja, ob sie nun
einen Schock erlitten die Kinder, wen interessiert das schon, Menschenrechte gelten nun mal nicht für alle, die einen können da
schon ruhig mal verrecken, Hauptsache, die Quote wird erfüllt ...
man soll wissen, die Kinder waren gute Schüler, der eine ging sogar eine Ausbildung an und nebenbei waren sie bei mir und nach
drei Jahren in einer Nacht und Nebel Aktion eine knallharte De-
portation ... sie weinten, bettelten und haben gefleht, aber na ja,
egal, so ist das nun mal ihr, wisst ja fucking Friday for Future und
so junge Gymnasiasten, die am Freitag mit ihren teuren Outdoor-
Klamotten Pappschilder in die Höhe halten und sich für wichtig
halten, weil sie was Tolles machen, während andere wirklich am
Verrecken sind, aber he, da schaut man locker hinweg, weil am

Samstag ist Ruhetag, erst wieder am Freitag Pappschilder hoch-halten und so … nun, das mit dem Tao fand ich nicht ganz ok, aber im Großen und Ganzen ist Tao ok gewesen solange es nicht an seine Sachen gehen würde … und mein netter Vermieter: als ich ihn bat, dass die Miete reduziert werden sollte, antwortete er mir mit einem Lachen, wenn es mir nicht passen würde, könne ich doch gehen und dass er für 20 000 Euro einen Bagger holt, der alles abreißt und eine Wiese daraus macht und dann sagte er, ich habe doch gewusst worauf ich mich einlasse, was eine glatte Lüge war, da ich im Sommer kam … nun, das Ende kam dann auch relativ schnell, ich war nicht mehr in der Lage, die Schule richtig zu führen und nächstenliebende Hilfe, nun das gibt es wohl nur bei Adam und Eva, der Rest ist knallharte Hölle gewe-sen … und zu guter Letzt kam dann auch noch Corona, das war der totale Genickbruch … ich kündigte die Halle und verschleu-derte alles, was ich hatte, zum Spottpreis, ich wollte nur noch weg von dieser Kleinstadt, wo man meine Schule am Schluss Türken-schule nannte oder Rathausboxen … mein Nachbar, der eine Kneipe besitzt, sagte zu mir, wärst du ein Deutscher, hätten sie dir ein Denkmal gesetzt … aber ich musste alles aufgeben wie ein gebrochener Mann … und als ich dann noch um eine kleine Vo-rausbezahlung meiner Kaution bat, sagte die Mutter meines Ver-mieters, dass ich ihnen ja noch drei Monate schulde, weil ich ja solange gebraucht habe, die Halle auszuräumen, aber in Wirk-lichkeit sagten sie, dass ich nach der Kündigung 3 Monate Zeit habe, die Halle zu verlassen … und das Beste war, als sie noch gesagt hat, dass ich während dem ersten Corona-Lockdown noch zwei Monate im Rückstand war, nur, die haben vergessen, dass die meisten Vermieter während der Zeit den Mietern, die selbst-ständig waren, die Mieten erlassen haben, doch ich zahlte we-nigstens die Hälfte weiter, obwohl ich es nicht hatte und warum wohl, weil ich wusste, mit wem ich es zu tun hatte … meine letz-ten Worte waren: es gibt einen Gott (aber das hätte ich mir spa-ren können, weil es in meinen Augen heidnische Barbaren wa-ren) und dass ich ihnen meine Kaution schenke, doch alles kommt auf einen zurück und das Leben ist hart und ihre Antwort war:

„Wenn es mir schlecht geht, wieso solltest du es besser haben", mehr braucht man nicht mehr sagen … und als da ein Nachmieter gesucht worden war, sagte sie mir, dass da ein Herr so und so Interesse gezeigt hat, komisch, mich haben sie nie Herr genannt, ich denke, jeder Ausländer versteht mich und dass, obwohl ich ihnen weit über 100 000 Euro Miete erwirtschaftet habe … ich wollte den Ort nur so schnell ich kann verlassen, weil so viel kann ein Mensch nicht so leicht verkraften. Außer er kommt aus dem Balkan und ist Albaner, aber egal, jeder Ausländer ist wie Stahl und wir haben das Land mitaufgebaut unter härtesten Bedingungen, wo die anderen so mit Sicherheit nicht durchgehalten hätten, ok, nun habe ich sehr scharf geschossen, aber urteilt selber, ob es fair war …

Ich will nicht prahlen, aber he, mein Licht unter den Scheffel stellen werde ich ganz sicher nicht mehr und einige Beispiele noch, was ich so alles für Kinder getan habe, egal welcher Nationalität … da war ein kleiner Junge, dessen Mutter, als er zwei Jahre alt war, in das Gefängnis musste und als sie rauskam, war er Vier und total traumatisiert, er schrie im Training, ich musste ihn mal in meinen Armen raustragen, weil er total durchgedreht ist und während ich ihn trug, schlug er mir brüllend ins Gesicht, doch ich hatte ihn sicher und geborgen in meinen Armen. Oder ein Junge, dessen Mutter plötzlich verstarb, und sie ihn ins Heim holen wollten, ich holte ihn wieder raus und behandelte ihn, als sei es mein Sohn. Der Heimleiter wollte mich unbedingt kennenlernen, weil er kaum glauben konnte, was ich für einen Einfluss auf die Kinder hatte, und er war begeistert. Also ich hatte alle Hände voll zu tun, es ist für mich eben eine Verpflichtung den Menschen gegenüber, es ist meine Denkweise und ich bereue nichts, und ich hoffe, ich habe vielen jungen Menschen ein Fundament geben können für ihre Zukunft, weil im Grunde muss jeder seinen Lebensweg selber beschreiten und ich bin mir sicher, dass sie eines Tages, wenn ich wohl nicht mehr bin, an mich denken werden und hoffentlich dankbar sind für meinen Einsatz, der es wert war … und nebenbei habe ich das alles überlebt.

Kapitel 14 – Leben oder Tod

Als die erste Coronawelle über Europa kam, das waren sozusagen die letzten Atemzüge meiner Sportschule … ich kann mich noch genau erinnern, als ich das letzte Training gab und die Schüler sich zu den Umkleideräumen begaben, dass ich in Sekundenschnelle einen Zusammenbruch hatte, ich hatte das Gefühl, als sei meine Lebenskraft auf einmal in die Erde abgeflossen und ich schleppte mich mit Mühe und Not in mein Büro, um mich umzuziehen. Die Schüler verabschiedeten sich und ich schleppte mich zu meinem Auto … ich dachte mir,
he Wochenende, zwei Tage Bettruhe und dann geht es wieder, doch dem war nicht so. Es begann wie eine Erkältung und nach dem Wochenende fuhr ich zur Schule, um einen Zettel an den Eingangstüren aufzuhängen, dass ich krank sei und die Schule vorerst geschlossen bleibt. Eine Woche darauf war da sowieso der erste Lockdown … ich hatte Schüttelfrost, Kratzen im Hals, Blackouts und immer eine Art Kopfschmerzen, eine Art Fieber und das ging zwei lange Monate und das neben meiner chronischen Gastritis, was ich erst ein Jahr später erfahren habe, ganz zu schweigen von meinen Rücken- und Zahnschmerzen … und wisst ihr, ich denke das Sterben ist gar nicht so schlimm, in solch einer Situation war es sogar wie eine Erlösung und für mich persönlich ist nicht der Tod das Problem, sondern das Gefühl, diese Welt zu verlassen ohne alle seine Aufgaben erfüllt zu haben und nicht sein Bestes gegeben zu haben … doch ich hatte das Gefühl, dass sich meine sogenannte Lebensfilmrolle dem Ende nähert … und eines Tages, während dieser Zeit, wo ich das Bett kaum verlassen habe, nur wenn ich Chi Gong geübt habe, lag ich wieder im Bett und hatte, ich weiß nicht, ob es ein Traum, eine Vision oder ob es real war, dass der Himmel, der strahlend blau war, auf mich zukam und das immer schneller und schneller und ich wollte unbedingt von diesem Blau eingenommen werden. Es war so schön, doch dann sagte ich mir, he, wach auf,

das ist nicht gut, wach auf, schnell, und so wachte ich auf. Es war eine Erfahrung, die ich so noch nie hatte, als sei ich dem Tode von der Schippe gesprungen … als ich nach zwei Monaten die Krankheit auskuriert hatte und der Frühling begann, das war die Zeit, wo ich einige Monate später die Schule schließen musste … hatte ich zu meinem Unglück auch noch geteerten Stuhlgang, während mir einige Zähne ausgefallen sind oder ich sie selber gezogen habe, sodass ich innerhalb einiger Monate über 20 kg abgenommen habe, ich konnte nichts mehr essen und alles kam mir vor wie ein riesiges Nichts und manchmal frage ich mich, wie ein Mensch das alles aushalten kann und dann noch die Kraft aufbringt, leben zu wollen … also entschied ich mich, nach Bosnien zu fahren, um dort in einer Art Heilstollen meinen letzten Versuch zu starten oder eben den sogenannten Löffel abzugeben. Ich kratzte meine letzten Ersparnisse zusammen, packte meine Klamotten, meinen Zwergdackel und machte einen Corona-Test, der zu meinem Erstaunen negativ war und fuhr mitten in der Nacht in einer Art Delirium los. Es sind 1400 km und nicht alles war eine gute Strecke, nebenbei war ich dort noch nie und kannte keine Menschenseele ohne einer Übernachtungsmöglichkeit, aber he, alles oder nichts, hieß es da bei mir … ich wunder mich heute immer noch, wie ich die Strecke geschafft habe über Grenzen hinweg … diese Zeilen schreibe ich mit Tränen in den Augen, weil dir niemand helfen kann, nur noch du selbst im vollsten Vertrauen an Gott oder die höchste Macht eben … als ich in der Stadt Visoko ankam, fuhr ich direkt zu den Tunneln wie ein Mann, der getrieben war, einen heiligen Ort zu betreten, der einem alle Geheimnisse des Lebens offenbarte und ihn in den Schoß nimmt wie ein kleines geschundenes Kind, das endlich zu Gott will, um Erlösung von diesem Leben zu erhalten … als ich meinen Wagen parkte, stand da ein Mann mit seinem kleinen Stand, der Aronia-Säfte verkaufte und das war der erste Mensch, mit dem ich dort einige Worte zu wechseln begann … ich fragte, wo es denn zu den Tunneln geht, er zeigte mir den Weg und fragte mich, woher ich komme, und ich sagte: aus Deutschland. Er antwortete, dass er dort einmal gearbeitet habe und dann fragte er mich, welcher Nationalität ich angehöre, weil er mich nicht wirklich einschätzen konnte, und ich sagte, dass ich eigentlich Albaner sei und er begann, mich auf Albanisch etwas zu fragen … das Erstaunliche war, dass er in der ganzen Stadt der einzige Albaner war und genau auf den bin ich getroffen. Ich sagte ihm auf Bosnisch, das mein Albanisch sehr schlecht sei und wir besser auf Bosnisch weiterreden … was auch unglaublich war, dass er aus demselben fies (Stamm oder Sippe) kam wie mein Vater und dass sein Bruder auch in meiner Stadt wohne und er ihn 20 Jahre nicht mehr gesehen hatte … nebenbei: Deutschland hat 83 Millionen Einwohner und viele große Städte und ich treffe einen Albaner in einer Stadt, wo 40 000 Menschen leben und nur einer Albaner ist, dessen Bruder sogar in meiner Stadt wohnt, obwohl Deutschland so groß ist. Was mir der Mann, der später mein Freund geworden ist, im Nachhinein sagte, war, dass er mir keine zwei Wochen mehr gegeben hätte. Ich war abgemagert und grau im Gesicht, meine Augen seien leer gewesen und meine Haare, die mittlerweile mehr grau als braun sind, hangen mir ins Gesicht. Er sagte, dass die Tunnel geschlossen seien und erst morgen wieder aufmachen würden … ich fragte ihn, wo man hier billig übernachten könne, und er brachte mich zu einer wundervollen bosnischen Familie, die Fremdenzimmer angeboten hatte, aber in ihrem eigenen Haus, das war so, als würdest du direkt mit ihnen wohnen. Als mich die Familie sah, konnte man das Entsetzen in ihren Augen sehen, als sei ein Todgeweihter gekommen. Sie nahmen mich herzlich auf, aber sprachen noch nicht so viel mit mir … das Zimmer, das ich bekommen habe, war richtig schön mit einem Bett, einem Sofa und allem, was man sich vorstellen kann, und das für nur 10 Euro am Tag. Ihr Haus war auf einem Berg, umgeben von Wald und purer Natur, und die Tunnel waren nur einen Katzensprung entfernt. In dieser Nacht schlief ich wie im Himmel, doch ich konnte nur bis maximal 4 Uhr schlafen, weil mich da am Morgen Magenkrämpfe und Blähungen geweckt haben … und ich hatte das Gefühl, als habe ich rostige Nägel in meinem Magen-Darm-Trakt. Ich harrte noch etwa eine

Stunde im Bett aus, bis ich langsam aufstand, mich duschte und anzog. Ich ging runter in die Küche, machte mir meine Tagesmahlzeit, die aus einem heißen Glas Wasser bestand und einem Ei, das ich in das Wasser tat, um etwas für den Tag im Magen zu haben ... es war etwa halb 6 und das Ehepaar kam runter, sie begrüßten mich und die Frau war geschockt über mein Glas, das ich trank. Sie waren so gut, diese Menschen und ich dachte, Gott führt mich, weil so viel Glück kann man nicht haben ... die Familie war relativ jung, Mitte Ende 40 und ihre Tochter war 15 ... der Mann und sie waren Polizisten, er war im gehobenen Dienst und seine Frau in der Administration und die Tochter war bildhübsch und eben eine 15jährige Schülerin, doch der Eindruck täuschte ... der Mann und die Frau hatten den Krieg erlebt und der Mann kämpfte während des Kriegs und nach dem Krieg wollte man in die Türkei schicken zur Militärakademie, weil er ein wahrer Krieger war. Und die Frau war auch eine Kämpferin. Doch erstaunlich war die Tochter, die mit 15 Jahren Kampfsport betrieb, den Messerkampf beherrschte und perfekt mit einer Pistole schießen konnte, nebenbei konnte sie Auto fahren und war ausgebildet, in der Natur zu überleben, sie konnte perfekt Englisch und lernte als Hobby noch Koreanisch, ihr Bildungsniveau war atemberaubend ... ihr Vater machte aus ihr eine Dampfmaschine und er selber hatte in jedem Zimmer eine scharfe Waffe. Nun, das klingt heftig, aber im Nachhinein sagte er mir, als der Krieg begann, musste er flüchten und sich in Wäldern ohne Nahrung durchschlagen, bis er zu seinen Leuten gekommen war und er hatte gekämpft, er sah viele Tote und es war ein Grauen, es war eben Krieg, da heißt es entweder du oder ich ... er beschrieb mir das Grauen nur kurz, weil er nicht wirklich darüber reden wollte, aber dass ich einen kleinen Eindruck erhalte, wie er Leichen sah, wo Schweine ihre Eingeweide fraßen ... ich denke, das genügt ... er sagte mir, es gäbe keine Sicherheit auf dieser Welt und dass er und seine Familie vorbereitet seien, was aus seiner Sicht aus voll verständlich war ... er selber war gütig, sanftmütig, liebevoll, das hat mich sehr beeindruckt ... seine Frau war lustig, liebevoll und hilfsbereit … sie kochten für mich, fuhren mich überall hin, sie hatten mich liebgewonnen.

Als ich nun das erste Mal in die Tunnel ging, habe ich mich auch prompt verlaufen und mein Orientierungssinn ist wirklich unterirdisch … ich erhoffte mir so etwas wie eine Art Strahlen, das auf mich niederging oder so etwas, aber nichts ist passiert, außer, dass mein Magen so laut begann zu knurren, dass alle Menschen, die um mich herum waren, mich mit riesigen Augen angesehen haben … da meine Durchblutung sehr schlecht war zu diesem Zeitpunkt, fror ich wie ein Schoßhund, doch es war höchst interessant in den Tunneln, die liebevoll ausgekleidet waren mit einem Dämmerlicht, es war sehr schön … Ich hatte das Gefühl, als ich sie durchstreift hatte an manchen Tagen, als sei ich in der Unterwelt gelandet und ich traf viele Menschen, doch keiner redete miteinander, jeder war für sich selbst in der Unterwelt, um mit sich selbst beschäftigt seinen Gedanken nachzuhängen wie viele Seelen, die im Anschluss in einer Art Übergangswelt sich nochmal vorbereiten und reinigen für den totalen Übergang in die Unbestimmtheit der Ewigkeit. An anderen Tagen traf ich auf Rentnergruppen, die da saßen und miteinander sprachen und glaubt mir, ich habe mich gebogen vor Lachen, wie lustig sie waren und wie geborgen man sich da gefühlt hat … sie merkten schnell, was mit mir los war und sprachen mir Mut zu … mir haben die Tunnel komischerweise nicht das Erhoffte gebracht, doch eine Art Seelenfrieden, aber dazu später mehr, doch ich selbst war Zeuge, wie Menschen in dem Tunnel entweder geheilt worden sind oder ihre Leiden gelindert worden sind … die Stadt Visoko war nun weltberühmt wegen deren Pyramiden und da ich kein Wissenschaftler bin, werde ich jetzt nichts dazu sagen, ob es ein Naturphänomen ist oder ob es wirklich Pyramiden sind, jeder soll sich seine eigene Meinung bilden. Interessant war, dass bei der Familie, wo ich wohnte, allerlei Menschen kamen, diese Familie war wie eine Art Magnet für Menschen und man fühlte sich so gut bei ihnen, dass fast jeden Abend das Wohnzimmer voll war mit Engländern, Tschechen und allerlei

Menschen aus ganzer Welt … ich lernte interessante Menschen kennen und was komisch war, ich war einer von ihnen, egal ob Deutsche, Holländer, Briten, sie waren mir näher, da habe ich gemerkt, dass ich zwar aus dem Balkan bin, aber ich sag es mal so, meine energetische Schwingung wohl eher mit Mitteleuropa kompatibel war … und Visoko war so eine Art kleines Mekka für ausrangierte Seelen aus den westlichen Staaten, die dort ihren Seelenfrieden gefunden haben und glaubt mir, das waren wohlhabende und gebildete Menschen, die einfach dem Druck des westlichen Systems nicht mehr gewachsen waren, sie kauften dort Häuser und haben sich dort niedergelassen, obwohl sie in ihren Heimatländern alles andere als arm waren … was mich persönlich angeht: ich fühlte mich dort seit Jahrzehnten mal wieder wie ein Mensch, die Menschen behandelten mich respektvoll und ich musste mich bei niemanden rechtfertigen oder jedes Mal schauen, ob die Menschen, denen ich begegne, mir wohlgesinnt sind oder ich mich wieder beweisen musste, um ein guter Ausländer zu sein, der akzeptiert war … diese 10 Tage haben mich seelisch ein Stück geheilt … nun zum Schluss noch eine interessante Begebenheit … es begab sich einmal, dass drei Serben sich das Zimmer angemietet haben und ich mir dachte, so ein Mist, da die Serben politisch und geschichtlich nicht gerade unsere Freunde waren … doch abends, als wir wiedermal im Wohnzimmer waren, merkte ich, dass es eine Realität gibt, die von vielen Realitäten durchflutet ist, weil eine Serbin, die in Deutschland und Frankreich gelebt hatte, war voll lieb und wir verstanden uns gut … die anderen zwei Frauen waren nie im Ausland und sie waren auch sehr nett, aber ich spürte, dass sie mich nicht direkt als Feind ansahen, aber mich mit Vorsicht auf Abstand gehalten haben im Gegensatz zu der einen, die offen war, mich verstanden hatte, weil sie mehrere Realitäten kannte und sich ein anderes Bild vom Leben machen konnte … was ich damit sagen will und ich hoffe, dass ich die richtigen Worte finde, um euch klar zu machen, wie ich es empfinde … bei den Europäern war ich einer von ihnen, obwohl meine Mutter aus Bosnien stammt, die aber ursprünglich aus Montenegro kommen und bei den Bosniern war ich eine Art Exot und bei den Serben war ich eben das, was sie in mir sehen konnten, und in Deutschland war ich ein Ausländer, der aber viele wundervolle deutsche Freunde hatte, alles eben Ansichtssache, und wie soll ich sagen, das Geschenk Gottes, was man Leben nennt.

Kapitel 15 – Was würden Sie tun???

Als ich wieder nach Deutschland kam, ging es mir wieder schlechter, doch ich hatte das Schlimmste überstanden, weil in Bosnien, da habe ich seit langem mal wieder zu mir und zu Gott gesagt: ich will leben; ich will leben, lieber Gott … doch als ich hier bei den ärztlichen Untersuchungen war, war ich heilfroh, dass ich keinen Tumor hatte, aber keiner konnte mir helfen. Nun, ich will nicht unser medizinisches System angreifen, weil das wäre ein neues Buch für sich … und mein Arzt, der erstaunlicherweise mal die Welt so gesehen hat, wie sie auch anders sein könnte, sagte zu mir, dass ich hier nie richtig angekommen bin in Deutschland und er mich verstehe … doch leider, sagte er, als ich gesagt habe, dass ich gerne in Frührente gehen würde, dass er mich da noch nicht sieht, ok, mal ganz kurz, ich bin angeschlagen und jeden Tag zu überstehen kostet mich Kraft und du sagst mir, wo du mich siehst oder nicht, hallo, es geht um mich und mein Leben und wo du mich siehst ist mir so etwas von schnurz, es kommt darauf an wo ich mich sehe, es ist mein Leben … und das zog mich gleich wieder runter und ich verstand, in was für einem menschenfressenden System ich war, weil ich habe mit 16 Jahren meine Lehre angefangen und 35 Jahre meines Lebens alles getan, was mir möglich war, und jetzt, wo ich am Ende bin, kommt nichts zurück??? Nebenbei wollte mir das Sozialamt keine Hilfe geben, hallo, ich habe gearbeitet, 2 Ausbildungen und nun wollt ihr mir die Sozialhilfe nicht geben, geht es noch … meine Steuerberaterin sagte, das machen die mit Absicht. Nach sehr aufwendigen Auflagen, die ich erfüllen musste, bekam ich das Geld … und das Allerbeste kommt noch, weil mein Zahnärztin sagte, alle Zähne, die ich hatte, müssen gezogen werden, ich war wieder mal so gebrochen, so schickte sie mich zum Kieferchirurgen, stellt euch vor, wie das ist, wenn ihr zum Zahnarzt geht und er euch 9 Zähne zieht, es war traumatisch, es war das Ende eines Lebensabschnittes … nach der Behandlung sagte ich mit betäubtem Mund, dass ich das nächste Mal nicht mehr als Mensch auf die Welt kommen wolle, und er schaute mich nachdenklich an. Wieder bei meiner Zahnärztin, die mein Kiefer abgemessen hat für ein Made in China Gebiss, fühlte ich mich so gebrochen und war fast den Tränen nahe, und das Schlimmste ist, wenn die Zahnärztin auch noch eine hübsche junge Frau ist und du ihr nicht mal mehr aus Scham ins Gesicht schauen kannst, weil du dich fühlst wie der letzte Dreck und aussiehst wie ein Frosch … so, nun hatte ich keine Zähne mehr, hatte chronische Gastritis nach westlicher Medizin-Vorstellung, was mir morgens unbeschreibliche Magenschmerzen bescherte, sodass ich manchmal kaum meinen Tagesablauf auf die Reihe bekommen habe und die Schmerzen mich um 4 Uhr morgens zwangen, meinen Tag zu beginnen und jede körperliche Anstrengung so eine Qual war, dass ich mir immer nur dachte, wie soll ich diesen Tag überstehen einen kaputten Rücken und war Hartz-IV-Empfänger, dessen Konto schon anfangs der Woche fast leergefegt war. Und wenn man dann auch noch merkt, dass man bei den Menschen in der Prioritätsstufe unter Null gefallen ist, weil, seien wir doch mal ehrlich, jeder sich selber am nächsten ist, sodass man beim Schafen gehen nicht einschlafen kann, weil da auf einmal wie aus dem Nichts Bilder aus dem Unterbewusstsein geschossen kommen und man wieder hell wach ist, weil man kann nicht vor sich selber flüchten … und das Beste war, dass man mich zu einer Psychologin überwiesen hat … ich glaube nicht daran, dass mir so jemand ernsthaft helfen kann, weil sie kann mir auch keine Jugend, Gesundheit oder Geld transformieren und tja, als Ausländer hat man ja auch selten bis keine Zeit, depressiv zu sein, weil das ist ja schon Luxus … nun, weiter will ich nicht auf die Dame eingehen, es waren nur zwei Sitzungen … aber die Therapeutin war lieb, also nicht das man was Falsches denkt …

Eine Frage an den Leser: was würden Sie tun???

Kapitel 16 – Zum Schluss kommt die Abrechnung

Erstens will ich mich bei meinen deutschen Mitbürgern entschuldigen und ihr sollt wissen, dass ich ein unangenehmes Gefühl dabei hatte, dieses Buch zu schreiben, doch mit Wattebällchen wollte ich eben auch nicht werfen, um die Lage der Ausländer zu verdeutlichen … also, ihr sollt wissen, hier in diesem Land gibt es so liebevolle Menschen, doch das Problem ist, dass man eben den äußeren Einflüssen ausgesetzt ist und mit dem Strom nun mal mitschwimmt, weil das immer der Weg es geringsten Widerstandes ist. Und ich halte nichts von so plumpen Parolen wie: „Ihr sollt aufwachen" oder „Schaltet mal euren Kopf ein", weil die Sache nun mal viel komplizierter ist und wir alle unterliegen dem unbewussten Schwarmbewusstsein, ob wir wollen oder nicht, damit meine ich alle Menschen. Nur ein bewusster Mensch kann diese Grenzen überschreiten, wenn er ehrlich zu sich selber ist und sich die Mühe macht, sich selber zu beobachten und zu maßregeln, so übernimmt er Verantwortung für sich und somit gleichzeitig Verantwortung allen Menschen der Natur und den Tieren gegenüber und das sind die Menschen, die diese Welt braucht. Mit Sicherheit können wir diese Welt nicht verändern und das ist vielleicht auch nicht die Aufgabe, die Gott uns gegeben hat, aber wir sind verpflichtet, unserem Gegenüber das Beste zu geben, um an einer besseren Welt zu arbeiten und normen kann man uns Menschen im Endeffekt so oder so nicht, weil wir alle den Funken Gottes in uns haben und den kann uns niemand nehmen … so, das war meine Geschichte, ein kleiner Einblick eines Ausländers, wie es sie Millionen auf der Welt gibt und ich hoffe, ich habe zum Nachdenken angeregt. Es sollte kein großes Buch mit vielen Seiten sein und meine Biografie habe ich auf das Nötigste beschränkt, weil wichtig ist, dass meine Geschichte nur ein Leitfaden ist, mit dem man an alle anderen Fäden zusammenflechten kann, um einen starken Strick zu sehen, der große Gewichte ziehen kann, denn nur gemeinsam sind wir stark … nebenbei habe ich nicht die ganze Wahrheit gesprochen, weil es teilweise meine Wahrheit ist und ihr wisst ja, wer die Wahrheit sagt, wird zum Feind und wer die richtigen Fragen stellt, wird zum Zielobjekt …

Tja, wie mir mal einer gesagt hat, ich habe immer noch die rosa Brille auf und das Problem ist, ich bekomme sie einfach nicht ab. Mein Wunsch ist es eben, dass auf dieser Welt mehr Gerechtigkeit herrscht, sodass es allen Menschen etwas besser geht, so kommen sie weniger auf dumme Gedanken. Und falls ihr nach dieser kleinen Geschichte einem Menschen begegnet, versucht, nett zu sein …

Gedicht

Er wird uns alles nehmen und geben, er wird uns bereiten Kummer und Leid, er wird uns führen auf ungewöhnlichen Wegen, es ist das wundervolle Geheimnis, das wir kennen als Leben.

Was mich betrifft

Was mich betrifft, habe ich wohl eine sehr ungünstige Konstellation erwischt, was das Leben so angeht. Ich sagte ja schon, dass meine Eltern aus verschiedenen Ländern und Kulturen stammen und die wiederum vertrieben worden sind in alle Himmelsrichtungen, da sind die einen in Bosnien und den USA und die anderen im Kosovo und der Türkei, ach ja, Australien hätte ich auch noch erwähnen sollen. Ich bin hier aufgewachsen ohne kulturelle Wurzeln, doch ich habe intuitiv nach dem gelebt, was mir mein Gefühl immer vorgegeben hat. Ich habe Verwandte, die ich in meinem Leben nur in meiner Kindheit und Jugend gesehen habe und höchstwahrscheinlich werde ich die meisten nie wiedersehen, weil sie entweder weggestorben sind oder ihre Kinder sich von mir so weit entfernt haben, das kaum mehr Bezug zu ihnen besteht und hier in Deutschland habe ich zwei Schwestern, die, ich sag es mal so, ihr eigenes Leben gehen müssen und ich bin Gott so dankbar, dass ich noch zwei sehr alte Eltern habe, die leben, aber wenn man es genau nimmt, bin ich alleine und das ist ein hartes Los. Und wenn ich zu meinen Eltern gehe, was für mich immer schöner und schöner wird, erkenne ich immer mehr und mehr, was es bedeutet, ein Leben in der Fremde geführt zu haben und die ganzen Traumata, die man ein Leben lang mit sich getragen hat, die im Alter ab und zu mal aufblitzen, weil man eben doch nicht alles ertragen kann auf den kleinen menschlichen Schultern. Mein Vater sitzt zuhause und sieht sich alte albanische Lieder auf YouTube an und auf einmal beginnt er, mir zu erzählen, wie es war in seinem Leben und dass, wenn er jemals wieder in den Kosovo kommen würde, er vor seinem damaligen Haus zu einem großen Stein gehen würde, der glattgeschliffen war, weil sich seine Freunde und er dort auf dem sitzend immer trafen und von der großen weiten Welt gesprochen haben. Und meine Mutter mir auf einmal erzählte, wie sie aufgewachsen sind, unter welch harten Bedingungen und einmal kam es aus ihr herausgeschossen wie aus der Tiefe ihrer Seele, als sie mir ein Gedicht aus heiterem Himmel rezitierte und da sah ich auf einmal das kleine Mädchen, das fleißig in der Schule war, und von allen geliebt war, wie sie in der Schule dem Lehrer ganz stolz das Gedicht vor der Klasse aufsagt ... und ich habe das Gefühl, dass ich einen längst verlorenen Kampf kämpfe in einer echt grausamen Welt, doch nun, bei uns sagt man immer, du musst kämpfen und das ist auch so, man darf nie aufgeben, weil die Ideale, Werte und die Träume sind meiner Meinung nach das, was einen Menschen ausmachen. Ich habe mir die Mühe gemacht, vor zwei Jahren meine Verwandten im Kosovo ausfindig zu machen, und sie waren sehr erstaunt und unheimlich stolz, aber für sie war das unvorstellbar, dass ich aus der Versenkung in das Land meiner Vorfahren zurückkam, um Fragmente meiner Familie zu finden, weil ich denke, das ist wichtig, damit man nicht alleine bleibt und die Spuren seiner Vorfahren, die sie hinterlassen haben, weiterführt. Ich habe das Buch aus vollstem Herzen geschrieben, um denen die Tränen wegzuwischen, die vergessen worden sind und deren Seelen genugtuende Gerechtigkeit wieder zu geben, und da spielt es keine Rolle, welcher Nation man entspringt, im Grunde sitzen wir Menschen alle auf derselben Erde fest und ich sagte, dass es meiner Meinung nach nicht schlimm ist, zu sterben, sondern dass man gehen muss, ohne je gelebt zu haben und die Aufgaben erfüllt hat, die man erfüllen hätte sollen und dass man nicht sein Bestes gegeben hat. Und was das Leben angeht, denke ich, ist es wichtig, ein aufrechtes Leben als aufrechter Mensch gelebt zu haben, damit man sich an seinem Lebensabend auch in den Spiegel schauen kann und mit einem Lächeln im Sessel sitzend alles getrost annimmt, was da noch auf jemanden zukommt. Mir hatte mal ein Asiate gesagt, wir sind wie 8 Milliarden Ameisen und jeder muss schauen, dass er für sich das Beste rausholt, nun, es kann sein, dass er recht hat, aber ich denke anders, weil ich das Gefühl habe, dass mich Gott führt und jeder unter den 8 Milliarden Menschen eine wertvolle Rolle spielt und deshalb gebe ich auch nicht auf, und nur an mich zu denken ist nun mal nicht mein Ding, wir werden sehen, wer von uns beiden am Schluss recht haben wird … und nun zu meiner Motivation, dieses Buch zu schreiben: es war einfach eine Herzenssache, ich musste es einfach in die Welt bringen, in der Hoffnung, dass es etwas verändert … ich hoffe, meine zwei alten Eltern stolz zu machen, wie ein Sohn es sollte seinen Eltern gegenüber, und ihnen ein Riesengeschenk gebe, indem ich im Kosovo das Geburtshaus meines Vaters wieder erwerbe, um mein angestammtes Erbe, das man uns gestohlen hat, anzutreten, um ein Zeichen zu setzen, dass man einen Menschen nie besiegen kann, der an Gott und die Gerechtigkeit glaubt. Ich würde alle meine Freunde einladen, egal ob Deutsch oder was auch immer, dort ein Riesenfest in Würde zu feiern, um uns Menschen dafür zu feiern, dass wir etwas gemeinsam erreicht haben im Willen des Schöpfers, nur ein kleines Stückchen Himmel für uns, eine Utopie, die nur Menschen und nicht Ameisen erreichen können. Doch leider wird das, nehme ich an, ein Traum eines kleinen Jungen bleiben, der ganz stolz auf Papa hochschaut, indem er durch seine ehemalige Heimat spazieren geht, und ein Gefühl hat, dass er jemand ist, der aus einem Land entspringt, wo er eben dazugehört. Doch leider ist mein Vater kaum mehr in der Lage, 50 Meter zu laufen und schon sehr alt, was mir immer das Herz bricht, wenn ich das sehe, das kommende Ende, wie gesagt, ich kämpfe einen Kampf um eine Sache, die rational verloren ist, doch der Glaube, was einen Menschen doch irgendwie ausmacht, lässt mich immer weitermarschieren durch die Wüste, weil ich weiß, es muss eine Oase geben, es muss sie einfach geben. Und das ist wohl, was uns Menschen ausmacht, der Glaube an ein Happy End.

Einige nette Unterhaltungen mit Menschen, die denken, sie seien nicht rechts, aber rechte Parteien wählen …

Da gab es eine Kneipe neben meiner Sportschule und ich bin da am Abend ab und zu hingegangen, der Besitzer war ein Grieche und wir verstanden uns sehr gut und er trainierte bei mir … eines

Tages kam der Bruder meines Vermieters in die Kneipe, den ich echt mochte, weil er echt ok war, und wir begannen so über alles zu plaudern, bis das Thema in Richtung Asylanten und Einwanderer ging, und er mir sagte, er habe Angst, dass man ihm etwas wegnehmen könne und dass zu viele Leute in das Land kommen und dies sei der Grund, weil er eine bestimmte Partei gewählt hat, weil er eben ein Deutscher ist und Deutschland so und so sehen und haben will ... die Sache war die, er war in meinen Augen wohlhabend, hatte ein superschönes Haus, Auto und alles, was dazugehört, er war selbstständig und das in einer Kleinstadt, wo die Ausländer auch noch voll lieb sind ... und ich dachte mir, wer will dir denn was stehlen, du könntest ja nur von deinem Wohlstand leben, auch wenn du nicht mehr arbeiten würdest ... und dann kommen immer solche Antworten wie: „Du bist ok, aber die anderen", aber das kennen wir Ausländer zu genüge ... und ich sitze neben ihm in der Kneipe und kämpfe um mein Überleben und muss mir dann so eine Story aufs Auge drücken lassen und das sind die Parteien, die er gewählt hat, die ganz offen gegen Ausländer hetzen, unglaublich, er ist sich vielleicht nicht bewusst, aber er ist dann sozusagen mitschuldig an unserem tollen Bild, das die Parteien über uns abgeben ... und was noch echt lustig war, da saß er auf dem Barhocker und trank sein Weizen und sagte, so liebt er es, Deutschland, so und so und sein Bier, und ich sagte ihm, ich konnte es mir einfach nicht verkneifen, wenn er so deutsch wäre, wie er sagt, müsse er nackt auf dem Barhocker sitzen und er sah mich mit riesigen Augen an ... so begann ich aufzuzählen, dass sein Handy aus Asien kommt, seine Kleidung bestimmt durch Kinderarbeit in Bangladesch produziert worden ist und also kurz gesagt: deutsch gibt es in einer globalisierten Welt nicht mehr, es verschwinden die Nationen langsam aber sicher und werden in meinen Augen zu Wirtschaftszonen, die einen sind die Zuliefererländer von Ressourcen und Arbeitskräften, die auch klein gehalten werden müssen, und die anderen, das sind die Raubritter, die das eben kontrollieren in ihren reichen Ländern, die den Reichtum von den armen haben. Und das Beste war, als man in der Kleinstadt mal eine Ausstellung im örtlichen Bahnhof machte, wo es darum ging, wie toll es die Migranten da haben, was für eine heuchlerische Veranstaltung, das war im wahrsten Sinne des Worts eine Horrorshow. Da machte man Bilder und befragte die Ausländer, wie es ihnen denn ginge in der Kleinstadt, und die logen, dass sich die Balken gebogen haben, so als sei das ein Paradies und sie mit Blumenteppichen aufgenommen worden wären. Nun, was sollten sie denn sonst sagen, die Wahrheit ist immer sehr gefährlich. Und mich lud man sogar in eine Talkrunde ein, wo der Moderator mich und andere befragte und ich mir ganz genau überlegen musste, was ich sage, falls ich mal zu Wort gekommen bin. Na ja, wie in den TV-Shows eben, wo die Ausländer immer so befragt werden, dass sie so oder so schlecht dastehen. Da saß ein netter Herr neben mir, ein etwas älteres Semester und er fragte mich auch gleich, wieso ich nicht nach Knoblauch rieche oder dass wir Ausländer Deutschland unterwandern, ok, ich lächelte und versuchte, so freundlich wie möglich zu antworten, aber die Köpfe der anderen Beteiligten waren rot vor Schamesröte … und als ein Bericht in einer großen Zeitung über diesen Tag veröffentlicht wurde, hat mich der Journalist wie einen Prolo dastehen lassen und von den rechten Äußerungen des älteren Herren keine Spur … ok, ich stehe drüber, weil man muss nicht dagegen ankämpfen, es ist besser, man versucht, es besser zu zeigen, wenn man denkt, das man es besser kann. Leider denken viele nicht so weit, manche, die ich getroffen habe, sind ganz nett, aber wenn man tiefer buddelt, kommen immer so Aussagen wie: „Du bist ok, aber die anderen nicht" was soll mir das denn sagen??? Also bin ich einer von den anderen, die ihnen in den Kram passen, doch leider, so dachten viele andere auch und ich erwähne es ungerne, die Juden dachten auch, sie seien integriert und in Sicherheit, doch das Ende vom Lied kennen wir. Ja, ich will aber nicht darauf eingehen, weil ich den Deutschen keine Schuld vorhalten will, eher sie daran erinnern, was passieren kann, wenn es eben ans Eingemachte geht.

Nationalität

Also, ich denke Gott hat jedem ein perfektes Gewand mitgege-
ben und jeder ist die perfekte Version, die Gott erschaffen hat,
so ist es meiner Meinung nach gut, wenn jeder Mensch zu dem
steht, was er ist, weil er so erschaffen worden ist, doch das sollte man nicht missverstehen, weil stolz auf das sein, was man ist,
bedeutet, nicht stolz auf ein System zu sein und ein Nationalist
zu werden, weil ein System folgt systemrelevanten Zielen und
nicht den Zielen einer höheren Ordnung und im System wird
jeder ausgenutzt, um an eine Gesamtzahl zu kommen, wo am
Schluss wieder nur einige wenige davon profitieren. Ich denke,
wir alle sollen profitieren und uns näher kennenlernen. Ist es
nicht schön, die Vielfalt zu betrachten, die diese Welt hervorge-
bracht hat, wie eine bunte Blumenwiese, die im Frühling blüht,
man sollte sie gießen, hegen und pflegen und so sollte es mit den
Menschen auch sein. Und leider wird vieles missverstanden in
meinen Augen und am Schluss ist es für die einen ein Überlebenskampf und für die anderen ein Kampf für einen Selbstzweck,
egoistisch zu expandieren ... und die Welt ist voller toten Helden,
die von genau ihren eigenen Leuten um ihre Heldentaten betro-
gen worden sind. Leider sehe ich mich verpflichtet, auch einige
unangenehme Punkte anzusprechen, weil nur so kann man meiner Meinung nach auch ein Gleichgewicht schaffen, wenn man
alle Karten auf den Tisch legt ... das unangenehme Thema der
ewig gestrigen und unverbesserlichen Nationalisten, die es immer noch gibt und das meiner Meinung nach nur zu Genüge ...
schon als ich noch ein Kind war, musste ich so einige höchst-
rassistische Sachen über mich ergehen lassen, die aus der natio-
nalsozialistischen Denkweise entsprungen sind. Leider ist diese Denkweise nicht so leicht aus der Welt zu schaffen und heute
sind viele, und ich muss es leider mit solch einer Deutlichkeit sagen, Kinder und Enkelkinder dieser Menschen, die ihre Ideologie an sie weitergegeben haben, und das soll und darf man nicht

unter den Teppich kehren. Es gibt immer noch Politiker, Richter, bei der Polizei und vieles mehr, die unter dem Deckmantel verschiedener Parteien getarnt operieren und ich rede nicht von dem Fußvolk mit Glatzen und Springerstiefeln. Und die machen es dem Ausländer auch besonders schwer, doch leider kann sich der Ausländer oft nicht vorstellen, woher die Messerstiche kommen, die ihm das Leben schwer machen … weiter will ich nicht auf das Thema eingehen, doch ich wollte darauf aufmerksam machen, weil nur so kann man einiges ans Licht bringen und daran arbeiten, es für alle erträglicher zu machen. Und was ausländische politische Organisationen oder Parteien hier machen, um ihre Ziele im Schutze der Bundesregierung durchzusetzen, ist auch dasselbe nur in einer anderen Farbe, das sei am Rande erwähnt. Eine kleine Geschichte, was die Nationalität angeht aus meinem Leben … als ich in der Firma meines Vaters arbeitete, gab es da vier ältere Albaner und einige junge, aber die älteren sind ausschlaggebend … also, es war so: an meinem Arbeitsplatz kam immer ein Abrecht, das sind Albaner, aus Italien, die vor 500 Jahren nach Italien ausgewandert sind, und er wollte immer mit mir sprechen, ich konnte es zu der Zeit noch nicht verstehen, doch heute verstehe ich es sehr gut, weil ich war in seinen Augen der genetische Fingerabdruck unserer Nation, das habe ich erst viel später verstanden … und dann war da noch einer in einer anderen Werkshalle, das war der Uca, der hat mich mal angesprochen und zu mir gesagt, ob ich wisse, das ich Albaner sei, weil er wusste, dass ich hier aufgewachsen bin und kaum albanisch konnte und ich sagte ja, ich wisse das, und er sagte voller Stolz zu mir, dass ich das nie vergessen dürfe, es war wie so eine Art Verpflichtung, an die man nicht vorbeikommt seinem Volk gegenüber … und dann waren da noch mein Vater und sein Bekannter aus derselben Stadt in Kosovo und dieser Bekannte hatte einen Sohn, mit dem ich mich immer gestritten habe, und eines Tages kam sein Vater und sagte zu uns, wir sollten aufhören zu streiten, weil wir Albaner sind … er sagte es mit so einem Ton, als sei das was Heiliges, nun muss man verstehen, wir sind ein Volk, das vertrieben und massakriert worden ist und das bei uns der Zusammenhalt damals sehr wichtig war für das Überleben … doch die Zeiten haben sich in 35 Jahren stark verändert und die Bedeutung verliert immer mehr an Gewicht in der neuen Zeit der Globalisierung, weil die Welt klein geworden ist und wir näher gerückt sind, ob das gut ist oder nicht, das soll jeder für sich entscheiden, ich persönlich finde es nicht gut, so wie es jetzt passiert, weil meiner Meinung nach kommt das zu schnell und trägt zu großen Spannungen bei, alles braucht eben seine Zeit und wenn es reif ist, so sollte man eben den Apfel pflücken zur rechten Zeit …

Gedicht

Man könnte uns als Fleischsäcke sehen, bei denen schon bei der Geburt die Sekunden beginnen zu verwehen. Doch ich sage, wir sind das Juwel der Welt und umso älter und grauer wir werden, desto schöner sollten wir sie hinterlassen, diese Welt.

Die Art des Denkens verschiedener Ethnien

Aus meiner Erfahrung heraus ist mir aufgefallen, dass die verschiedenen Völker auch unterschiedliche Arten des Denkens und der Logik haben … ich hatte viel Kontakt mit Asiaten, Türken, Albanern, Bosniern, Serben, Kroaten, Russen, was mir die Möglichkeit gab, sie unbewusst zu studieren. Ich will nicht spezifisch darauf eingehen, wer wie denkt oder Probleme löst, ich werde nur einige Unterschiede vorstellen, was das Miteinander manchmal schwer macht oder eben zu Missverständnissen führt. Es gibt Völker, denen kannst du einen Haufen Schrott vor die Füße legen und sie bauen dir daraus eine Waschmaschine. Es ist unglaublich, dann gibt es welche, die so gut im Handeln sind und sich im Kopf so viele Strategien erarbeitet haben, dass du, wenn du zu ihnen kommst, im Grunde nicht als Sieger aus einem Geschäft herauskommst, auch wenn es so aussieht … da gibt es auch Völker, die keine Spur von dem haben, was wir unter Leben verstehen, es geht ihnen nur um Profit und darum, effektiv das Beste aus dem Leben zu holen, ohne viel Zeit zu verschwenden, wie es der Europäer macht … und was ich witzig finde, jede Volksgruppe, die eine andere belächelt wegen ihrer Mängel, hat recht aus ihrer Logik heraus und das gilt für alle, es ist wie ein Zirkus, wo du hinkommst, haben sie alle auf ihrer Art und Weise recht … ein Beispiel: da gab es mal eine klasse Werbung, in der es sich darum handelte, wie die USA es gelöst haben, im Weltraum einen Stift zu kreieren, dessen Tinte immer so im Kuli liegt, dass man jederzeit ohne Probleme schreiben kann und dass die Entwicklung des Stiftes so und so viel Geld gekostet habe und dann kamen die Russen, die das anders gelöst haben, sie haben einfach einen Bleistift genommen … ich selber habe mir schon sehr oft den Kopf zerbrochen, weil ich, egal in welcher Situation, den jeweiligen Menschen mein Gedankenkonzept aufgezeigt habe und gemerkt habe, dass sie es oft nicht annehmen konnten, verkrusteten Strukturen ihrer Denkweise haben es verhindert …

ich will es zur Verdeutlichung versuchen zu erklären ... wenn ein Kind geboren wird, hat es, ich sag mal, 3 Autobahnen im Gehirn und das sind ihre Denkprozesse und durch Erfahrungen bauen sie kleine Verbindungsstraßen zwischen den Autobahnen, um schneller Denkprozesse ausführen zu können ... und was ich persönlich gut finde, ist, dass Menschen durch eine gute Bildung einfach mehr Querstraßen bauen, doch das ist meiner Meinung nach nicht das Geheimnis, sondern die Umstände sind das Geheimnis, weil ein Ausländer, der in Deutschland zwischen zwei Kulturen aufwächst, hat immer eine Autobahn mehr und diese Autobahn liegt nicht auf einer Ebene, sondern eine Ebene drüber, was es schwer macht, sie zu verknüpfen, aber wenn man das hinbekommt, dann nimmt die Denkweise eine Dreidimensionalität an, die es einem Menschen ermöglicht, in ganz anderen Sphären zu denken ... ein Beispiel ist mein verstorbener Onkel aus der Türkei, der als Kind schon drei Sprachen beherrschte, albanisch, jugoslawisch und türkisch, und als wir in die Türkei vertrieben worden sind, lernte er auch noch arabisch und russisch, weil er ein Händler war und zu ihm allerlei Leute kamen aus dem naheliegenden Kulturraum. Das nenne ich mal ein Genie und das nur mit einigen Jahren Schule, weil er schon als Kind angefangen hat zu arbeiten. Das Traurige ist, dass dieses Potenzial nur in der Kindheit und Jugend aufgebaut werden kann, wenn man es da versäumt, wird man ein Leben lang daran leiden ... es ist so wie wenn man sagt, he, du kannst alles schaffen und erreichen, nur wenn du nicht das richtige Wissen hast, tja, wirst du nichts erreichen, das wird leider verschwiegen ... auch ist die kulturelle Denkweise sehr ausschlaggebend, was auch immer zu Missverständnissen führt und auch ausgenutzt wird, zum Beispiel die Indianer und die weißen Europäer haben total andere Ansichten und Werte, was ihrer kulturellen Entwicklungen entspricht ... wenn ein Weißer zu einem Indianer sagt, er bringt ihm Frieden da hüpft der Indianer vor Freude und macht ein Fest, weil er an Harmonie denkt, doch der Europäer meint unter Frieden seine Gesetze und seine Werte und das Ende von diesem Lied ist, dass es kaum noch Indianer gibt.

Zu den Deutschen

Die Deutschen leben ihr Leben wie alle anderen Menschen, sie haben ihre eigenen Probleme und Gepflogenheiten, die ihnen ja auch das Leben nicht einfach machen. Man muss sich das so vorstellen, es ist ihr Land, das Land ihrer Vorfahren und sie leben ihr Leben für sich und haben keine ernsthafte Notwendigkeit, sich um die Parallelwelten um sie herum zu kümmern. Der Einheimische sorgt sich auch um seine Familie, seine Gesundheit und seine Existenz, auch wenn er es den anderen gegenüber einfacher hat in vielen Punkten, will er was von seinem Leben haben und so kann man ihm nicht vorwerfen, dass er sich zuerst um sich und seinesgleichen kümmert. Und es ist auch klar, wenn Fremde ins Land kommen, die im schlimmsten Fall die Sprache nicht beherrschen und ganz andere kulturelle Hintergründe haben, es für den Deutschen befremdlich ist und er sich da auch in seine sichere Welt zurückzieht, um seine Ruhe zu haben. Nebenbei will er auch das, was er hat, schützen, seinen Grund und Boden, seine materiellen Güter und auch seine Kultur, was in meinen Augen ein natürlicher Prozess ist. Und dies macht es natürlich einem Außenstehenden sehr schwer, in dieses menschliche System hineinzukommen, denn der Außenstehende muss sich beweisen und das Vertrauen gewinnen, weil niemand will einen Menschen in seinem Umfeld, der Probleme bringt und auf den Besitz des anderen ein Auge wirft, um sich daran zu bereichern, ohne es ernst zu meinen mit der Aufrichtigkeit zu seinem Gegenüber. Und es ist verständlich, dass der Einheimische in einer natürlichen Ordnung lebt, die er eben seit Generationen weitervererbt bekommen hat, und da unterscheiden sich dann auch die Denkweisen und die Werte der Menschen, das sollte man wissen und sich auch beiderseitig darauf einstellen. Ich denke, wenn die Karten offen auf dem Tisch liegen, kann man auch besser zueinanderfinden oder jeder kocht seine eigene Suppe, doch dann gibt es auch nichts mehr vorzuwerfen.

Der rote Faden

Ich schreibe viele Sachen und manche wiederhole ich, aber in verschiedenen Versionen, und manche Sachen bringe ich mit ein, die auf dem ersten Blick vielleicht nichts mit dem Thema zu tun haben, doch es ist so wie viele kleine Fäden, die ich in den Raum werfe, die auf den ersten Blick einem Menschen Chaos und Durcheinander vermitteln, doch wenn die Fäden wie magisch sich langsam aber sicher von alleine beginnen zu verbinden, durch die Erweiterung des Bewusstseins, indem man eine neue Weltsicht zu sehen bekommt, werden diese kleinen Fäden zu einem roten Faden eines Menschen, und manchmal ist vielleicht genau dieser neue rote Faden das fehlende Stück, um sein eigenes Lebensbild zu komplettieren. Nun stelle ich die Frage, in was für einer Welt leben wir und wieso sind wir hier, was ist unser Sinn und Zweck unserer Existenz? Lassen wir uns gemeinsam dieser Frage nachgehen und schauen wir mal, wie nah wir an das Zentrum der sogenannten Wahrheit kommen. Erst mal zu den Fakten, dass unsere Lebenszeit begrenzt ist und das wir krank, alt werden und am Schluss sterben müssen, und was spielt es da für eine Rolle, welcher Nationalität man angehört oder welchem sozialen Status, weil wir unterliegen alle diesem unumgänglichen Gesetz. Und wenn wir bedenken, dass es so ist, leben wir dann so gesehen artgerecht??? Der Tag hat 24 Stunden und wir sollten naturgemäß 8 Stunden schlafen, 8 Stunden arbeiten und 8 Stunden uns um uns und unsere Familie kümmern, sodass wir im Gleichgewicht bleiben, doch was machen wir? Wir arbeiten weit drüber hinaus, schlafen viel zu wenig und haben kaum Zeit für uns, also betreiben wir Raubbau an uns und verkürzen somit drastisch unsere Lebenszeit. Also leben wir in einer Stressgesellschaft und wieso: um unser Leben zu sichern und irgendwelche uns aufgesetzten Ziele zu erreichen, die uns jemand vorschreibt, dass das Ziele sein sollten, die wir erreichen sollten. Und jeder kennt den Spruch: der Arzt verbindet die Wunde und Gott heilt sie, doch das braucht Zeit und wenn man sich diese Zeit nicht nimmt, werden es irreparable Schäden, die man nicht mehr wieder gut machen kann … wollt ihr so leben? Und wie sieht es mit der Individualität aus, die man im Westen so hoch anpreist??? Jeder ist was Besonderes, jeder ist ein kleiner verkannter Einstein oder Rockstar, sorry, was ist das denn für ein Witz? Als Beispiel bringe ich ein Nachbarland an, das früher kommunistisch war und heute demokratisch ist und ja, die Menschen sind jetzt frei, dass ich nicht lache, man kann da immer noch die alten kommunistischen Strukturen sehen, die Menschen leben in alten Häusern, fahren alte Autos, wenn sie sich die leisten können und haben kaum Geld in der Tasche, aber he, sie sind frei, sie haben auf einmal Tattoos, hören neue Musik und leben moralisch höchst verwerflich, doch am Abend gehen sie wieder in ihre grauen Betonwüsten und sind frei, alles klar … und bei uns, da gehen die Familienstrukturen immer mehr verloren, weil he, wer will in dieser bösen Welt Kinder in die Welt setzen und dann auch noch großziehen, dafür hat man keine Zeit, weil man sich ja um sich kümmern muss, damit man ja auch den Nobelpreis bekommt oder so einen Irrsinn und am Schluss geht die Scheidungsrate hoch. Kinder wachsen in Strukturen auf, die heute normal sind und haben keine klare Orientierung, nein, sie sind nur kleine Individualisten, die am Schluss selber schauen müssen, wo sie bleiben, weil früher gab es die Oma, den Opa, die Eltern, die Geschwister, Cousins, Onkels und man half sich so, dass man nie wirklich auf der Strecke bleiben konnte, heute, tja, da ist man so individuell und bekommt eben aus diesen alten Strukturen keine Hilfe mehr, he, kein Problem, da geht man zum Sozialamt, bekommt eine Handvoll Euro und muss seine Würde am Eingang ablegen und ist voll abhängig und das Beste ist, dass man gesagt bekommt, he, uns geht es gut, in anderen Ländern, da bekommst du gar nichts, was ja teilweise stimmt, der Mensch lebt nicht vom Brot allein und das Manna haben wir eingetauscht gegen individuelle Freiheit, Egoismus und Staatsgläubigkeit, da stellt sich mir die ernsthafte Frage, was ist denn nun besser, ein Leben so zu leben, in dem man geistig krank wird und alleine dasteht, wenn einen niemand mehr haben will oder lieber gemeinsam auf etwas niedrigerem Standard, aber dafür ein wirklich würdevolles Leben zu leben? Ich kenne einen, bei dem ich im Frühling mit meinem Dackel einkehre bei meinem täglichen Spaziergang und das Kranke daran ist, er kommt, macht seinen Garten, dass er glänzt und erzählt mir, was für ein tolles Auto er hat und danach geht er nach Hause. „Hallo", der Typ hat Knochenkrebs und statt dass er auf seinen Wagen pfeift und sich auf einer Liege in seinem Garten der Frühlingssonne zuwendet und das Leben genießt, was macht er, funktioniert und das bis der Tod ihn von der Erde scheidet … ok, ich bin wieder vom Weg abgekommen, aber ich denke, wer wieder mal bei mir zwischen den Zeilen gelesen hat, wird sich seine Gedanken machen und diese Welt hinterfragen und nach neuen Konzepten suchen, sein Leben zu leben, und nicht auf der Welle der Selbstfindung surfen, weil da muss er schnell sein, denn die Zeit und der Sensenmann surfen immer mit und nicht, dass sie verstreicht und er sich nicht gefunden hat. Ein Tipp von mir: schau in den Spiegel, ja genau, und das, was du da siehst, das bist du und ja, du hast dich gefunden und wenn du willst, kannst du das täglich machen und es kostet keine wertvolle Lebenszeit. Mir hat mal ein wohlhabender Mann gesagt, er wollte sich selbst finden und er sei nur mit seinen Espadrilles durch Spanien gelaufen, tja, das ist die Sache instant Erleuchtung; ich sagte ihm, er hätte besser einen Spaziergang durch Afghanistan machen sollen mit seinen Espadrilles. Mir kommt es so vor, als würden die Menschen sich tagein, tagaus belügen, um ihrer Seele etwas Frieden auf Zeit zu schenken, aber in Wirklichkeit stehen sie alle vor dem Vorhang der Wahrheit und keiner hat, wenn es darauf ankommt, wirklich den Mut, diesen herunterzureißen, um die Wahrheit zu sehen, weil dann würde ihre ach so liebgewonnene Welt in Trümmern liegen und was dann? Also, dann doch lieber am Tag etwas Zeit fürs Meckern einkalkulieren und danach weiter roboterisiert wie eine Biomasse im Gleichklang dahinwelken und nun eine letzte Frage an den Leser:

Glaubst du, der das alles liest, dass du ein guter Mensch bist, also zuerst, was ist ein Mensch und dann noch ein guter Mensch, weil, es schlachten sich hunderttausende Hutus und Buzzis ab, Kinder werden in Syrien in Stücke gerissen und Menschen kämpfen auf der ganzen Welt um ihr nacktes Überleben und haben wohl kaum die Zeit und die Muße, so ein Buch zu lesen, weil sie jeden Augenblick der Tod ereilen kann und nun, lieber Leser, in deiner warmen Wohnung oder wo auch immer, hast du gehungert und ums Überleben gekämpft oder hast du eher solche Probleme, dass deine Hose dir nicht mehr passt oder du das Gefühl hast, dass dein Partner dich hintergeht? Tja, was bist du für ein Mensch auf dieser Welt und schau auf die Uhr, sie macht tick tack, sie ist gnadenlos, die Zeit.

Und wieder ein Kapitel

Dieses Kapitel habe ich extra unter das Kapitel mit den Deutschen gesetzt, weil es geht bei mir im Enddefekt immer nur um den Menschen, leider ist meine Position nicht so vorteilhaft und ich versuche, meine Position zu verbessern, um eben mehr Gehör zu bekommen, sodass die Leute merken, dass der Mann, der das schreibt, ein netter Typ ist, und auch nur ein Mensch, sodass es eben nicht diese unsichtbare Barriere gibt, die uns immer trennt. Also, bei mir habe ich das Gefühl, dass ich einen Wettlauf gegen meine Lebenszeit habe, und wer bis jetzt aufmerksam mitgelesen hat, kann das schon verstehen oder hat verstanden, worum es bei mir geht. Wie gesagt, gesundheitlich angeschlagen, finanziell am Ende, und nebenher zwei alte Eltern, denen ich unbedingt noch einen ehrenvollen glücklichen Abschied bescheren will. Das muss nicht jeder verstehen und dann kommt noch der Druck von den Ämtern, die mich drängen, ohne meine Situation zu kennen und von den Ärzten, wo ich manchmal das Gefühl bei einigen habe, dass sie nicht heilen, sondern systemtreu behandeln und beim Lottospielen habe ich auch noch keinen Erfolg, also, hm, muss ich ein Wunder vollbringen und he, ich pack es an, was soll's, ich muss das schaffen, auch als Zeichen für meine lieben Leser, dass es geht, es muss gehen, ansonsten heißt es auf Wiedersehen. Also ich bin ein Mensch, der sehr kreativ ist, das weiß ich, weil ich die verrücktesten Ideen hatte, und ob ihr es glaubt oder nicht, alle hätten gezündet, doch ohne den richtigen Zünder bleiben es oft nur Ideen im unendlichen Raum der Ideen. Ich hatte ein Sportgerät entwickelt und das in 30 Minuten und dann kaufte ich mir die Teile, die ich mir überall zusammengeklaubt habe und das Ding funktionierte so gut, dass ein großer Kampfsport-Versand es in seine Produktlinie aufgenommen hätte. So suchte ich mir eine kleine Firma, um mit ihr das Gerät zu entwickeln, doch leider waren das in meinen Augen keine korrekten Menschen und die wollten eben den kleinen dummen Ausländer, sorry, dass ich das so sage, langsam aus dem Geschäft drängen. Doch ich habe Lunte gerochen und kam mit einem Anwalt und so war das Geschäft geplatzt … oder ich habe innere Eingebungen, die auch eher logische Schlussfolgerungen sind, was die Zukunft angeht, und habe da so ab und zu auch was geschrieben, aber eher halblebig, doch erstaunlicherweise habe ich Jahre später in Filmen meine Ideen gesehen, tja, woran das wohl liegen mag? Ich sag es mal: so jeder Gedanke kommt aus dem Raum oder wie Rupert Schalldrücke es sagt, aus dem morphischen Feld und wenn ich es weiß, ist es nur eine Frage der Zeit, bis andere es auch wissen, weil wir alle vernetzt sind … doch in diese Richtung will ich jetzt nicht weiterschreiben, weil es geht mir um etwas anderes, nämlich um mein Wunder … also fing ich an mit diesem Buch. Das Problem ist, ich habe nie in meinem Leben so etwas ernsthaft gemacht, und meine Schulzeit liegt Jahrzehnte zurück, und ich fing halblebig an mit einem guten Konstrukt, in der Hoffnung jemanden zu finden, der es mit mir ausbaut, doch leider ist das ein Traum, den es nur in Hollywood gibt oder glott, führt jemandem einen guten Menschen zu. Ich zeigte einigen Menschen mein Grundgerüst und sie waren begeistert, ja, aber mehr auch nicht und als ich ihre Hilfe brauchte, da waren sie auf einmal nicht mehr zu erreichen. Okay, ich verstehe, jeder ist sich eben, wenn es drauf ankommt, selbst am nächsten. Also sagte ich mir, ok Mann, jetzt erst recht, jetzt ziehst du es durch und das ohne Gnade, du brichst durch und erschaffst dir dein eigenes kleines Wunder. Was erstaunlich ist, wenn ich tippe, geht's in Sekundenschnelle, sogar schneller als ich denken kann, es ist eher so, dass nicht ich tippe, sondern es mich tippt. Nebenher höre ich Musik aus den 70er-, 80er- und 90er-Jahren, eben die Zeit, wo noch alles in Ordnung war und es weckt in mir eine Art Kraft, es ist unbeschreiblich und ich habe das Gefühl, dass es mich wieder in diese Zeit zurückversetzt und mich innerlich verändert, so als würden meine Zellen alte Programme aufrufen, die gut und erfolgreich sind, oder als würde mein Körper sich in eine andere Schwingung bringen, sodass ich nicht 51 Jahre alt bin, sondern 15 oder 25. Okay, das

Kapitel mag für viele vielleicht etwas komisch sein, aber vielleicht hilft es ja auch dem Leser etwas, weil eine Abrechnung ist nur ein mathematischer Vorgang ohne Wertung, nur mal so am Rande bemerkt. Also was ich eigentlich sagen will, wenn es gar nicht mehr geht, ein Licht von irgendwo daherweht, ok, der Reim ist eine Katastrophe, aber he, er ist besser als nichts. Also pack ich mein Leben selber in die Hand, weil alles andere ist nur bereuen am Ende des Tages. Und wie heißt es im Islam: Gott hilft denen, die sich selber helfen und für meine christlichen Freunde: hebt einen Stein, so findet ihr Gott. Und die Sache mit der Realität, hm, sie ist subjektiv und manchmal auch mit den äußeren Bedingungen gekoppelt und mit der inneren Einstellung, die eben aus den verschiedenen Faktoren besteht. Aber ich sage trotzdem: danke lieber Gott, weil wenn es nicht funktioniert, jammern wir, wieso er uns alleine gelassen hat, und soweit will ich es diesmal nicht kommen lassen.

Menschenfressendes Tier

Ich bin nicht der beste Schreiber, ganz davon abgesehen, dass es mein erstes Werk ist und es mir schwer fällt, manche Worte, die voll ins Schwarze treffen, mit Worten zu ersetzen, die politisch korrekt sind und nur das ankratzen, was es eigentlich sein sollte. Das Tier hat unendlichen Hunger und es will sich sättigen, dazu braucht es Menschen und das immer mehr Menschen, die das Tier und dessen Gelüste befriedigen … in meiner Jugend besuchte ich öfters mal eine Spielhalle, die voll war mit Ausländern und anderen verlorenen Seelen. Es war unser Treffpunkt, weil man sich dort aufhalten konnte, es Kaffee umsonst gab, und die Bedienung auch eine nette hübsche, junge Frau war … ich selber spielte selten, weil mir das Geld zu schade war, und ich wusste, dass man süchtig werden konnte, ich war mehr so der Typ, der sich freute, mit Menschen zusammen zu sein und das Leben in ihrer Gegenwart zu genießen … eines Tages kam ich in die Spielhalle und sie war fast ganz leer, also gesellte ich mich zu der Bedienung und begann mit ihr zu sprechen … sie war eine junge Blondine und, wie soll ich sie beschreiben, sie war eine Dame der unteren sozialen Schicht, hatte eine ordentliche Intelligenz und schaute halt auch, dass sie über die Runden kommt. Wir kamen ins Gespräch und ich fragte sie, wo sie denn die letzten Tage war, und sie sagte, dass sie auf einer Weiterbildung war von der Spielhalle aus … ich dachte mir nichts dabei und fragte, was sie dort denn gelernt habe … und als sie begann, mir zu erzählen, worüber die Weiterbildung ging, brach für mich wieder einmal eine kleine Welt zusammen. Sie sagte, es gehe darum, wie sich die Angestellten Kunden gegenüber benehmen müssten, weil es ging ja darum, Money zu machen … sie erzählte mir, dass der Ausbilder sagte, da meistens Ausländer kommen, man zu ihnen nett sein sollte, ihnen einen Kaffee umsonst anbietet und sie in ein Gespräch verwickelt, so dass sie Vertrauen fassen und eine Art Geborgenheit fühlen, was sie wohl animieren sollte, ihr schwer verdientes Geld in die Automaten zu werfen … nun, ich dachte mir, wie verkommen ist das alles bloß und ob diese Menschen süchtig gemacht werden, ihr Geld dadurch verspielen während, ihre Kinder nichts davon haben und im schlimmsten Fall sich scheiden lassen mit einem Berg voller Schulden, das ist egal, Hauptsache, der Rubel rollt, ich war so angewidert … oder als ich mein Praktikum in Bad Tölz in einer Kurklinik machte, da trainierte ich abends immer in einem Fitnessstudio und lernte einen netten, jungen Deutschen kennen, der zu der Zeit auch mein Kumpel war, wir hatten dieselben Interessen. Training, Frauen, nun, eben was so Männer für wichtig halten … eines Tages sagte mein Kumpel zu mir, he lass das mit dem Masseur und komm mit mir mit, ich mache gerade eine Schulung für, ich sag es mal so, die Pharmaindustrie und da können wir richtig Geld machen … ich fragte ihn, worum es denn ging und er sagte, dass die Krankheit der Zukunft Diabetes sein wird und wir dann die Produkte verkaufen würden für die Pharmaindustrie und richtig Asche machen können … ich sah ihn an und hätte ihm vor Wut mit der Hantelstange gerne über das Gesicht geschlagen, aber klar, sowas macht man nicht … ich sagte zu ihm, ihr wisst, dass die Menschen an dieser Krankheit leiden werden, und lasst sie so richtig ins Messer laufen, um aus ihrem Elend noch reich zu werden und ob er sich den gar nicht schäme, tja, die Freundschaft hielt da auch nicht mehr lange … und aus der Kurklinik, wo ich das Praktikum machte, musste ich schlagartig flüchten, weil ich die Missstände anprangerte, was dem Betreiber der Klinik gar nicht gefallen hat … auf die katastrophalen Missstände werde ich jetzt nicht eingehen … kurz gesagt, der Betreiber der Klinik wollte mich loswerden und das eben in guter alter Wild-West-Manier … eines Tages kamen zwei Polizisten zu mir an den Arbeitsplatz und baten mich, ich solle doch mitkommen und das vor allen Kurgästen und den Beschäftigten … sie brachten mich in ein Zimmer und wollten mich durchsuchen, weil angeblich jemand den Gästen Geld gestohlen habe … ich sah den Polizisten in die Augen und sagte, hier gäbe es so viele Angestellte und Kurgäste und sie durchsuchen nur mich, worauf die

Gesichter bei den zwei Gesetzeshütern rot angelaufen sind vor Scham … nun, sie durchsuchten mich mein Zimmer und mein Auto, wo natürlich nichts zu finden war und ich verließ die Klinik am selben Abend voller Wut im Bauch …manchmal frage ich mich schon, in was für einer Welt ich eigentlich lebe. Aber wenn es mir zu bunt wird, habe ich da einen Trick, ich schaue mir mein Gegenüber an und stell mir vor, er hätte einen Papierhut und so eine Papiertüte im Mund wie die Kinder bei einem Kindergeburtstag, das erleichtert die Sache ungemein und stellt die Verhältnisse schnell wieder her, dass wir alles Gottes Kinder sind und es niemanden gibt, dem man hörig sein müsste, egal, was für einen Bockmist er verzapft …

Die Quadratur des Kreises

Hier will ich mal einen kleinen Schwank aus der politischen Landschaft schildern, wie ich sie wahrgenommen habe. Bitte nehmen sie das nicht so ernst, ansonsten könnten sie vor Wut rote Augen bekommen und in der Ecke sitzen und heulen wie ein Kind, also, es ist a Späßle. Da gab es einen netten Herrn mit einem sehr ehrenvollen Namen, der die Welt mit verändert hat, doch ich kann mich wohl nicht mehr an den Namen erinnern, muss irgendwas mit einem Buchdruck zu tun gehabt haben. Dieser höchst plakative Mann gab mal ein super Interview, das in den Nachrichten ausgestrahlt worden ist, wo er mit einem grünen Militärshirt und Drei-Tage-Bart vor einem Flugzeug in Afghanistan stand und mit einem besorgniserregenden und höchst spannenden Fantasy-Bericht wohl die Zuschauer beeindrucken wollte ... man hat dabei fast schon das Gefühl gehabt, er hätte da in Afghanistan mitgekämpft und sei in den Bergen mit seinem Maschinengewehr im Überlebenskampf bei feindlichem Feuer gerade nochmal zum Camp seiner Soldaten gekommen; ja genau der; wo unsere Kanzlerin gesagt hat; sie würde sich wünschen, dass er wieder in die Politik zurückkomme, obwohl man dem netten Krieger nachweisen konnte, dass er an seiner Doktorarbeit wohl etwas geschummelt hat, ist zwar nicht ehrenvoll, aber he, alles nur Show, während der kleine Malocher wegen jedem Strafzettel wortwörtlich gejagt wird und Gnade ihm Gott, er würde den Staat betrügen ... ok, und dieser nette Herr gab reumütig im TV noch mal so ein nettes Interview wie der nette Bub von nebenan, dass er die Quadratur des Kreises in Angriff genommen hat und leider wie viele vor ihm im intellektuellen Himmel gescheitert ist ... soso, also ich bin ja nur ein kleiner Mann aus dem Volke in der letzten Reihe und mit meinem Buch versuche ich, ehrlich authentisch ein Werk zu gestalten, das es jedem ermöglicht, es je nach seiner geistig-genetischen Disposition auch zu verstehen, sozusagen die Quadratur des Kreises dreidimensional ... aber was weiß schon ein illyrischer Pirat, der bei Morgengrauen, wenn sich der Nebel lichtet, die feindlichen Galeeren entert mit dem Messer im Mund, in der Hoffnung, fette Beute zu machen bei den Römern ... tja, die jungen Wilden sind nun nicht mehr da, außer einem, der sich noch irgendwie versucht wichtig zu machen, dessen Ablaufdatum sich so langsam dem Ende nähert ... kurz gesagt: außer Spesen nichts gewesen; doch he, der Kleine malocht immer noch und das immer mehr und härter für immer weniger Geld ... und mal ehrlich, wenn das alte Theater, das ich aus dem Hut gezogen habe, euch nicht erschreckt und zum Nachdenken bringt, wem ihr eure Sorgen und Probleme anvertraut, dann weiß ich auch nicht weiter, und nun meine persönliche Meinung zur Politik und ja, ich spreche keine rechten Parteien an, weil ich versuche, mich nicht an kleinen Steinen zu stoßen, ich sehe es so: da gibt es einen Spruch, der mich zum Nachdenken gebracht hat und der lautet: was interessiert mich mein Geschwätz von gestern. Für mich ist die Politik ein Club von Selbstdarstellern, die nur ihr Diktat ausfüllen, was sie von den wahren Mächten im Hintergrund erfüllen. Leider kann ich jetzt nicht sehen, wie sie reagieren auf das, was ich hier schreibe, aber bedenken sie, ist ihre Reaktion, eine Reaktion, die man ihnen einprogrammiert hat oder ist es wirklich ihre Reaktion??? Tja, wie sagt die Photo-Zeitung so schön, bild dir eine Meinung ...

Deutscher als Deutsche

Mir ist aufgefallen, dass viele Ausländer, die hier über Jahrzehnte leben, deutscher als die Deutschen geworden sind, als Beispiel sagte mal eine deutsche Ex-Freundin zu mir, ich sei deutscher als ein Deutscher und das hat sie erstaunt. Es ist klar, dass, wenn ein Mensch in seinem Umfeld von klein auf die Werte einer Gesellschaft aufsaugt, er zwar optisch nicht wie ein Einheimischer aussieht, aber geistig sogar einheimischer ist als ein Einheimischer, weil er es für superwichtig hält, diese Werte zu leben und immer besser zu sein. Das Zauberwort ist in meinen Augen der Geist, und jeder hat es bestimmt gehört, wessen Geistes Kind du bist und das trifft es voll ins Schwarze. Was bei mir die Frage aufwirft, ob ein Mensch zu einem, sagen wir mal Stamm dazugehört anhand seines Aussehens oder seines Geistes. Für viele ausländische junge Menschen ist es schwer, einen passenden Ehepartner zu finden und noch viel schwerer, wenn man ihn aus seiner ehemaligen Heimat sucht, weil das geistige Gefälle so groß ist und man sich nicht mehr so leicht angleichen kann, der eine lebt in der Tradition seiner alten Welt, der andere lebt mit seiner Tradition in einer ganz anderen Welt mit anderen, ich sage es mal so, Gesetzmäßigkeiten. Stellen Sie sich ein Auswanderer-Kind aus Deutschland vor, dessen Vorfahren vor, sagen wir 150 Jahren in die neue Welt ausgewandert sind, dieser Mensch kann aussehen wie ein Deutscher, aber er wird die Sprache nicht mehr kennen und mit Sicherheit auch die deutsche Kultur nicht kennen, außer aus Filmen oder Erzählungen, falls sie sich gehalten haben. Dieser Mensch wird Grundeigenschaften eines Deutschen haben wie Arbeitsfleiss und derartige Dinge, aber er wird lieber Donuts essen, als sich eine Apfeltasche zu holen, nicht dass sie ihm nicht schmecken würde, nein, es ist einfach die Gewohnheit und der Geschmack des Donuts, den er von Kindheit an kennt oder der Lifestyle, der mit dem Deutschen ja gar nicht kompatibel ist, erst recht, wenn er aus Florida stammt, wo es keinen Winter in unserem Sinne gibt. Das merkt man auch bei den Russlanddeutschen, die nun in Deutschland leben, weil ihre Vorfahren Deutsche waren, aber hier russische Geschäfte eröffnen und lieber Pelmeni und Schaschlik essen als Linsensuppe mit Spätzle und zu Hause reden sie immer noch russisch und sehen sogar russische Sender an und die meisten bleiben so oder so unter sich. Ja, die Hardware kann man nicht so leicht verändern, doch die Software, da kann man immer ein neues Programm draufspielen. Und so ist es auch verständlich, dass Ausländer in der ersten Generation eine total andere Software haben als die Einheimischen und wenn man sie dann auch noch in ihren Vierteln konzentriert, wie will man da eine Integration erreichen? Mein Buch kommt mir fast so vor wie ein Überlebenshandbuch für Menschen, die sich in einer neuen Umwelt zurechtfinden müssen, indem man ihnen aufzeigt, wo die Fehlerquellen liegen, damit sie an diesen arbeiten können, um sie auszumerzen.

Erfolgreiche Ausländer

Ich werde nun aus meinem persönlichen Bekanntenkreis einige Ausländer aufzählen, die sehr erfolgreich geworden sind. Es geht mir nicht darum zu zeigen, wie toll wir sind, sondern eher darum, dass man Vorurteile abbaut und sich auf Augenhöhe begegnen kann … es ist klar, dass die ausländischen Bürger es schwerer haben, aber vieles liegt auch am Fleiß eines Menschen und dass Deutschland Leistungen belohnt, das sollte erwähnt werden. In meinem Bekanntenkreis gibt es Manager großer Firmen und auch Selbstständige, die eigene Unternehmen haben, Besitzer einiger Fitnessstudios der gehobenen Klasse, Ärzte, Juristen und vieles mehr und ich kenne sie ja persönlich, wir sind gleich aufgewachsen und ihnen gebührt wirklich großer Respekt, wie sie es geschafft haben, zwischen Tür und Angel so wundervolle Mitglieder dieses Staates zu sein. Aber auch diejenigen, die eine gute Lehre abgeschlossen haben und in den Betrieben wertvolle Mitarbeiter sind oder diejenigen, die ohne Lehre oder Ausbildung mehrere Jobs haben und fleißig arbeiten, sollte man nicht vergessen. Und was ist mit denen, die ehrenamtlich in Sportvereinen tätig sind oder sich in sozialen Diensten selbstlos engagieren. Nun, ich definiere Erfolg etwas anders, mir geht es darum, dass man ein aufrechter Mensch ist, der sich um seine Familie sorgt und ein produktives Mitglied einer Gesellschaft ist, die sehr gut aufgestellt ist und sich mitbemüht, diese aufrechtzuerhalten zum Wohl aller. Ich denke, man kann viel schreiben oder versuchen, es in kurzen, aber jedem verständlichen Texten aufzuzeigen … wie mir mal ein großer Meister sagte: das Leben ist oft wie ein kleiner Teich, dessen Wasser aufgewirbelt ist und man nicht bis auf den Grund sehen kann, aber wenn sich das Wasser beruhigt und der Schlamm sich legt, kann man bis auf den Grund sehen, um das Wundervolle zu erfassen. Man sollte das auch nicht aus den Augen verlieren, dass Menschen, die aus einem anderen Kulturkreis kommen, dort vielleicht sehr erfolgreich sind, weil sie wissen, wie man in ihrer Welt so lebt, um durch das Leben zu kommen, doch leider gibt es in Deutschland keine Lasttiere mehr, die zur Arbeit benutzt werden und da ist der Haken, weil was sollen Menschen machen, die mit der neuen Zeit nicht mithalten können. Es fehlt ihnen nicht an Intelligenz, sondern einfach an der Art Denkweise, die in der neuen Welt verlangt wird, weil hier werden nur noch selten Kühe und Ziegen gemolken oder Fische gefangen, um sich Nahrung zu beschaffen, nein, man geht in einen Supermarkt. Und von meiner Seite aus ist es leider so, dass nicht jeder für einen Nobelpreis geboren worden ist, denn Intelligenz ist nun mal vererbt oder gottgegeben und da sollte jeder seinen Platz früh genug erkennen und nicht von Sachen träumen, die unerreichbar sind, weil es nur Leid und Kummer nach sich zieht.

Genetik und äußere Einflüsse

Ich bin mir so sicher, dass die Genetik eine sehr wichtige Rolle spielt, weil in den Genen sind die ganzen Informationen der Menschheitsgeschichte gespeichert, was ein Problem ist, wenn man nicht das Geschenk des Schöpfers annimmt, um sich selber Gedanken zu machen und nur so dahinlebt, wie es eben alle anderen machen, die ihrer sogenannten Natur folgen. Mir ist aufgefallen, dass sehr viel Hass aus dem Unbewussten kommt, was wohl uralte Informationen des Krieges, Hungers und anderer Arten des Leidens sind, und wenn man auf einen Menschen trifft, der gerade bei einem selber das unbewusste Programm triggert, kann es zu irrationalem Handeln kommen, weil eben ein Programm angesprungen ist, das längst überholt und veraltet ist … ein Beispiel: ich hörte mal von einem die Aussage, dass die schwarze asiatische Pest über uns in Europa gekommen sei und er die Türken meinte … sofort verstand ich, dass er das nicht bewusst sagte, sondern aus uralten Erfahrungen heraus, die man ihm über Generationen weitergegeben hat, aus den Hunnen-, Mongolen- und Türken-Invasionen, doch wir schreiben das Jahr 2022 und da ist so ein Denken aus dem bewussten Blickwinkel höchst lächerlich, doch aus dem unbewussten leider immer noch höchst bedrohlich … auch wenn er es vielleicht im tiefsten Herzen gar nicht mal so gemeint hat, ist er trotzdem ein Opfer seiner Gene (Erbinformation), weil mit der heutigen Realität hat es nichts mehr zu tun und mit Sicherheit traben hier keine Hunnen mit Pfeil und Bogen in der Gegend mehr rum … und wenn der Mensch nun anfängt, sich die Fragen zu stellen, wieso er so denkt und was der Auslöser sein könnte und es mit der Realität abgleicht, kann er meiner Meinung nach auf eine Lösung stoßen und erkennen, wie lächerlich er doch gedacht hat und dass es eben alte Programme und Glaubenssätze sind. Und nun zu den äußeren Einflüssen, die einen Menschen mitformen, weil einer, der einer bestimmten Ethnie angehört, auch zu ihr halten muss, ob er es richtig oder für falsch hält, spielt keine Rolle, weil er eben nicht ausgeschlossen werden will aus seinem Clan, der ihm Sicherheit gibt. Ein Beispiel wäre, wenn ein Deutscher Geschäfte mit einem Türken macht und der Türke da auch noch reich werden kann und die eigenen Landsleute dadurch blockiert, um sich zu bereichern … was denkt ihr, wie der vor seinen Leuten dastehen wird, mit Sicherheit nicht gut, also lässt er es lieber und hat somit seine Ruhe und Sicherheit, er ergibt sich dem gesellschaftlichen Druck … nun, das alles finde ich nicht verwerflich, es ist eben so wie es ist, doch wenn man den Menschen das aufzeigt und beide Seiten es wissen, haben beide Seiten dasselbe Werkzeug und man kann keinem mehr was vormachen, weil ein Guter erkennt einen Guten wie ein Dieb keinem Dieb was vormachen kann. Wie ich dazu komme, so etwas zu schreiben ist von meiner Seite aus höchst interessant und hat mich dazu veranlasst, nachzuverfolgen, wie ich zu so einer Theorie gekommen bin. Als ich noch sehr klein war, wurde ich von meinen Eltern einige Monate in der Türkei gelassen bei meinen albanischen Verwandten. Bewusst kann ich mich kaum daran erinnern, doch es sind mir verschwommene Bilder übriggeblieben, die mich nun mal mit Sicherheit sehr geprägt haben, doch mit etwa 6 Jahren geschah etwas, was im ersten Augenblick unerklärlich erscheinen mag … ich erlernte die bosnische Sprache, die damals unter jugoslawisch gefallen ist, und konnte kein Wort albanisch, doch immer, wenn mein Vater mit seinen Verwandten am Telefon albanisch gesprochen hatte, wusste ich irgendwie unbewusst, dass dies meine wahre Sprache ist … und mit etwa 7 oder 8 Jahren sah ich vor unserem Wohnblock auf der Straße etwas Rotes glänzen. Das weckte meine Neugierde und ich ging hin, um es mir genauer anzusehen und was ich sah, war eine kleine rote Fahne mit einem schwarzen Doppelkopfadler drauf … nun es war eine Fahne, wie man sie auf Volksfesten gewinnen konnte, wenn man ein guter Schütze war mit dem Luftgewehr. Ich hob diese Fahne auf und ich liebte sie sofort, keine Ahnung wieso, aber es war ein Gefühl, als hätte ich etwas Besonderes gefunden … sofort rannte ich mit der Fahne nach Hause, um sie meinem Vater zu zeigen, weil ich ja keine Ahnung hatte, und wissen wollte, für welches Land die Fahne steht, und als ich meinem Vater die Fahne gezeigt hatte, schaute er mich erstaunt an, woher ich diese denn habe, und ich sagte, ich habe sie auf der Straße gefunden. Mein Vater nahm die Fahne in die Hand und sagte, dass es unsere Fahne sei und wir Albaner seien, das war ein Schlüsselereignis, was mich sehr geprägt hat … doch wie hoch ist die Wahrscheinlichkeit, dass man so etwas auf der Straße findet und dann noch die Fahne seiner Herkunft … doch es kam noch kurioser, weil es damals bei uns noch die Art von Sperrmüll gab, wo man seine alten Sachen auf die Straße vor seinem Haus gestellt hat, und ich fand dort doch glatt auch noch ein albanisches Musikinstrument, eine zschiftelia, und die gefiel mir so gut, dass ich sie wieder mitgenommen habe und sie natürlich auch wieder meinem Vater gezeigt habe … mein Vater kam nicht mehr aus dem Staunen heraus und spielte mir etwas vor und er sagte, das sei ein traditionelles albanisches Musikinstrument … und das alles in den 70er-Jahren in Deutschland … und als ich in die 5. Klasse kam und wir im Geschichtsunterricht die Antike durchgenommen haben, wollte ich immer ein Spartaner sein, was auch sehr verwunderlich ist, und als wir im Geschichtsunterricht etwas über die Schlacht über Marathon sagen sollten, erzählte ich es so, wie ich es eben als ein 11Jähriger empfand, sodass meine Lehrerin geschockt sagte, ich solle aufhören, weil ich die Geschichte so erzählte, als sei ich dabei gewesen … es sind noch so einige Dinge in der Richtung passiert, doch ich behaupte, die Informationen sind in unseren Genen und bei dem einen springen sie eben in bestimmten Schlüssel-Situationen an und bei dem anderen nicht … doch im Laufe der Zeit verlor sich das, dachte ich … und als ich später die antike Geschichte selber etwas durchstöberte, merkte ich, dass die sogenannten Spartaner nach der sogenannten neuen griechischen Theorie vom Norden eingewanderte Dorer waren und im Norden, tja, da lebten eben die Albaner und das erstaunte mich wieder. Übrigens, bei uns bedeutet Sparta auch die ersten auf Albanisch oder Schwert, je nach Interpretation, nur nebenbei erwähnt … und in meiner

Jugend hatte ich zwei griechische Freunde, die ich sehr gemocht habe und bei ihnen zuhause habe ich mich auch sehr wohl gefühlt, doch nun zum Punkt: die Griechen, da gibt es die Arvaniten und Camen, das sind Ureinwohner Griechenlands und die sprechen albanisch, selbst heute noch, was ich damit sagen will: es muss eine Art genetische oder energetische Anziehung geben ... und als ich zufällig einen albanischen Psychotherapeuten getroffen habe mit 50 Jahren, war er erstaunt über meine Geschichte und er sagte, ich habe mein Leben lang wie ein moslemischer Albaner gelebt und das, ohne dass ich wirklich Bezug hatte dazu und der Islam war mir zu der Zeit fast fremd ... was ich sagen will: wie oben schon erwähnt, wir werden in meinen Augen sehr stark von den Genen beeinflusst, doch wir sind keine Opfer der Gene, weil wir ein Bewusstsein haben, und das macht ja den Menschen aus, dass er selber denken und auch logische Entscheidungen treffen kann, was zum Wohle seiner und aller sein sollte ... das hat nichts mit Rassismus zu tun, es ist einfach nur das Kleid, das wir eben in diesem Leben als Seele tragen dürfen für einen sterblichen Zeitraum ...

Gedicht

Ein entwurzelter Mensch, der in er Fremde aufwächst, hat immer das Gefühl, dass er nicht vollständig ist, im tiefen Inneren sehnt er sich nach einem Stückchen Land, wo er weiß, dass es sein Land ist, und wenn er eine Handvoll Erde in die Hand nimmt auf dem Land, das ihm gehört, wird er verstehen, dass diese Hand gefüllt mit Erde ein unzertrennlicher Teil ist seiner Existenz auf Erden. Dieses Land gibt ihm Sicherheit, Geborgenheit und die seelische Freiheit, ein Mensch zu sein, der auf dem aufbaut, was seine Vorfahren hinterlassen haben, um die Lebensfackel in die Hand zu nehmen, die von Generation zu Generation weitergegeben worden ist. Und hast du kein Land und keine Wurzeln, so ist deine Lebensfackel leider erloschen und die Lebenslinie der Errungenschaften deiner Vorfahren getrennt und das ist die ewige innere Suche nach dem roten Faden, den man in der Fremde verloren hat, und sie nie wieder finden wird. Außer man besinnt sich seiner Wurzeln. Im Grunde ist ein entwurzelter Mensch ein neuer Sklave, der abhängig ist von der Gnade der einheimischen Menschen, die so verwurzelt sind, dass keiner an ihnen rütteln kann.

Religion

In der Menschheitsgeschichte haben die Religionen schon immer eine sehr wichtige Rolle eingenommen und ich habe leider bemerkt, wie die, wenn man es so sagen darf, religiösen Ideologien die Menschen leider untereinander trennen und ganz besonders, wenn man die Religionen zu politischen Zwecken instrumentalisiert. Ich werde versuchen, meinen Weg zur Religion darzustellen und wieso ich wieder Moslem geworden bin ... ich bin in einer moslemischen Familie groß geworden, doch wusste ich nicht wirklich viel über den Islam und meine Eltern waren nun mal so gläubig zu der Zeit wie sie es sein konnten, weil man darf nicht vergessen, es waren Kinder aus dem Ex-Jugoslawien, wo die Religionen teilweise verboten worden sind wegen der kommunistischen oder der sozialistischen Ideologie. Schon als kleines Kind suchte ich komischerweise immer nach Gott und ich betete auch eine kleine Sure, die mir meine Mutter beigebracht hatte, abends, ohne zu wissen, um was es sich da handelte. Als Kind hatte ich auch schon vom Teufel geträumt, wie er mir etwas sagen wollte, doch ich drehte mich ohne Angst im Bett nur rum ... die Sache ist die, ich denke, ich war da etwa 6 Jahre alt und hatte keine Ahnung und erst recht nicht, was der Teufel sei, doch in meinem Traum konnte ich ihn genau identifizieren, das ist mir aus meiner heutigen Sicht unerklärlich. In der Schule wurde ich vom Religionsunterricht ausgeschlossen und die Moslems hatten da sozusagen eine Freistunde, nun, es waren ja nur ich und Fatma, aber ich ging freiwillig in den Religionsunterricht, weil ich unbedingt das große Geheimnis kennen wollte, leider war die Religionslehrerin nicht sehr überzeugend, wie sie es rüberbrachte, und die Kinder in der Klasse lachten sie aus, nahmen den Unterricht nicht ernst und einer von ihnen hatte auch mal sein Neues Testament in den Müll geworfen, was mich so sehr schockierte und ich es aus dem Müll mit nachhause nahm ... so begann die Reise auf meiner Suche nach

Gott ... ich bin mir nicht mehr sicher, es muss wohl auch Anfang 20 gewesen sein, als ich das Neue Testament drei Mal durchgelesen habe neben den anderen esoterischen Büchern, doch für mich war da etwas nicht stimmig, ich konnte es eben nicht richtig einordnen, weil nach dem neuen Testament müssten wir in der realen Außenwelt meiner Meinung nach eine andere Welt haben, als ich sie mit meinen Augen erfasst habe. Und über den Kampfsport kam ich zu den asiatischen Religionen wie Buddhismus, Taoismus oder Hinduismus und im Gegensatz zu den monotheistischen Religionen, die ich zu der damaligen Zeit nur aus meiner unzureichenden Perspektive kannte, haben die asiatischen Religionen logisch nachvollziehbare Wege mir aufgezeigt und ich lebte eine Zeit lang nach ihnen ... doch der Haken war das Zebu im Buddhismus, dieser Gott, die höchste Macht fehlte, und ich aber in meinem Leben viel zu oft erfahren habe, dass es diese Kraft geben muss, ich wurde manchmal im wortwörtlichen Sinne geführt von einer höheren Macht ... nun, man könnte auch sagen dass ich mir ein Weltbild erschaffen habe in meinem Unterbewusstsein, das dann genau diese Situationen in der Realität angezogen hat, um meine derzeitige Weltanschauung zu bestätigen ... doch man sollte wissen, wenn ein Mensch so viel Informationen hat über eine Sache, kann er sich ein klareres Bild machen und mir kam am Schluss alles nicht mehr logisch nachvollziehbar vor, weil irgendwie alles nur zum Teil funktionierte, aber nichts mir den wahren Weg aufgezeigt hatte und dann kamen auch noch meine persönlichen Erfahrungen mit Kräften, die unsere Vorstellungskraft einfach übertrafen ... ich hatte auch riesige Erfolge mir positivem Denken und Suggestionen, die ich damals exzessiv praktizierte, doch immer wenn es dann an das Große und Ganze gekommen wäre, brach da auch wieder aus irgendeinem Grund alles wieder zusammen ... man könnte auch sagen, wenn man so will, dass mein Unbewusstes so stark an alte Programme gekoppelt war, dass die neuen Programme einfach nicht stark genug waren, um sich durchzusetzen ... mit alten Programmen meine ich auch die Erbinformationen meiner Vorfahren, meines derzeitigen Umfeldes, das mich prägte und der

Weltanschauung, die ich seit Kindheit erfahren habe aus eigenen Beobachtungen … so, nun versuchte ich es noch mal mit den monotheistischen Religionen, ich hörte mir christliche Pfarrer und jüdische Rabbis im Internet an, doch komischerweise war der Islam nie in meinem Fokus, er war fast ganz verschwunden. Und ich bin auch ganz gut ohne feste religiöse Konzepte durch das Leben gekommen, obwohl ich ein Suchender war … was mich immer sehr nachdenklich gestimmt hat und sogar einen inneren ekelhaften Widerstand in mir erzeugte, war, das manche religiöse Vertreter ihrer Richtungen für Welt und Menschenbilder einfach knallhart und gnadenlos waren und glaubt mir, ich rede nicht vom Islam. Ich unterhielt mich mit Pfarrern und ich denke, wäre ich in einem anderen Land geboren mit der christlichen Religion, wäre ich womöglich konvertiert, doch in Deutschland passte die Religion, so leid es mir tut, nicht mit dem System zusammen, das soll aber bitte nicht falsch verstanden werden, ich meine damit nicht den Deutschen, sondern das System, wo die Menschen hier leben, es ist in meinen Augen nicht synchron mit der Religion, wenn ich es mal verharmlosend ausdrücke … nun, ein evangelischer Pfarrer war so begeistert von meinem Wissen, der wollte damals, dass ich konvertiere, er sagte mir, solche Menschen wie dich brauchen wir, und genau da fing das Problem an mit der Glaubwürdigkeit einer Religion, die solche Menschen braucht, die das ernster nehmen, was in der Bibel steht, als Menschen, die es eben nur so nehmen, weil es eine Art Tradition ist und alles auch interpretierbar ist, was im heiligen Buch steht … und ein katholischer Pfarrer klagte, dass seine Kirchen, die er betreute, leer waren und nur einige alte Menschen drinnen waren zu seinen Messen und er wollte schon in ein Kloster gehen, weil er enttäuscht war … so, nun mal ganz logisch betrachtet, wer würde zu so einer Religion wollen, die nicht funktioniert, hm, da glaubt der Amazonas-Indianer doch lieber an seine Naturgottheiten, würde ich mal so sagen, was bitte nicht falsch zu verstehen ist, weil es hat nichts mit der Religion zu tun, es sind die Menschen … eine junge sehr hübsche Dame wollte mich unbedingt zu ihrer freien Kirche einladen, ich denke, dass ihr Hintergrund natürlich war, dass ich zu ihnen konvertiere, doch das Problem war, sie kannte meine Probleme, ich brauchte Gesundheit und das liebe Geld, aber sie kam nicht auf die Idee, mir Geld zu geben, was ich bitternötig hatte, tja, beim Geld da trennt sich die Spreu vom Weizen, aber sie schenkte mir irgendwelche religiöse Büchlein und dazu eine Tafel Schokolade, hm, alles klar, war ja nett gemeint, aber wer zahlt mir meine Nebenkosten und genau das ist der Punkt, was mich dafür abgeschreckt hat, nun, ich will keine Werbung machen für den Islam, aber wenn ich da eine Zeit lang in der Moschee fehle, rufen mich die Brüder an und fragen, wie es mir geht und ob ich Probleme habe und das ist schon alleine vom menschlichem Aspekt eine andere Liga, wenn man bedenkt, dass sich vorher Jahre niemand um mich gekümmert hat und ich viele Geburtstage und Silvester alleine verbrachte … so, nun mein Weg zurück zum Islam … ich bin manchmal ein berechnender Mensch, der eben Wahrscheinlichkeiten berechnet zu seinen Gunsten … und zu meiner Schande muss ich gestehen, dass ich damals zum Islam gekommen bin ohne die geringste Ahnung, ich war ein Heide, was die Konzepte anging, aber ein Gläubiger, was meine Suche anging … also der Grund war, ich wollte, dass ein Imam der mich sozusagen heilt durch eine Art Gebet nun das ist irgendwie nicht sehr ehrenvoll mein Grundgedanke, aber he, wenn es klappt, wieso auch nicht, doch es kam alles anders, ich suchte mir eine albanische Moschee aus strategischen Gründen aus (oh Mann, bin ich peinlich), ich dachte, es wird voll sein mit Albanern und ich reihe mich unauffällig hinten ein, lerne ein paar Bewegungen und der Rest wird schon … doch es war Sommer und es waren am ersten Tag ganze 3 bis 4 Leute da, weil alle im Urlaub waren und ich dachte mir, Mist, nun kannst du keinen Rückzieher mehr machen … und ich war auch gleich die Hauptattraktion, was ja wohl nicht ganz schwer war bei 4 Leuten … so, nun begann ich langsam aber sicher einige Suren an zu lernen und das Beten, am Anfang war es eine Mischung aus ok interessant und tja, jetzt hast du ins Bienennest gestochen, das war's …doch im Laufe der Zeit, als ich den Koran etwas studierte und mich mit den Leuten unterhielt, öffneten sich mir immer mehr und mehr die Augen und glaubt mir, ich bin noch am Anfang … er Islam vereinte das Konzept von Ursache und Wirkung, er sprach die Themen exakt an und hatte sozusagen für jede Frage eine Antwort. Ok, das gab es z. B. im Buddhismus teilweise auch, doch im Christentum fehlte es mir etwas leider … ein Beispiel: du sollst nicht stehlen, ok, aber was soll ein Mann machen, dessen Kind Hunger hat und der kein Geld hat, ist er nun ein großer Sünder, der für das Kind etwas gestohlen hat??? Diese Situation kenne ich von einem Bekannten oder was ist, wenn ein Leibeigener etwas gestohlen hat von seinem Lehnsherrn, um zu überleben, weil des Lehnsherrn Steuern zu hoch waren, wer ist da der Dieb, der Dieb oder der, der einen zum Dieb macht … und da könnte ich weiter fortfahren, aber das solle es ja jetzt nicht sein … und der Islam spricht unglaublicherweise von der natürlichen Neigung eines Kindes und das wir alle gleich sind, ok, so neu ist das ja nicht, aber wenn man versteht, wie es der Islam meint, ist es phänomenal. Ein kleines Beispiel: in der Moschee gab es Konvertiten und eines Tages kam ein Deutscher und es war unglaublich, als ich ihn sah, ich sah einen Bruder und keinen Deutschen oder was auch immer, es war im wahrsten Sinne des Worts ein Bruder und sowas habe ich noch nie erlebt, es gab keine Schranken, nichts, nur wahre Nächstenliebe im religiösen Sinne … so das ist meine kleine Geschichte, ich hätte sie noch weiter ausbreiten können, aber das genügt, denke ich, was meine Geschichte auf dem Weg der Religion ist. Nur muss ich darauf aufmerksam machen, dass in meinen Augen das einzige Bindeglied zwischen Gott und dem Menschen in meinen Augen der Glaube ist und wenn der verloren geht, ist auch der Mensch in meinen Augen verloren. Ein Beispiel: wenn wir in einer fernen Zukunft alles einer künstlichen Intelligenz überlassen, die unser Leben kontrolliert und das sogenannte Beste für uns will, haben wir menschlich verloren, weil wir unsere eigene Verantwortung und den Glauben abgeben an ein von uns kreiertes System, das nicht menschlich oder salomonisch denkt, sondern nur effektiv und wer will schon als ineffizient gelten in einem System, das funktionieren muss und was passiert mit den nichtfunktionalen, werden die dann ausgemustert, entsorgt?????

Willkommen in der schönen neuen Welt, die wir uns aufdrücken lassen haben.

Psyche und Würde

In meinen Augen ist die Psyche der wertvollste und verletzlichste
Teil des Menschen, die eng mit der Würde des Menschen gekoppelt ist, und das ist das Einzige, was der Mensch besitzt, verliert
der Mensch die Würde, so ist er mit hoher Wahrscheinlichkeit
nicht mehr in der Lage, ein lebenswertes Leben zu führen. Von
Natur aus will der Mensch leben und es ist auch sein gottgege-
benes Recht, deshalb ist er auf die Erde gekommen, sich zu entfalten, wie es seinem Leben entspricht. Nun stelle man sich vor,
man wird schon in der frühsten Kindheit jeden Tag mit einer
symbolischen Nadel gestochen, bis man anfängt, wie ein in die
Enge getriebenes Tier zu reagieren, weil das logische Denken in
diesem Überlebensmodus auf ein Minimum reduziert wird und
man nur noch wie ein Ertrinkender nach Luft schnappt, um am
Leben zu bleiben. Wie kann man von diesen Menschen erwarten, dass sie eine vorbildliche Gesellschaft erschaffen??? Ich denke, so eine Gesellschaft kann man nur unter Kontrolle halten, indem man diesen Menschen Regeln und Gesetze aufdrückt und sie
wie kleine Kinder behandelt, die, wenn sie die Schokolade stehlen, Hausarrest bekommen. Ein Beispiel: ein kleiner Junge, der
bei mir im Training von der Mutter abgestellt worden war, damit ich noch rette, was zu retten ist. Der Kleine wurde mit zwei
Jahren für zwei Jahre sozusagen alleingelassen, weil die Mutter
für zwei Jahre ins Gefängnis musste und das hat in ihm ein so
schweres Trauma ausgelöst, dass er tief in seiner Seele verbittert
war und das Urvertrauen in das Leben verloren hat. In den Trai-
ningsstunden war er frech, disziplinlos und kaum zu bändigen,
doch ich habe es mit Liebe versucht. Ich umarmte ihn, um ihm
das Gefühl von Sicherheit und Geborgenheit zu geben, ich sprach
ihn so an, dass er das Gefühl hatte, dass er etwas wert sei, und
das war eine sehr harte Aufgabenstellung für mich, wenn man
bedenkt, dass er einmal im Unterricht so ausgetickt ist, dass ich
ihn vor allen anwesenden Schülern und Eltern auf meinen Armen

hinaustragen musste, während er schrie und mir ins Gesicht geschlagen hat. Doch ich gab diese Seele nicht auf und nach einer Zeit begann er, auch etwas besser am Unterricht teilzunehmen und fing sogar an, die Sache ernst zu nehmen, ich ließ ihn sogar ab und zu das Aufwärmtraining gestalten, um ihm zu zeigen, dass er jemand ist, der etwas kann. Doch leider war er von heute auf morgen nicht mehr da und ich bekam mit, dass seine Mutter ihn über Nacht mitgenommen und das Land verlassen hat. Wer weiß, wie sein Lebensweg weitergehen würde, doch ich hoffe, er hat von mir eine kleine Umarmung der Seele erfahren, die ihn sein Leben lang begleiten wird, damit er sieht, es gibt auch Gutes auf dieser Welt. Heutzutage sind die Menschen in meinen Augen eine höchst aggressive Gesellschaft, die es durch jahrelange Konditionierung in sich hineinfressen oder angriffslustig ihr gegenüber handeln, wenn es mir schlecht geht, soll der andere auch leiden, was sich aber nicht in körperlicher Auseinandersetzung äußert, sondern im alltäglichen Leben, wo man versteckt und verdeckt dem anderen das Leben schwer macht durch allerhand Bosheiten. Ist es Ihnen schon mal aufgefallen, während sie im Auto sitzen und von einer Seitenstraße auf eine andere Straße biegen wollten, dass jemand, der weit genug entfernt ist, auf einmal das Tempo erhöht, damit sie es kaum schaffen, herauszukommen und ihnen dann so nah auffährt, als wolle er sie bestrafen. Nun, ich würde behaupten, dass dieser Mensch in seinem Unbewussten denkt, man habe ihm das Recht genommen und er ja nicht zu kurz im Leben kommen will und das ist in meinen Augen krank, ganz besonders, wenn dieser Mensch im Leben noch vorgibt, ein toller Arzt oder was auch immer zu sein, man entlarvt die Menschen nicht anhand ihrer Worte, sondern an ihren Taten kann man sie erkennen. Wie sollen Menschen denn glücklich werden oder zumindest zur Ruhe kommen, wenn ihnen die Welt der Medien vorschreibt, was sie zu erreichen haben oder was sie haben müssen, damit ein Leben lebenswert erscheint? Sie jagen Illusionen hinterher, um ein Leben zu füllen mit allerlei totem Kram, der ihnen Seelenfrieden verspricht. Mir ist es herzlich egal, ob ein schwuler Modedesigner eine Hose aus seinem wirren Kopf entwirft, die unerschwinglich ist und nach 6 Monaten niemandem mehr hinter dem Ofen verlockt. Ich muss nicht alles haben, was sich irgendwelche sterblichen Menschen ausdenken, ich will das haben, was ich denke, dass es mich in meinem Herzen glücklich macht und das sind bestimmt keine vergänglichen Sachen, wie es die Mosleys als Dunja oder die Taoisten als Welt aus Staub beschreiben, alles eben Maya, eine Illusion. In meinen Augen können die Menschen wirklich nur durch Liebe, wahre Liebe, geheilt werden und sich vertrauensvoll in die Hände der anderen sinken lassen. Ich sage es mal mit meinen Worten: wir Menschen brauchen keine himmlischen Vertreter, wir müssen erkennen, dass wir himmlische Wesen sind und wir die Menschen sind, die die himmlischen Werte vertreten, eigenverantwortlich und im vollen Bewusstsein. Ein kleines Beispiel aus meiner Kindheit, als wir in der Türkei zu Besuch waren bei meinen Großeltern. Sie wohnten im dritten Stock und wenn ihnen etwas an Nahrungsmitteln oder Waschmitteln fehlte, so riefen sie aus dem Fenster irgendeinem kleinen Jungen zu, der gerade vorbeilief, er solle es ihnen bitte besorgen, sie ließen einen Korb herunter mit dem Geld und der Junge nahm es und kam einige Zeit später, legte die Waren, die er gekauft hat, in den Korb, sodass meine Großeltern ihn wieder hochziehen konnten, ohne dass er das Geld gestohlen hat, und das hat er ganz selbstlos gemacht. Ist das nicht eine Art des sozialen Miteinander? Es ist die natürliche Menschenliebe, ein würdevoller Umgang, der im Westen verlorengegangen ist.

Der Islam

Leider wird in meinen Augen der Islam im Westen sehr schlecht dargestellt und ich stelle mir immer die Frage, wer einen Nutzen davon hat, dass man die Muslime so stigmatisiert. Es kommt mir so vor, als sei es ein neues Gesellschaftsspiel, genannt: „Wer hat Angst vor dem Muselmann?" Ich will nicht darauf eingehen, wem es nutzt und wieso man es zu politischen Zwecken instrumentalisiert, ich will nur mal aufzeigen was der Islam ist, wie man ihn praktiziert und wie die meisten sogenannten Muslime wirklich leben. Man sollte wissen, dass der Islam, wenn man ihn ernsthaft praktiziert, sehr anstrengend ist und das für viele Muslime das schon ein Grund ist, ihn nicht wirklich zu praktizieren. Im Islam betet man fünf Mal am Tag und hat viele Gebete und Rituale, die den Tag begleiten, und in unserer westlichen Gesellschaft, wo Zeit Geld ist, kann das kaum einer ernsthaft praktizieren. Wenn ich in die Moschee zum Freitagsgebet gehe, ist sie sehr gut besucht, doch unter der Woche kann man froh sein, wenn sich etwa 10 Prozent zum Gebet versammeln. Und da alle Menschen in meinen Augen medienverseucht sind, wollen sie auch nach der Welt und deren westlichen Werten leben und das beinhaltet eben bei den meisten Moslems einen BMW, Mercedes, eine Eigentumswohnung und gute Klamotten, man zeigt eben, was man hat. Es ist klar, dass viele auf der Stufe der Selbsterhaltung ihrer Existenz stehen und andere, denen es besser geht, auch die materielle Welt genießen wollen, nur wenige sind auf der Stufe, dass sie so viel haben, um einem ihren Status zu präsentieren, und damit auch nicht nur Macht zeigen, sondern sie auch wirklich haben. Und ob man es glaubt oder nicht, es sind die deutschen Konvertiten, die den Islam so ernsthaft leben, dass sich die andere Muslime eine Scheibe davon abschneiden können. Und die Ausländer, die am Rande der Gesellschaft stehen, für sie ist es oft auch nur ein kleines Aufflackern, wenn sie sich mal eine kurze Zeit ihrer Religion widmen, weil sie dort eben eine Sicherheit und Geborgenheit finden, was sollen sie denn sonst tun.

Ein kleines Gedicht zum Nachdenken

Ich bin ein Dichter nicht wie ihr selbst ernannter Richter. Deshalb stehe ich hier allein, es ist das reinste Sein und so folge ich meinem Herzen, auch wenn es mir bescherte vielerlei Kummer und Schmerzen, doch es ist besser als mein Gegenüber anzuschwärzen, um von meinem Elend abzulenken, um nicht meinem Herzen Gehör zu schenken. Und am Ende des Tages weiß ich, dass ich gelebt habe und fühle, wie mein Herzilein in meiner Brust bebt. Im Gegensatz zu euch, die ihr euch müde zu Bette begebt wie ein Blatt im Herbst, das vom Winde wird verweht und ihr habt nie gelebt.

Morphium

Nun, mit diesem Thema wage ich mich weiter aus dem Fenster
heraus, als ich es eigentlich wollte. Kennt ihr das, wenn ihr am
Boden seid und um euch herum der reinste Wohlstand herrscht
und euch dann jemand sagt, he, sei doch froh, dass du das oder
jenes noch hast. Oder Menschen zu dir sagen, he, alles wird gut,
Kopf hoch, und sich dann wegdrehen, weil du ihnen eine Last
bist? Oder man Jobangebote bekommt, die vielleicht gar nicht
zu dir passen, oder am besten solche Angebote, wo es nur darum geht, harte Arbeit zu verrichten, als seist du zu nichts mehr
zu gebrauchen, ein Mensch der unteren Klasse eben???? Tja, das
sind diese Art von Menschen, die eine Gesellschaft herausbringt,
wo Geiz geil ist und sie keine Zeit haben, jemandem zu helfen,
ganz zu schweigen, was Nächstenliebe angeht, weil sie sich ja
selbst um sich kümmern müssen, um ihr Leben zu genießen. Und
die allerbesten sind die, die dich auf den sogenannten Sozialstaat
verweisen, um ihre Hände danach in zu Unschuld waschen und
dich indirekt als Verlierer darstellen. Mir stellt sich die Frage:
will man die Menschen aufbauen oder eher wegräumen … ja,
wir haben staatliche Institutionen, die Menschen auffangen, und
in meinen Augen ihnen unter menschenunwürdigen Bedingungen helfen, wenn man es genau betrachtet … und das ist die Gelegenheit für die Geiz-ist-geil-Menschen, ihre Verantwortung
abzugeben, was Nächstenliebe und Fürsorge angeht, um keine
Verantwortung zu übernehmen, da wir ja so ein tolles System
haben … und wenn mir jemand kommt, dass es in anderen Ländern schlechter ist, ja das stimmt, aber die stehen wenigstens zu
ihren Taten und die sind nicht Waffenexportweltmeister, wo es
sich um Milliarden dreht, und mit preiswertem Essen und allerhand Zerstreuungen kann man die Menschen meiner Meinung
nach bei der Stange halten. Man verkauft ihnen Träume, die sie
angeblich erreichen können und gibt ihnen eine Mindestabsiche-
rung, sodass sie von Tag zu Tag zwar murrend, aber mit sattem

Magen weiterleben können, und das ist Morphium für die Verlierer der Gesellschaft, die keiner sehen will ... und hat sich mal jemand die ernsthafte Frage gestellt, was man in der Zukunft mit dem Milliarden Menschen machen will, wenn die Ressourcen angeblich immer weniger werden, wer will diese Menschen ernähren, medizinisch versorgen und erhalten? Und ich meine die Menschen, die teilweise nicht mal lesen und schreiben können und zu nichts in der Lage sind, weil sie keine Ausbildung haben, denn es sind ja immer noch knapp 8 Milliarden Menschen auf der Welt. Und nebenbei darf man nicht vergessen, dass man uns die Story vom Pferd erzählt, während es Länder gibt, in denen man nicht mal leben darf, wenn man nicht Staatsbürger von diesen Ländern ist.

Unterscheid zwischen hier geborenen Ausländern und neu Zugewanderten

Lange habe ich darüber nachgegrübelt was wohl der Unterschied von hiergeborenen Ausländern und neu dazugekommen ist. Also, meine Analyse hat ergeben, dass die hier geborenen Ausländer, nun kommt es auch darauf an, wann sie geboren sind, doch das ist jetzt nicht so wichtig, es sei nur angemerkt, seit Kindheit an eingeschüchtert worden sind und keinen wirklichen Bezug zu ihrer Heimat haben, man hat sie sozusagen mit dem Holzhammer in die Gesellschaft reingeschlagen, ohne Rücksicht auf Verluste. Man darf auch die soziale Kompetenz nicht vergessen, die die hiergeborenen oftmals nicht vom Elternhaus und der äußeren Welt vermittelt bekommen, was ihnen das Leben zusätzlich erschwert. Da die hiergeborenen oftmals keinen wahren Zugang zu ihrer Herkunft haben und deren Familienstrukturen zerrissen worden sind durch weitentfernte Länder, sind sie sich selbst überlassen, sie müssen sich nie definieren, um sich selbst eine Existenzgrundlage zu geben und oft besteht ihre neue Familie, die sie hier haben, aus Menschen, die das gleiche Schicksal teilen. Leider sind sie nicht selten niedrig gebildet und haben somit keine Ahnung, wie sie vom großen Kuchen etwas abbekommen können, so warten sie am Rand auf die Krümel, die abfallen und im schlimmsten Fall kämpfen sie auch noch darum und das sind typische Symptome von Menschen, die in der Gesellschaft nicht akzeptiert und angenommen sind, aber für diese Gesellschaft funktionieren müssen. Und wenn diese Menschen nach langen Kämpfen erkennen, dass es ein sinnloser Kampf ist, der sie erschöpft hat, suchen sie ihre alten Strukturen ihrer Herkunft und Religion, um sich dort sicher und geborgen fühlen, das kann man daran sehen, das ausländischen Clubs, Sportvereine oder religiöse Institutionen sehr gut besucht sind ...

Nun, im Gegensatz zu ihnen sind viele neu dazugekommene Ausländer sehr selbstbewusst und können kritisch unterscheiden, was wirklich abgeht in einer Gesellschaft, dadurch können sie sich voll und ganz auf ihre Ziele konzentrieren und auch sehr erfolgreich werden. Sie erkennen sich nicht als verlorene Fragmente, die in der Gegend umherirren, sondern als Individuen, die sich selbst verwirklichen wollen, weil sie in ihrer Heimat, wo sie vorher waren, nicht das Gefühl der Minderwertigkeit kannten und den Überlebenskampf als Individuum in einer feindlichen Gesellschaft. Sie sehen hier keine feindliche Gesellschaft, sondern einfach eine neue mit vielen Möglichkeiten.

Das Wort Ausländer

Ich benutze das Wort sehr oft, weil Migrant oder Deutscher mit Migrationshintergrund, das sind mittlerweile in meinen Augen so verlogene Versuche, etwas zu retten, was leider unkontrollierbar geworden ist, und damit meine ich die Zuwanderung. Ich liebe das alte Deutschland, wie ich es in meiner Kindheit und Jugend kennengelernt habe, und ich bin auch froh, dass ich in einem Dorf aufgewachsen bin. Kleines Beispiel: ich liebe es, in eine Bäckerei zu gehen morgens und eine Butterbrezel zu essen und dazu einen Kaffee, das ist eben ein Lebensgefühl und ich habe keine Lust, in einem Supermarkt meine Brötchen zu holen, um sie irgendwo zu verschlingen, weil das macht die Romantik einfach kaputt, die ich so sehr liebe, die einfachen Dinge, die doch so groß sind. Doch nun zu dem Wort Ausländer: es beschönigt nichts, es zeigt einfach die Realität, dass der Ausländer nicht dazu gehört und nur ein Arbeitssklave ist, der sich nach der Arbeit am besten in sein Viertel verzieht, solange, bis er wieder gebraucht wird. Und leider sind sich viele sogenannte Ausländer dieser Tatsache nicht bewusst, weil sie es hinnehmen und sich selber auch dadurch absondern neben der Absonderung der einheimischen Gesellschaft. Der Ausländer sollte sich nicht mehr als Arbeitssklave sehen und endlich aus seinem Schneckenhaus des Benachteiligten heraustreten und an dieser westlichen Gesellschaft teilhaben mit all seinen Rechten, nicht nur Pflichten, und da bin ich mir sicher, dass er sich schneller, ich mag das Wort Integration nicht, integrieren würde und alle was davon hätten. Ein Beispiel sind die türkischen Supermärkte, ich nenne ich mal so, die aus dem Boden sprießen und immer in den Industriegebieten oder ausländischen Stadtteilen zu finden sind. Sie sind voll mit Albanern, Türken und Bosniern und ab und zu verirren sich auch Deutsche dahin. Diese Supermärkte sind eine Bereicherung und sollten da aufgestellt sein, wo auch einheimische Deutsche zu ihnen gehen können und das wäre eine Bereicherung, nicht nur was die Produkte angeht, sondern auch das Miteinander der verschiedenen Kulturen.

Gemischte Ehen

Wo die Liebe hinfällt. Mir ist es herzlich egal, wer mit wem sich findet, es ist eben so, wie es ist, und sollen die Menschen doch glücklich werden, doch so einfach ist es eben wieder einmal nicht. Leider lassen sich viele gemischte Ehen nach einer bestimmten Zeit wieder scheiden und ich denke, es lag nicht an der sogenannten Liebe, dass sie schwächer geworden ist, sondern an den Umständen … man sollte nicht vergessen: man heiratet nicht eine Hardware, nein, die Software gibt es gratis dazu … wie sagte mein Vater mal: sie träumte von einem Prinzen auf einem Ross, aber am Schluss ist nur ein Esel gekommen … viele junge Menschen, die sich finden, vergessen leider, dass sie nicht nur, sagen wir mal, eine schöne Frau heiraten, sondern auch deren Familie und deren Nation mitsamt Kultur und das kann auf die Jahre eben verhängnisvoll enden … ich habe da so eine Theorie auf gestellt, dass wenn ein Roter zu den Grünen geht, er immer ein Roter bleiben wird, was meine ich wohl damit, also wenn eine Deutsche einen Türken in der Türkei heiratet, kann das sehr gut gehen, weil in der Türkei ist eben alles türkisch und eine Frau kann sich da schneller anpassen, weil es keine Ablenkungen gibt. Nun, wenn aber eine deutsche Frau in Deutschland einen Türken heiratet, ist ihr Umfeld deutsch und da wird es schwerer für einen Türken, sich anzupassen, weil Männer im Normalfall die Führung in einer Ehe übernehmen und das sehr schwer sein wird, wenn du in einem Land lebst als Mann, das deine Herkunft und alles was dazu gehört, nicht annehmen wird, was aber ein natürlicher Prozess ist und der Mann sich aufgeben muss, um weiterhin die Ehe aufrecht erhalten oder es früher oder später in die Brüche geht, weil der Mann eben auch eine Persönlichkeit hat und die so darunter leiden kann, dass er ausbrechen wird, und das ist das Ende … umgekehrt ist es wenn eine Türkin einen Deutschen heiratet, ich hoffe, ihr könnt mir folgen … leider ist es oft so, dass bei die Ehen, die sich nach einer Zeit getrennt haben, der eine Partner, falls er wieder heiratet, eine aus seiner Herkunft heiratet oder übrig bleibt, weil er den Anschluss verpasst hat zu seiner Herkunft und dort auch stigmatisiert ist ... also, was ich damit sagen will: eine Ehe ist kein Ponyhof, weil welche Religion werden die Kinder bekommen, schon mal darüber nachgedacht???? Und das war nur ein Beispiel ... bitte nachdenken. Und nun etwas Kleines aus der hinduistischen Sicht, ich werde es etwas verkürzen. Wenn man einen Partner heiratet auf der körperlichen Stufe, hm, wie lange geht das gut, bis es fad wird? Da sind die Chancen höher, wenn man gemeinsame materielle Ziele hat, Kinder, Haus, Auto. Doch was ist, wenn alles erreicht worden ist?? Und so staffelt es sich hoch, aber die sicherste Ebene ist die spirituelle Ebene, wenn sich Menschen auf der Ebene treffen, ist sie unerschütterlich, weil das ist das höchste Ziel und alles andere sind Nebensächlichkeiten, die man mitnimmt und sie so genießt, wie sie gedacht sind, nicht mehr und nicht weniger.

Heimat, was ist das???

Dass das eine Sache ist, die im Grunde jeder am Schluss für sich definieren muss, was die Heimat ist, werde ich nun meine Sichtweise aufzeigen.

Als ich mit 48 Jahren das erste Mal seit Jahrzehnten wieder mal in den Kosovo geflogen bin, um meine Familie zu finden und das Land meiner Vorväter zu besuchen, war mir nicht wirklich bewusst, was für Auswirkungen es auf mich haben würde. Man muss sich das so vorstellen, man lebt sein ganzes Leben lang in einem Land, wo ich von meiner Seite sagen kann, ich nie das Gefühl hatte, jemals angekommen zu sein und nie aufgenommen zu sein. Ich kannte nichts anderes als Deutschland, die einzige Erinnerung an meine sogenannte Heimat ist sehr verworren, denn wir sind eben eine vertriebene Familie gewesen und das bedeutete, dass wir mit unseren Eltern als Kinder immer nach Bosnien, Kosovo und in die Türkei gefahren sind, bei uns wurden vier Sprachen gesprochen im großen Familienkreis, im kleinen waren es hauptsächlich zwei und ich fühlte mich in all den Ländern gut als Kind, doch habe ich wohl nie ganz verstanden, was es bedeutet, eine Heimat zu haben, und später wurde es eben immer weniger, dass wir in den Urlaub gingen und nach dem Bosnienkrieg zerbrach der letzte Rest in den Kosovo und die Türkei ... die Sache war bei mir: ich bekam mit etwa 35 Jahren das Gefühl, dass ich eine Heimat haben will, weil im Sommerurlaub alle meine Freunde in ihre Heimatländer gingen, doch ich blieb hier alleine hängen, was für mich bedeutete, dass ich alleine in den Wäldern spazieren ging oder mich eben irgendwie durchschlagen musste mit viel Sport und so ... es tat mir irgendwann sogar weh, dass alle in ihre Heimat gingen und ich keine sogenannte Heimat hatte. Und es ist sehr traurig, wenn man hier immer angesprochen wird, da wo ihr herkommt oder in euerer Heimat, das Schlimmste war, als ich aus dem Kosovo-Urlaub zurückkam, dass mir eine etwas boshafte Vermieterin meiner Sportschule die Frage stellte, ob ich in meiner Heimat war und wie es dort gewesen sei und da antwortete ich zum ersten Mal in meinem Leben voller Stolz, ja, ich war in meiner Heimat und es war schön ... das Traurige an der Sache ist, dass manche Deutsche dich auch nach so langer Zeit einfach nicht akzeptieren und dich, ich bin ehrlich, auch nicht wirklich hier haben wollen. So, nun wieder zu der Reise in den Kosovo. Am Flughafen Stuttgart stand ein Polizist mit Maschinenpistole, der mich immer beobachtete, als sei ich ein Verbrecher ... am Gate, wo sich die Passagiere sammelten, war ich irgendwie ein Exot unter den Albanern, einer fragte mich sogar, ob ich ein Eingebildeter sei, der nicht albanisch reden will und ich antwortete, ich kann kaum albanisch und er war verdutzt und sagte mir, du siehst aus wie ein Albaner und ich dachte, du hältst dich für was Besseres, er entschuldigte sich und wir hielten einen kleinen Smalltalk ... da unser Flugzeug einen Defekt hatte, mussten wir dort sechs Stunden verweilen und so kamen die Menschen natürlich ins Gespräch ... für die einen war ich ein Held, weil sie es kaum glauben konnten, dass ein vertriebener Albaner seine Wurzeln wieder sucht, für einen war ich sogar kein Albaner, nun, ich sagte, das ist ok, so wie du es eben siehst, er schaute mich erstaunt an und war wohl überrascht über meine Antwort, weil die Sache ist die, wenn man sein Leben lang in Deutschland aufwächst, ist man irgendwie anders und jedem fällt gleich auf, dass man anders ist, das habe ich auch von Türken, Bosniern und anderen gehört ... du bist in der Fremde fremd und auch in deiner Heimat irgendwie fremd ... als wir endlich in das Flugzeug einsteigen konnten, ging die Reise los, nach knapp zwei Stunden landeten wir in Kosovo am Flughafen und das war ein Erlebnis, das ist fast nicht in Worten zu fassen. Ich trete aus dem Flughafen hinaus in das Land meiner Vorfahren und da sah ich den großen Doppelkopfadler, der das Symbol unseres Landes war, und ich hatte das Gefühl, ich sei irgendwie nach Hause gekommen in den sicheren Schoß eines Landes, das irgendwie seine Kinder mit offenen Armen erwartet, dass sie heim kommen ... ich sah mich um und ich hatte das Gefühl, dass die Menschen, die mit mir geflogen waren, eine große Last von ihrer Seele fallen lassen haben, es stand einigen so richtig ins Gesicht geschrieben, und eine schaute mich ohne Worte lächelnd an, aber wir verstanden uns, es war eben unsere Heimat ... doch ich war einfach überwältigt, weil ich es nicht einordnen konnte, doch in diesem Augenblick wurde ich für die vielen Leiden entschädigt und da merkte ich, was es bedeutet, eine Heimat zu haben ... ich wurde von einer netten Familie abgeholt, deren Sohn ich als Trainer in Deutschland mal gecoacht habe und die von meinem Können beeindruckt waren ... es waren Albaner, doch irgendwie halt doch eine fremde Familie, da ich meine Familie noch nicht gefunden habe ... doch über das Internet habe ich sie ausfindig gemacht und am nächsten Tag holte mich Onkel ab ... ich hatte das Bild von seiner Jugend, wo er jung war und schwarze Haare hatte und ich ihm sein Luftgewehr durch langes Quengeln ergaunert habe, Kinder eben ... nun stand da ein Mann, etwa 185 cm groß, graue Haare und großer Bauch, da sah ich, wie die Zeit vergangen ist. Er begrüßte mich mit einer Umarmung, doch irgendwie war es auch für ihn unfassbar, weil er kaum glauben konnte, dass ein Verlorengegangener wieder zurückgekommen ist ... man muss verstehen, die Albaner wurden vertrieben, massakriert und waren im ehemaligen Jugoslawien ein Stiefkind, das niemand wollte ... mein Opa und sein Clan wurden solange schikaniert, bis sie ihre Häuser, ihre Geschäfte und Ländereien dem Staat übergaben und in die Türkei auswanderten ... Was darf man sich darunter vorstellen, wenn ich Schikane sage, also man unterstellte uns irgendwie, so wie ich es noch in Erinnerung habe, wir hätten versteckte Waffen oder man schickte uns barfuß im Winter nachhause von der Polizeistation nach stundenlangen Verhören und das waren nur die kleinen Repressalien ... als mein Vater in die Türkei mitsollte, wollte er im Kosovo bleiben und mein Opa sagte, wenn du willst, bleibe, aber die Serben werden uns hier eines Tages abschlachten und so ging mein Vater mit. Das war die Situation und die meisten vertriebenen Albaner, und das ging schon knapp 150 Jahre, kamen nie wieder zurück und das war eben für meine Verwandte ein Check, was ich wohl in dem kleinen Flecken namens Kosovo mache ... sie waren sehr stolz, dass einer zu ihnen zurückgekommen ist und holten gleich die anderen Verwandten, die noch am Leben sind, weil man darf nicht vergessen, unsere Vertreibung war vor 65 Jahren von uns und mein Vater war mittlerweile 87 Jahre ... ich schaltete eine Konferenz mit meinem Vater und seinen Cousins über Facebook und es war ein wundervolles Wiedersehen nach über 45 Jahren. Und ich bin aus der Konferenz raus gegangen, weil ich irgendwie die Tränen nicht zurückhalten konnte, was meinen Cousin wohl auch zu Tränen gerührt hat, nun, ich bin eben, was die Öffentlichkeit angeht, immer bemüht, nicht so meine Emotionen zu zeigen, aber in Wirklichkeit bin ich ein Sensibler ... was schön war im Kosovo, dass mich alle gleich auf Albanisch angesprochen haben und ich da nicht aufgefallen bin als Fremder, doch dass ich aus Deutschland kam, das sahen alle gleich ... nach dieser Woche, als ich wieder nach Deutschland geflogen bin, war es auch sehr schön, wieder in Deutschland zu sein, mein Freund holte mich ab und ich erzählte ihm meine Erlebnisse. .

Doch egal wie wohl ich mich hier fühle, es ist wie eine Art Land, in dem ich existiere, aber leider nicht lebe, und das ist für mich persönlich sehr traurig ... weil wie gesagt, ich bin nie in Deutschland angekommen. Um es mit einem Gegenbeispiel zu verdeutlichen ... ich kannte einen Deutschen, der in Saudi-Arabien aufgewachsen ist, dessen Vater glaube ich dort ein Ingenieur war und wir nannten ihn Saudi, also der Saudi hing immer mit uns Ausländern ab und er war in meinen Augen ein komischer Vogel, das ist aber liebevoll gemeint ... er ging langsam und sprach langsam und sehr bedacht, manchmal könnte man denken, dass da ein weißer Araber vor einem stand ...oder ich kannte einen deutschen Großwildjäger aus Namibia, er war Deutscher, aber eben aus Namibia und seine Heimat war komischerweise Namibia, also es ist ein großes Problem für Menschen, die in der Fremde aufwachsen, eine Heimat zu definieren, egal welcher Nationalität ... ich persönlich denke, das Schlimmste, was einem Menschen passieren kann, ist, wenn ihm Sicherheit und

Geborgenheit fehlen, das kam aber bei mir erst nach vielen Jahren, weil vorher dachte ich, dass das Leben, so wie ich es gelebt habe, eben so ist, wie ein Einzelkämpfer eben, schauen wo man bleibt, im lebenslangen Einsatzgebiet ... doch im Grunde alle Menschen hier im Endeffekt dazu verdonnert, das Leben mit seinen Problemen zu meistern, und als ich meinen asiatischen Meister mal sagte, ich will endlich meine Ruhe, sagte der zu mir, die gibt es, wenn du im Grab bist ...

History

Ich sehe mir manchmal alte Bilder bei meinen Eltern an und das sind die Bilder unserer Familie, meiner Kindheit und Jugend und der meiner Schwestern. Und meine Eltern wollen, dass ich sie eines Tages gut bewahre, weil es die einzigen Erinnerungen an das sind, was wir Menschen sind und was wir wohl wirklich hinterlassen wollen, eben die Spuren, die man gesetzt hat in diesem Leben, damit sie nicht ganz verweht werden. Und ich sehe sie mir an, die Bilder meiner Vorfahren und meiner Eltern, als sie jung waren wie der Frühling, und was wir nicht alles erlebt haben in dieser Zeit und egal, wie schwer die Zeit war, es war unsere Zeit, unsere Geschichte und ich kann meine Tränen nicht zurückhalten, weil ich sehe da mich und mein Leben und all die Seelen, die schon vor vielen Jahren diese Erde verlassen haben. Es sind nur alte Schwarz-Weiß-Bilder mit lächelnden Menschen und deren Blicke in ein Leben voller Erwartungen, Wünsche und Träume. Und nun bin ich nach meinem Vater der letzte, der dieser Linie treu folgt und ich habe ein tiefes Gefühl einer Art Verpflichtung, das eben weiterzuführen, um einen guten und sinnvollen Lebensweg einzuschlagen, damit ich diese Linie der Menschen und der Menschheit würdevoll weiter vertreten darf, bis ich auch einmal nur ein Bild bin, das meine Nachkommen vielleicht sehen werden eines verstorbenen Menschen, der ein Leben gelebt hat und sich bemüht hat, damit auch für sie die Sonne scheinen kann auf ihrem Lebensweg. So ist das wohl mit uns Menschen und da spielt es keine Rolle, wer aus welcher Nation kommt oder wie auch immer, die Eltern haben uns alle liebevoll in den Armen als Babys gehalten und ganz stolz mit einem Lächeln davon geträumt, was wir wohl werden würden. Und so geht eben die Menschheit weiter von einer Stufe zur anderen, um irgendwann wohl etwas Großartiges zu erreichen, was uns Menschen eben vielleicht sogar zur Krone der Schöpfung des Universums macht, auch wenn wir noch voller Fehler sind, aber das ist es ja, wir müssen die Fehler korrigieren, um eines Tages zu strahlen, so wie wir es verdient haben, Hand in Hand als Menschheitsfamilie, lachend und unseren Vorfahren dankend, auf deren Fundament wir heute stehen.

Ich weiß nicht, ob ich mir das erlauben kann, aber ich sage es einfach mal so, wie ich es denke und fühle. Wir planen, den Mars zu besiedeln und da werden unendliche Summen ausgegeben und das, obwohl wir hier so viele Kinder haben, die vor Hunger sterben, da stellt sich mir die Frage, ob das nicht schon eine Art von Dekadenz oder realitätsfernen Größenwahn ist. Hat der Mensch es denn eigentlich verdient, nach den Sternen zu greifen, während er sich einen Turm auf menschlichen Knochen baut, um darauf aufzusteigen und das alles, um die Sterne zu erreichen, die doch in der Ferne so weit weg liegen, und es wohl immer noch eine höhere Macht gibt, die sich das alles anschaut, bis sie wohl eines Tages einschreitet und uns wieder zurechtweist und im Gegensatz dazu haben wir so einen schönen Planeten wie die Erde bekommen, um sie zu verwalten und uns darauf zu entwickeln. Ich bin mir bewusst, dass meine Worte bei einem Menschen auch Bilder erwecken und die einen Menschen auch in eine andere Dimension oder Wahrheit führen können, deshalb schreibe ich behutsam in der Hoffnung das wir das vielleicht wieder etwas gerade rücken können, was wir verrückt haben, um hier auf der Erde endlich mal bessere Verhältnisse zu schaffen, soziale Medien, ein Richtwert, den man ernst nehmen sollte.

Ich habe mir mal die Mühe gemacht, in den sozialen Medien etwas zu stöbern, um zu sehen, wie die Menschen miteinander umgehen, weil mir aufgefallen ist, wenn ich manchmal auf renommierten Seiten meine Meinung geäußert habe, bekam ich bitterböse Antworten und das sogar auf Kommentare von mir, die nichts mit ihrer Antwort zu tun hatte, es hat wohl für die Menschen genügt, einen ausländischen Namen zu sehen oder ein Bild, das dem Bild entspricht, das sie sich als Feind-Objekt genommen haben … ich werde mit Telegramm anfangen. Telegramm gilt als ein Medium, wo sich allerlei Verschwörungstheoretiker tummeln, was nur teilweise stimmt, es sind Menschen, die eben eine andere Meinung haben, doch wenn sie sie nicht äußern dürfen, weil sie gleich stigmatisiert werden, was sollen sie denn tun, Schweigen, ist das Meinungsfreiheit???? Also war ich in einigen Gruppen, ohne mich an ihren Diskussionen zu beteiligen und ich war schockiert, weil da konnte man von Rückführung der Ausländer hören bis hin zu genetisch minderwertigen Menschen, und das waren nicht wenige … so, nun kann man lachend abwinken, weil ja Bolz, Telegramm ist ok, wie sieht es mit Facebook aus???? Auf Facebook gibt es Seiten wie Der Spiegel, Focus, Die Welt und vieles mehr und ratet mal, was man da alles zu lesen bekommt … es ist bekannt, dass die sozialen Medien ein Schlachtfeld sind und die Menschen für einen kurzen Augenblick Dampf ablassen können, doch stellt sich da einem nicht die Frage, wenn man horrorhafte Kommentare liest und das z. B. auf sogenannten renommierten Zeitschriftenseiten, wo das Niveau manchmal unterirdisch ist, nur clever verpackt? Wenn das die sogenannte kritische Masse sein sollte, die man als Gradmesser nehmen kann, was eine Gesellschaft angeht, da wird es einem angst und bange. Darüber sollte jeder mal nachdenken, es lohnt sich. Ich würde Sie bitten, das nachzuprüfen, und in sozialen Netzwerken wie Facebook mal zu recherchieren und sich die Kommentare zu bestimmten Themen durchzulesen, da kommen dann Kommentare wie: die Flüchtlinge im Schlauchboot zurückschicken, mit herzlichen Grüßen und einer Granate … meine Mutter sagte mir mal: schau die einen Menschen immer mit einem linken und einem rechten Auge an und was sie damit meinte, war, dass hinter jedem Menschen etwas verborgen ist. Wir sollten manchmal nicht so lügen, wir Menschen, wir sagen das Eine und meinen das Andere und das ist gefährlich, und wehe, wir könnten nur für einen Tag Gedanken lesen, da würde am nächsten Tag niemand mehr dem anderen in die Augen sehen können oder manche würden sich bespringen wie die Karnickel. Doch durch die Anonymität im Netz kommen eben genau die Sachen zum Vorschein, die viele Menschen im Herzen tragen.

Und nun bekommen die Medien auch noch eine kleine Packung von mir, was sich manchmal im Gedankengut versteckt und sich dann auch in der Öffentlichkeit den Weg nach Außen bahnt. Ich möchte jetzt nicht die Medienlandschaft auseinandernehmen und analysieren, denn ich denke, einige kleine Beispiele erledigen die Sache, ohne dass man es in meinen Augen weiter kommentieren muss. Da gibt es in meinen Augen eine Sendung, wo man einen neuen Weltstar sucht und man junge Menschen aus allen Schichten anzieht, um ihnen Hoffnung zu machen, dass sie es zu etwas bringen könnten, statt ihnen zu sagen, he, mach eine gute Ausbildung, da hast du mehr davon. Doch die jungen machen sich teilweise so lächerlich und geben ihr Leben und ihre Träume in diesem Augenblick Menschen in die Hand, die sich anmaßen, über die anderen zu urteilen, tja, als seien es bessere Herrenmenschen und das ist leider der neue Zeitgeist auf der Welt, doch das ist ja nicht der Punkt, sondern … da gab es einen Mann in der Jury dieser Sendung, der so ein alter Mann mit blonden Haaren ist und so eine Art Musikproduzent, der mal eine Äußerung gebracht hat, die wirklich so unterirdisch war wie die ganze Show. Dieser nette Mann sagte nach einem misslungenem Auftritt eines jungen Italieners doch glatt, dass er sich wundert, wieso sich schlechtes genetisches Material immer weiter fortpflanzt, nun so in etwa, und das haben Millionen Menschen gesehen, was bei mir die Frage aufwirft, wie dumm sind die Menschen, die so eine Show noch am Leben erhalten und sich so beleidigen lassen? Oder ein Talkmaster, der mal vor Jahren in seiner nächtlichen Show eine lustige Aussage gemacht hat, er wisse wo deine Haus wohnen tja, das ist eben salonfähiger Rassismus und mir bleibt so etwas eben eingebrannt, weil ich es kritisch sehe. Und wenn solche Sachen in den Medien zu hören sind, tja, was soll ich dazu noch sagen?? Oder haben Sie noch Fragen dazu???

Gedicht

Der Spiegel

schaust du in den Spiegel so öffnet sich das letzte Siegel was du dort siehst ist das, was du aus deinem Inneren bist
der Spiegel zeigt dein Inneres sein nach Außen projiziert merkst du das du vergänglich bist und doch so klein.

im Spiegel erkennst du was wirklich ist es ist die Zeit die an dir frisst.

und wenn du es schaffst das was du siehst mit einem Lächeln zu ertragen wer ich zu dir sagen du bist erwacht aus der Dunkelheit der illusorischen Nacht.

Onkel-Tom-Ausländer

Was sind Onkel-Tom-Ausländer?? Das sind Ausländer, die ihre Herkunft verleugnen und ihre eigene Kultur schlecht darstellen und somit ihre eigene Identität verkauft haben für ein Stückchen Brot, sag ich mal so ... ich kann aus meinem sehr engen Umfeld Geschichten erzählen, doch das lasse ich jetzt mal, ansonsten treibt es mir die Wut in die Augen ... da gibt es die Ausländer, die es zu etwas gebracht haben und nun einen auf Deutsch machen, weil sie sich in ihrer künstlichen Welt da in Sicherheit fühlen, nun, ein Spaziergang durch eine ausländerfreie Zone würde ihnen gut tun, wenn sie gerade ein Thing stören und dann Odin zum Opfer dargebracht werden ... oder die Ausländer, die verdeckt bei der deutschen Polizei arbeiten und Übersetzer sind, wenn man die Telefonate der Ausländern abhört ... oder die Ausländer in gemischten Ehen, die sich aufgeben, um sich der Familie des Ehepartners als würdig zu erweisen und dann ihre eigenen Leute mit beleidigen, um gut dazustehen. Oder die Ausländer, die denken, Freiheit bedeutet Feiern, Sex, Drogenkonsum, sich tätowieren zu lassen und einen auf frei machen, ja, das geht, solange die Kohle reicht, danach geht's wieder Dreckjobs zu machen, weil sie vergessen haben, dass Familie und eine gute Ausbildung keine ich bin ein junger wilder Individualist ersetzen ... und die schlimmsten Ausländer sind die, die vor ihren Landsleuten so machen, als seien sie jemand besonderes und immer noch in ihren Sippen leben, aber einen Deutschen imitieren, um zu zeigen, was für ein kultivierter Ali aus Bengali man geworden ist ... das Problem ist: wenn einige von den onkel tom Männschen dann merken, dass sie wie eine heiße Kartoffel gefallen lassen worden sind und ihre Jahre verstrichen sind, sie sich erinnern, dass sie doch, ich sag's mal so, Inder sind und anfangen, zu Vishnu zu beten und nochmal einen Anschluss zu bekommen zu ihren Leuten, ansonsten haben sie total verloren, weil am Schluss Blut doch dicker ist als Wasser ... so einige Erfahrungen, die ich zum Besten geben darf, da sausen eine deutsche und eine ausländische Dame am Fenster eines Kaffees, da lief ein sehr gut aussehender Türke vorbei und die deutsche sagte, wow, sieht der gut aus und ratet mal, was die Ausländerin sagte ... ist doch nur ein Olum ... oder als eine Hilfskraft bei meiner Steuerberaterin einen Fehler gemacht hat, musste ich es gerade biegen beim Arbeitsamt, das kostete mich einige Monate meines Gelds. Da musste ich bei einem antreten, der meinen Antrag prüfen sollte und als ich in das Zimmer kam, war da ein junger Türke, der mich wie ein SSOffizier musterte und alles, was ich sagte, in Frage stelle, das war das Ende für meinen Antrag und er war eben gut geschult, doch am Schluss merkte ich, dass er genau wusste, dass ich recht hatte und er sich bestimmt den Kopf zerbrochen hatte, weil in seiner Situation hat er wohl nicht erwartet, dass er gegen einen Ausländer angehen musste, wo er auch noch wusste, dass ich salomonisch gesehen recht hatte, aber na ja, Papier ist geduldig und Gesetze sind eben nicht immer menschlich ... aber der Knaller war ein Kebab-Besitzer, der mich aus der Reihe zurückschicken wollte, damit er den Deutschen vor mir drannehmen konnte, na ja, der sah mich nie wieder oder wie wäre es mit dem hier ... als ich meinen Freund besucht habe, saß da ein Mann vor einem Kebabladen, der echt was hermachte und als ich einige Meter von ihm eine Zigarette anzündete, erklärte er in ganz höflicher, fast schon übertriebener sogenannter kultivierter Form, dass es ihn störe. Ich lachte nur, weil es war draußen, im Sommer, und ich war so weit entfernt, dass er es hätte riechen können, das nenne ich mal Ausländerkomplex pur ... leider muss ich auch die Ausländer erwähnen, die Deutschland super finden, aber komischerweise nichts mit Deutschland zu tun haben, sie leben in ihrer eigenen Welt und geben sich nur mit ihren Landsleuten ab, sehen sogar nur ausländisches Fernsehen und kaufen nur in ausländischen Geschäften. Das sind in meinen Augen Menschen, die nicht gut sind für ein Land, weil es genau diese Parallelgesellschaft gründet, die mit Sicherheit Probleme bringen wird, wenn verschiedene Kulturen sich an den Punkten kreuzen, wo es um die sogenannte Butter auf dem Brot geht, es wird dann immer ein Kampf sein und mit

Sicherheit gewinnen ihn öfters die Einheimischen als die, die aus einer anderen Welt kommen und auf einmal Ansprüche stellen, die sie nicht mal richtig artikulieren können …

Rassismus

Leider habe ich im Laufe meines Lebens sehr viel Rassismus gesehen, erlebt und auch in mir ab und zu mal aufflackern gesehen. Ich könnte fast der Meinung sein, dass Rassismus angeboren sei, wenn ich das so beobachte, doch das wäre nur eine höchstoberflächliche Anschauung und das ist in meinen Augen eine katastrophale Sichtweise, ohne ernsthaft tiefer darüber nachzudenken. Ein kleines Beispiel: was mir in meiner Sportschule geschehen ist, war, dass ich eine kleine nette Schülerin hatte, ich nenne sie mal Petra, sie war lieb und hatte mich auch sehr gerne. Nun, ich war ja auch ihr Meister und der Meister ist eben eine große Autoritätsperson für ein fünfjährigen Kindes, das sich wohl und gut aufgenommen fühlte in der Schule ... Einige Jahre später, als sie die Prüfung zum roten Gurt machte, kam sie auch auf mich zu, sie war wohl etwa 7 oder 8 Jahre und sagte mir, dass der neue Prüfer ein Türke sei, mit einer etwas abwertenden Stimme ... ich sah sie an und sagte, ja und spielt das eine Rolle und ich sei ja auch Ausländer, das war für sie, hoffe ich, ein kleiner Anstoß, selber nachzudenken ... ich dachte mir im Nachhinein, dass es nur von ihren Eltern gekommen sei, weil was hat so ein kleines Kind schon viel erlebt im Leben ... mir ist es schon aufgefallen, dass es vielen Menschen, wenn sie bestimmte Menschen sehen, die ihrem Weltbild nicht entsprechen, wortwörtlich den Magen umdreht ... ich denke, Rassismus ist nicht angeboren, da werde ich später etwas mehr darauf eingehen, es ist eine Art, sich abzusondern, entweder sich zu schützen oder sich für etwas Besseres zu halten. Ich hatte bestimmt im Laufe der 33 Jahre, die ich auch unendlich viele Kinder trainiert habe, viele Kinder aus allen Nationen gesehen und glaubt mir, ich habe nur Kinder gesehen, egal wie sie aussahen, es waren eben nur kleine Seelen, in Hüllen verpackt ... selbst wenn ich deutsche Kinder hatte, die anfangs etwas zurückhaltend waren, nach spätestens einer Woche war Halligalli im Training und man merkte keine Unterschiede.

Nun, ich bin eben so ein ganz besonderes Früchtchen und ich denke, wir Menschen sind alle gleich, ich behaupte, dass wir einzigartige Wesen sind, die von einer höheren Macht perfekt kreiert worden sind und es echt traurig ist, was wir Menschen daraus gemacht haben ... ich wollte nicht auf politische, ethnische oder ideologische Ursachen eingehen, weil ein vierjähriges Kind frei ist von all den Giften, mit denen es im Laufe des Lebens geimpft wird und das war mein Ansatz, den Rest überlasse ich den Menschen, die daraus ein eigenes Buch machen könnten ... dies muss ich aber noch zur Sprache bringen, dass wir Menschen alle irgendwo Rassisten sind, aber nicht von Natur aus, sondern eher gezwungenermaßen, weil es entweder von Generation zu Generation weitergetragen wird oder es für manche wichtig ist, so ein Bild aufrecht zu erhalten, da es ihren Zwecken nutzt. Da ich selber bestimmt seit zwei Jahrzehnten kein TV mehr sehe, bin ich immer wieder erstaunt, wie man in Hollywoodfilmen das Bild des bösen Muselmannes aufrechterhält. Ein Beispiel ist der Film Herr der Ringe, wo da die Bosen auf riesigen Elefanten angriffen und die Soldaten auf den Elefanten, wie sollte es auch anders sein, tragen alle arabische Kleidung mit Turban und so, was soll das eigentlich und erst recht in einem Fantasyfilm, doch der Zuschauer sieht das und wird unbewusst programmiert. Und dann gibt es da noch die kranken Menschen, die sich für eine Herrenrasse halten, entweder stützen sie sich auf sogenannte Rassentheorien oder an den Glauben und das ist das allerletzte, denn uns unterscheidet nur eine kleine Veränderung in der genetischen Sequenz und das wars. Nebenbei sind wir dem Schwein oder Schimpansen genetisch auch noch sehr nahe. Rassismus ist eine sehr dumme Sichtweise und mal ehrlich, hübsche Frauen gibt es überall.

Ein kleiner Blickwinkel, wieso Rassismus sehr dumm ist

Man darf nicht vergessen, dass die heutige Welt, so wie wir sie kennen, auf dem Fundament des Balkans aufgebaut ist und das von dort Zivilisation und Kultur in die Welt getragen worden sind. Ja es sind die sogenannten Zitronenbaum-Schüttler, knacken oder wie auch immer, die diese Welt zivilisiert haben durch Kriege und politische Interessen wurde das Gleichgewicht verschoben und man sollte wissen, verschoben ist nicht aufgehoben. Nun, das ist meine Sichtweise und es ist mir egal, was die anderen sagen, denken oder schreiben, es ist meine Sichtweise. Die Antike, die aus dem Balkan entspringt, beinhaltet in meinen Augen die Neugriechen, Albaner, Bosnier, Italiener und andere Strömungen, die ich unter Pelasger zusammenfasse. Und die Pelasger haben nun mal die Welt mit zivilisiert. doch wurden sie durch Religion und Sprache geteilt und das von den Westmächten. Man solle nicht vergessen, dass das römischen Reich, das von den Nachfahren eneas gegründet worden ist, und er aus Dardanien kam. Auch das osmanische Reich teilte sie nicht, es hat sie einverleibt, doch der Westen hat es geteilt und neue Staaten gegründet, die falsch zusammengefasst worden sind, teile und herrsche, und das ist der Hintergrund der heutigen Probleme auf dem Balkan. Und der Westen wird sich schon was dabei gedacht haben, doch da steige ich jetzt nicht darauf ein. Es war ein kleiner Ausflug in meine Sichtweise der Geschichte und dass die antike Geschichte in meinen Augen ein künstliches Konstrukt ist, das nichts mit der wahren Geschichte zu tun hat. Was ich sagen will: die heutigen Gastarbeiter, die waren früher von Großreichen und heute ist es eben der Westen und nun kommen die Asiaten und sie kommen sehr hart und unerbittlich und wer weiß, vielleicht reden wir in 100 Jahren statt Englisch Chinesisch, um miteinander zu kommunizieren, weil unsere Zeitrechnung ist so irrwitzig, es handelt sich um einige hundert Jahre, wo der Westen dominiert, wenn man sich die Menschheitsgeschichte dagegen anschaut oder die Geschichte der Erde, wird man merken, dass wir so nie auf einen grünen Zweig kommen werden. Außer wir schütteln die Ketten unserer alten Identität ab und fangen endlich an, uns gemeinsam zu entwickeln für das Allgemeinwohl und das bedeutet Ehrlichkeit und harte Arbeit. Kurz noch, was Kultur und Geschichte angeht, ich bin mir bewusst, dass die asiatischen, arabischen, türkischen und andere Völker das Weltbild auch geprägt haben, doch ich konnte nicht auf alle explizit eingehen.

Zwangsehen und arrangierte Ehen

Zwangsehen und arrangierte Ehen sind kein Phänomen des Ostens, das hat es schon immer gegeben überall auf der Welt. Meine persönliche Meinung zu Zwangsehen ist, dass das das Allerletzte ist, was man einem Menschen antun kann … nun, oft ist es so, dass man, wenn man bestimmte Worte hört, auch sofort die passenden Bilder dazu sehen kann. Ein Beispiel: Bombenanschlag auf das Murrah Federal Building in Oklahoma City, da habe ich damals in einer Firma gearbeitet und ich weiß es, als wäre es gestern gewesen, dass sich gleich alle deutschen Mitarbeiter auf die Ausländer gestürzt haben, weil sie davon ausgegangen waren, dass es wieder mal ein von Moslems verübter Anschlag war, doch am Schluss stellte sich heraus, dass es US-Bürger waren … nun, ich denke, wenn man an Zwangsehen denkt, sieht man ein neunjähriges arabisches Mädchen mit einem älteren Herren, doch könnt ihr euch vorstellen, dass in der Firma, wo ich arbeitete, ein höchst missgestalteter Mann arbeitete, der aussah wie ein Gnom und wieso, weil er der Sohn war einer Bauernfamilie, die ihren Besitz behalten wollte und der Bruder mit der Schwester verheiratet wurde und das waren Schwaben … ich denke da darf jetzt mal jeder sein Weltbild noch mal korrigieren. Und arrangierte Ehen gab es schon immer unter Königshäusern oder den, ich sag es mal so, Ständen damit meine ich Zebu Bauern, Handwerkern oder Adelsfamilien, doch leider sind wir nicht ehrlich genug und kehren vor unseren eigenen Türen und nur beiläufig, wenn einer eine Bekannte an seinen Kumpel verkuppelt, ist das nicht auch eine Art Arrangement???? Mir geht es nur darum, die Dunkelheit zu belichten und das geht eben nur mit einer Kerze, damit nicht immer diejenigen die Sündenböcke sind, die man gerade braucht, um von seinen eigenen Unzulänglichkeiten abzulenken. Ich will die neue Art zu leben nicht kritisieren, aber wenn das alte System über Jahrtausende funktioniert hat, kann es gar nicht so schlecht gewesen sein und nicht alles, was neu ist, muss auch immer gut sein, weil heute ist der Mensch in meinen Augen eine Ware, sie konsumieren sich selbst schon in einem sehr jungen Alter, da kommt mir die Frage, was soll da noch kommen im Laufe der Jahre und kann man da noch wirkliche Liebe entwickeln, wenn man auf etwas Besseres und Perfektes hofft und sich solange ausprobiert hat, bis man selber ausprobiert ist … und früher gab es in den meisten Kulturen die traditionelle Familie, wo es eine natürliche Ordnung gab und wo es eine Ehre war, alt zu werden. Heute sieht die Sache eben leider anders aus und in meinen Augen ist das so, wenn die Familie zerstört wird, bleiben lauter Einzelindividuen übrig, die sich selbst überlassen sind und nur noch die Hilfe des Staats beanspruchen können, und das ist leider der erste große Schritt zur Armut in meinen Augen … und ich persönlich denke, dass Kinder eine Vater- und Mutter-Rolle in der Kindheit erleben sollten, weil das formt sie für ihr späteres Leben, doch leider sind viele Kinder heute Scheidungskinder oder leben in sogenannten Patchwork-Familien, wo die Kinder, würde ich behaupten, nicht die Erziehung bekommen wie von den ursprünglichen Eltern, doch das Thema würde jetzt zu weit gehen … und nebenbei, Vater-Mutter-Rolle will ich hier nicht definieren, weil sonst könnte es heißen, ah Tschusch, Ausländer, Frau am Kochtopf und Mann auf der Baustelle, nein das ist jeder Familie selbst überlassen, wer die Hosen an hat … als letztes will ich noch ein Beispiel aufzeigen, was es bedeutet mit dem Finger auf andere zu zeigen, wenn drei auf einen zurückführen. Bei meinen Eltern im Wohnblock lebte eine Deutsche, die leider an Krebs verstorben ist. Sie war mit einem schwarzen Afrikaner verheiratet und er kam mal zu meiner Mutter und heulte, als seine Frau verstarb und erzählte ihr, wie seine Frau und er von deren Verwandten gequält worden sind mit Telefonaten oder Briefen, wo es hieß, sie sei eine Nestbeschmutzerin und wie könne sie nur ihre Familie mit einem Schwarzen verraten oder dass man sie hätte ins Moor werfen sollen.

Ressourcenverteilung

Was ich hier schreibe, ist mit allen anderen Punkten kompatibel, es ist nur ein Auseinandernehmen des Puzzles, wo man sich mal die Puzzleteile einzeln betrachten sollte, um beim Wiederzusammensetzen des Puzzles das gesamte Bild nicht nur nett zu finden, sondern es auch zu verstehen.

Die Menschen haben schon immer um die Ressourcen in der Menschheitsgeschichte gekämpft, weil das das Überblenden gesichert hat. Nun, wie sieht es hier in Deutschland aus???? Alles, was ich hier schreibe, sollte nüchtern und logisch nachvollziehbar sein, ansonsten bringt alles Geschriebene hier nichts. Und mir soll bitte niemand erzählen, dass das Verteilen der Ressourcen fair abgeht, ich werde hier das Gegenteil beweisen. Ich beziehe unter die Ausländer auch viele Deutsche, im Grunde betrifft es alle, doch leider den Ausländer immer eine Spur härter, weil er das ungeliebte Stiefkind ist. So, nun, wenn ein Ausländer nach Deutschland kommt, und ich rede nicht von denen, die vor über 60 Jahren kamen, sondern den heutigen, was hat er da im Gepäck, nichts, nur eine Arbeitskraft, er hat kein Erbe, das er hier antreten könnte, keine Familie, die ihm gleich zur Seite steht in schweren Zeiten, keine Informationen, wie er hier zu etwas kommen kann, falls er der Sprache überhaupt mächtig ist. Kurz gesagt, er hat nichts. Und mit Sicherheit bekommt er auch keinen an die Seite gestellt, der ihm sagt, du musst zu den und den Ämtern gehen, das wird dann in den meisten Fällen von den Landsleuten übernommen du hast die und die Rechte, aber seine Pflichten bekommt er schnell aufs Auge gedrückt ... er bekommt bestimmt auch keine Maisonetten-Wohnung in einer Lage, wo morgens die Sonne über der wundervollen Natur aufgeht, wo die Wohnung ist, weil ich denke, er wird froh sein, wenn er irgendwo unterkommt, um nicht zu frieren, damit er was im Magen hat ... so, was werden wohl die ersten logischen

Schritte sein, die so ein Mensch gehen wird???? Erstens wird er versuchen, Verwandte zu finden, falls die nicht da sind, wird er seinesgleichen suchen und sich dort niederlassen, weil er dort eine Sicherheit hat und an die nötigsten Informationen rankommt. Um so schnell wie möglich eine Unterkunft zu finden, damit er auch einen Job bekommt und dann anfangen kann, sich in dieser Welt, wie man sagt, zu integrieren, hm, ist das das Leben, das man Leben nennt???? Besteht Leben nicht aus einer Art Selbstverwirklichung und teilhaben an einem sozialen Leben, wo kulturelle Veranstaltungen geboten werden und ich rede nicht nur über ausländische Hochzeiten …

Und nun zu den Einheimischen, ich benutze das Wort Deutsche nicht, denn alle Menschen sind gleich und jede Gemeinschaft handelt gleich. Die Einheimischen wachsen hier in Familienstrukturen auf wie Zebu Onkels, Tanten, Opa, Oma … und dann im Umfeld ihrer Straße und ihres Orts, wo sie geborgen sind und es für sie kein Kampf ist, um an die einfachsten Dinge zu kommen … in ihrem Lebensgepäck haben sie die richtigen Werkzeuge, um in diesem Land voranzukommen eben über Familie, Umfeld und Schule … sie sind ein Teil eins feststehenden Gebildes, im Gegensatz zu den anderen, die nur Granatsplitter sind, die in der Gegend verstreut sind.

Die Ausländer oder sozial Benachteiligten müssen an Informationen kommen und sie haben oft auch keinen Opa, der ihnen einen Fünfziger zusteckt, geschweige denn etwas Größeres, sie sind sich größtenteils selbst überlassen und ihre einzige Gnade sind die Ämter, die nicht menschlich denken, sondern nach Gesetzen funktionieren. So, nun wie ist die Ressourcenverteilung?? Ist sie fair oder soll ich noch mehr ins Detail??? Okay, stellen Sie sich mal vor, wie ein Benachteiligter, der im Gepäck nichts hat, hier von einem Eigenheim träumen kann, mit dreimal im Jahr Urlaub oder sonstiges, die Wahrheit sieht so aus, er muss oft zwei Arbeitsstellen annehmen, die nicht berauschend bezahlt werden, um seine Miete und andere Fixkosten zu begleichen, nebenher muss er Nahrung, Bekleidung kaufen, Körperpflege und das im niedrigsten Niveau und wie sieht es mit einem Auto aus, das man erhalten muss, tja, und wenn ihm dann am Ende des Monates 200 Euro übrigbleiben, dann kann er sich glücklich schätzen, doch darf man nicht vergessen, mit seiner Arbeit und den Steuern ist er ein sehr wichtiger Faktor für den Staat und nebenbei, das Geld, das er hier verdient, gibt er hier auch wieder aus, so erhält er die Wirtschaft am Laufen und auf alles, war er kauft, ist wieder eine Steuer drauf … diese Leute sind fleißige und produktive Verlierer der Gesellschaft … ein kleines Beispiel aus meinem Leben: meine ExFreundin war ein Einzelkind, sie bekam etwas vom Erbe ihres verstorbenen Opas und ihre Eltern hatten ein kleines wunderschönes Reihenhaus, was sie mit Sicherheit auch vererbt bekommt und sie war arbeitstätig, tja, im Gegensatz zu mir, der,na ja egal, aber das ist der springende Punkt, alles bleibt am Ende in der Familie oder im Staat und der, der keine Familie hat und nicht zum Staat gehört, sondern nur mitschwimmt, der ertrinkt eben öfters …

Der Krieg

Also es gibt ein einfaches Prinzip aus dem Taoismus, das Yin und Yang, ich will nicht zu sehr darauf einsteigen, doch nur kurz im Groben klar machen, worum es geht. Das männliche Yang Prinzip ist heiß und expandierend und das weibliche Yin ist kühl und bewahrend. Was ich damit sagen will: wir können in unserer heutigen Zeit nicht so tun, als ob alles cool ist und jemand als aggressiv abstempeln, weil jeder ist liebevoll und aggressiv zugleich, es sind zwei Zustände, die naturgemäß in uns herrschen. Ich finde es verlogen, wenn man heute einen auf gebildet und möchtegern-zivilisiert macht und alles ausdiskutieren will als Fassade und danach in seinen Gedanken dem Gegenüber einen Dolch in den Schädel rammt. Okay, nun zum Krieg, Krieg ist leider die schlechteste Lösung, aber Gewalt ist in meinen Augen das, worauf unsere Welt mitaufgebaut ist, es ist ein Grundpfeiler, der nur so niedlich verschönert wird, indem man bei einem Drohnenangriff chirurgischer Eingriff sagt, töten ist töten, und jeder von uns, auch der Leser, ist ein Killer und die Sünde beginnt schon beim Gedanken. Wir sind eine von Grund auf aggressive Gesellschaft, wir führen Kriege um Ressourcen, um Weltanschauungen, Religionen und, und, in uns ist eben das Alpha-Gen und jeder will der Beste sein, selbst der Schwächste, der von allen gehänselt wird, gib ihm Macht und du wirst sehen, wie Köpfe auf einmal rollen oder der Kampf um eine Beförderung, bessere Arbeitsstelle oder, so simpel es sich auch anhört, der ewige Kampf um das andere Geschlecht. Und dass jeder ein Killer ist, das werde ich anhand eines Beispiels von mir persönlich aufzeigen. Als ich direkt nach dem Bosnienkrieg in Bosnien zu Besuch war, was ich oben schon erwähnt habe, war das für mich ein Kulturschock. Und am Ende, als wir wieder nach Deutschland fuhren, wurden wir an der Grenze zu Kroatien aufgehalten, weil wir mit einer Fähre übersetzen mussten und sie uns über 10 Stunden warten lassen haben für etwa 300 Meter. Sie ließen immer fünf bis sechs einheimische Autos auf die Fähre und dann ein bosnisch-moslemisches Auto und es war Winter, bitterkalt, Minusgrade. Ich war eben in deutscher leichter Kleidung angekommen und mein Onkel, der hatte sich dick und warm angezogen, weil er wusste, wie hart die Winter werden konnten. So saßen wir in einem alten Golf ohne Innenverkleidung, alles Metall und mein Onkel ließ den Motor nicht laufen, weil er beim Feind kein Benzin kaufen wollte, und er wollte mich sozusagen herausfordern, was ich erst später merkte. So begann ich nach einigen Stunden zu unterkühlen und ich spürte meine Zehen nicht mehr, sodass ich sie mit meinem Feuerzeug anfing zu heizen und ich spürte sie immer noch nicht und ich dachte, Mist, nicht dass die mir jetzt absterben … das machte mich langsam aber sicher immer aggressiver und die Leute, die an unseren Autos vorbeiliefen, lachten, und mir kam es so vor, als ob sie über uns lachen, so vermischte sich wieder Realität mit meiner Wahrnehmung … mein Onkel war knallhart, er wollte mich leiden lassen, weil es mich eben daran erinnern sollte, was es bedeutet, zu leiden und wer der Feind ist … das klingt hart, aber es war kurz nach dem Krieg und die Bosnier litten eben wie die Schweine, die Wunden waren sozusagen frisch und irgendwann bekam ich einen Knacks, sodass ich aus dem Wagen ausgestiegen bin und in eine Kneipe gehen wollte, um mich aufzuwärmen. So ging ich zur nächsten Kneipe und wollte da rein und dachte mir, nur aufwärmen, mehr nicht, doch als ich die Türe öffnete, habe ich mich erschrocken. Ich öffnete die Türe und sah eine volle Kneipe mit jungen Menschen, die teilweise Glatzen hatten und es waren richtige Viecher im Gegensatz zu meinen 1,74 m, doch keiner drehte sich um, so als hatte ich ein Schutzschild und als sei ich unsichtbar. Langsam bewegte ich mich im Rückwärtsgang nach draußen, sodass ich nicht auffalle … als ich draußen war, drehte ich durch und wünschte mir eine Waffe, um alles wegzuschießen, egal ob ich dabei draufgehe, Hauptsache, ich nehme so viele wie möglich mit, ja, das klingt brutal, aber nur, wer das erlebt hat, was ich erlebt habe, kann es nachvollziehen. … worauf ich hinaus will ist, ich kam aus Deutschland, wo es Warmwasser gibt und eine funktionierende Heizung und dann ein Trip in die Hölle, da wird einem schnell klar, dass es keine Sicherheit gibt, außer eine höhere Macht schützt einen und jeder, wirklich jeder, der unter so einem psychischen Stress steht, der wird zum Killer, da kann mir keiner was vormachen. Später sagte mein Onkel ganz trocken, nun weißt du, was Sache ist. Kriege sind in der Welt, wie wir sie geschaffen haben, seitdem der Mensch existiert, ein natürliches Mittel, um sich zu behaupten, und wer da lieb und nett ist, ist wirklich everybodys Depp. Und als meine Ärztin zu mir sagte, ich sei aggressiv, da schaute ich sie nur an und dachte mir meinen Teil, weil Aggression kommt nicht von ungefähr und hat immer eine berechtigte Ausgangslage und sie ist wenigstens ehrlich, im Gegensatz zu einer aggressiven Welt, wo man sie mit rosafake Farbe bemalt und ein Manager eine Riesenabfindung bekommt, während sein Unternehmen Gewinne erwirtschaftet, aber dabei Menschen in die Arbeitslosigkeit entlässt und ob die Menschen oder deren Familien kaputt gehen und Schlimmeres, das interessiert nicht und das nenne ich mal verdeckte Aggression den Menschen gegenüber, aber dem Kleinen gleich einen auf den Deckel geben, wenn er es mal wagen sollte, seine Stimmung öffentlich zu zeigen, die nicht in, das ich sage es mal so, Parteibild passt. Und wenn die Menschen heute lächeln, da habe ich das Gefühl, sie lächeln, weil sie es müssen, ansonsten, wer weiß was los wäre, wenn sie mal ehrlich wären und ihren Missmut äußern würden, aber egal, morgens Kaffee, Zigarette, mittags Currywurst und abends ein Bier, willkommen in der Welt von Hartz.

WHO

Von besonderer Bedeutung für die Gesundheitsförderung und zugleich die bekannteste wertorientierte Umschreibung ist die Umschreibung in der Präambel der Verfassung der Weltgesundheitsorganisation WHO von 1948: „Gesundheit ist der Zustand des vollständigen körperlichen, geistigen und sozialen Wohlbefindens."

Nun wenn sich jemand fragen sollte, was das hier mit dem Thema zu tun hat, meine Antwort darauf:

Es sind drei Faktoren: körperlich, geistig und sozial, meiner Meinung nach müsste die seelische Komponente dazugerechnet werden, doch da beginnt ein anderes Problem, weil wir die spirituelle Welt sozusagen verbannt haben aus unseren heutigen westlichen Staaten … aber wie kann man von Menschen erwarten, dass sie geistig gesund sind, wenn sie nicht sozial angekommen sind, da wo ihr Körper sich befindet???? Wie kann man von Menschen, ich sage mit Absicht Menschen, erwarten, dass sie gesund sind, die in riesigen Blöcken eingepfercht vegetieren und die nur 20 cm Ziegel trennen und die ihr ganzes Leben meistens in einem Viertel verbringen, deren Nahrung, würde ich behaupten, nicht die Nahrung ist, die uns Gott gegeben hat, höchstwahrscheinlich tanken sie kaffe Alkohol, sind starke Raucher und nebenbei konsumieren einige auch Drogen … die körperlich hart arbeiten und vieles mehr. Wie können diese Menschen denn gesund sein, ich bitte euch, und wie hoch ist ihre Lebenserwartung???? Dies widme ich den verlorenen Seelen, die hier auf erbärmlichste Art und Weise ihr Leben gelassen haben, man hat euch vielleicht vergessen, aber nicht ich, Ehre sei euch gegeben, weil ihr sie verdient habt … einige kleine traurige Beispiele von jungen Seelen und keiner soll mir so plump kommen und sagen, sie seien selber schuld, weil das ist immer einfach gesagt von unbewussten Menschen, die mit dem goldenen Löffel im Mund geboren worden sind und in meinen Augen das Letzte und Menschenverachtendste, was man im Menschen finden kann, wenn man sich so äußert.

Ein junger Türke, der hier ganz alleine war und dessen Familienverhältnisse nicht gut waren, hat sich und seiner Katze aus Verzweiflung die Kehle durchgeschnitten.

Ein junger Türke hat sich von einem Münster gestürzt.

Ein junger Bosnier wurde mit Verletzungen an der Halsschlagader tot aufgefunden. Eine junge Spanierin hat sich im Auto selbst vergast.
Eine Ungarin hat sich selbst erhängt.

Ein junger Türke ist an seinem Geburtstag wie ein Sack Müll an einem Krankenhaus abgelegt worden, er ist an einer Überdosis verstorben.

Ein junger Grieche ist an Drogen gestorben, die Ärzte sagten er hätte es schaffen können, das Problem war, er wollte nicht mehr.

Und das sind nur einige Beispiele, die ich selbst erlebt habe, und wie kann es soweit kommen, dass Menschen so etwas tun????

Und jeder sollte wissen, dass unsere Lebensbatterie nur eine bestimmte Energie aufbringen kann und durch harte körperliche Arbeit und womöglich unter schlechten äußeren Witterungen die Batterie sehr schnell aufgebraucht ist, und das kann man nicht in Jahren messen, bis man zur Rente darf, sondern in Leistung … ich will es nur mal kurz verdeutlichen: wenn ihr einen Euro habt und jeden Tag 10 Cent ausgebt, tja, dann sind nach zehn Tagen eure Tage gezählt und wenn ihr nur einen Cent am Tag ausgibt, lebt ihr rein theoretisch zehnmal länger … das ist kein Geheimnis, das ist bekannt, doch die große Frage ist immer, für wen werden solche Informationen denn preisgegeben?????

Gedicht

Sind wir nicht alles gebrannte Kinder in der weltlichen Kälte, durchströmt vom eisigen Wind. Alle sind wir auf der Suche nach der wärmenden Sonne des Lebens, doch suchen wir sie im Äußeren vergebens. Gott hat es versteckt in unseren Herzen, damit wir sie finden durch Leid und Schmerzen.

Die Art zu leben

Der Mensch ist ein Gewohnheitstier und er fühlt sich geborgen in seiner Heimat, wo er weiß, dass alles so läuft, wie er es eben seit Kindheit kennt, was eine natürliche Sache ist, und der Deutsche muss da so einiges ertragen, mal ganz ehrlich, bis jetzt macht der Deutsche eine ordentliche Arbeit, doch wird er eben von der Politik in meinen Augen im Stich gelassen, weil durch die starke Zuwanderung in den letzten Jahren seine natürliche Ordnung immer mehr ins Schwanken kommt und ihn aus seiner natürlichen Ordnung herausreißt und er sich selbst überlassen ist, eine Lösung zu finden, und das geht nun mal nicht. Mir ist aufgefallen, dass viele Deutsche immer mehr und mehr im Hintergrund anfangen zu murren wie ein mürrischer Bär und wer will es ihnen verdenken. So, nun kann ja einer von den ausländischen Mitbürgern denken: was schreibt der denn da … doch die Sache ist, dass die Ausländer das auch erkennen müssen und da auch einen kleinen Schritt entgegengehen müssen, weil die meisten sind keine Gäste mehr, sondern ein Teil der zukünftigen Gesellschaft, die unveränderbar sein wird in meinen Augen … und so wie jeder seine Art zu leben hat, zieht das natürlich auch die Art des Denkens unweigerlich mit und da beginnt meiner Meinung nach ein ernstes Problem, das in der Zukunft zu wirklich ernsten Ausschreitungen führen könnte, mit Sicherheit nicht auf dem Lande, aber in den Ballungszentren, man muss nur einmal logisch nachdenken und die Entwicklung beobachten … ein Beispiel ist Frankreich, wo es schon öfters zu Ausschreitungen gekommen ist unter den jugendlichen Einwanderern in den Elendsvierteln von Paris oder die letztens sich entladenden Energien in Stuttgart, wo Jugendliche auf einmal im Kollektiv anfingen, die Innenstadt zu demolieren und man darf nicht vergessen, Stuttgart ist noch eine stabile Stadt, wo es den Jugendlichen im Vergleich zu Berlin oder im Ruhrpott echt besser geht. Im Nachhinein soll bitte keiner sagen, wir haben es nicht gewusst, weil ich es hier jetzt niedergeschrieben habe und es schwarz auf weiß zu lesen ist.

Jeder hat seine Art zu leben, und das ist gut so. Ich denke, der Kreator wird sich schon was dabei gedacht haben, dass er die verschiedenen Menschen so erschaffen hat, wie sie sind, und man muss immer nach Lösungswegen suchen und nicht wegsehen oder im schlimmsten Falle den kleinen Schwachen noch bei jedem Fehltritt in den Medien ausschlachten.

Nun etwas von mir ganz Persönliches, was die Art des Lebens angeht. Heute werden nationale, kulturelle und religiöse Traditionen gepflegt wie eine Art leere Rituale und man beruft sich darauf, um sich einer Gruppe von Menschen zugehörig zu fühlen. Nun, irgendwie muss sich ja ein Mensch definieren, doch in meinen Augen sieht die Wirklichkeit schon lange ganz anders aus. Für mich ist der heutige Mensch ein absolut abhängiges Produkt des jeweiligen Systems und wenn man es genauer betrachtet der Globalisierung. Mir ist aufgefallen, dass zum Beispiel die Jugend von heute, egal wo man hingeht, dieselbe Musik hört, dieselben Spiele spielt und dieselbe Modekleidung trägt in leichten Unterschieden der Richtungen, doch alles ist vom Markt vorgegeben. Die Medien, hauptsächlich das Fernsehen, geben den Menschen die Marschrichtung vor, wie der heutige Mensch zu sein hat und was die sogenannten Werte sein sollen, die ein Leben lebenswert machen und die Macht der Medien ist einfach zu groß, um ihr zu entkommen … und es schleichen sich immer mehr neue Worte in die alten Sprachen ein, sodass sie langsam ummoderiert werden zu einer funktionalen Sprache, die die Menschen beginnen zu sprechen, und durch die Sprache werden ja auch die Gedanken geformt und genormt … nun stellt sich mir die Frage: wie frei ist denn der Mensch heute noch und wird er in 20 Jahren zumindest in Europa noch eine eigene Art zu leben haben und werden dann die traditionellen Lebensweisen nicht langsam, aber sicher verschwinden???? Das ist meine Meinung und eben das, was ich beobachten konnte im Laufe meiner Jahre und wie sich zum Beispiel in den Jahrzehnten die Kinder total verändert haben, die ich in meiner sportlichen Tätigkeit als Trainer erfahren durfte ... ich benutze ungern Gedanken anderer, um sie wörtlich so wiederzugeben, als sei ich ein sehr schlauer Mann, ich versuche lieber auf meine Art, nicht die Menschen von meinen Gedanken zu überzeugen, sondern ihnen einen Anstoß zu geben, die Welt vielleicht mal auch aus der Sicht von einem ganz gewöhnlichen Menschen zu sehen. Und wie sagte einmal der Philosoph Jean-Paul Sartre, der müsse sich in dieser Zeit selber neu definieren, wo ich ihm gerne entgegnet hätte, der Mensch, der es heute schafft, selbst sich neu zu erfinden, ist ein freier Mensch, der selber sich die Mühe macht, zu denken und die Verantwortung für sich übernimmt. Und falls ihr denkt, ihr seid Individuen und etwas ganz Besonderes, schaut mal in euren Geldbeutel, stecken da nicht die ach so individuellen Kreditkarten oder gesetzlich versicherten Krankenkassen-Karten ...

Und weil wir bei der Art des Lebens sind

Mir stellt sich die Frage, was ist Leben und wieso leben wir eigentlich??? In meiner Laufbahn als Trainer hatte ich bestimmt über tausend Menschen, wenn nicht noch viel mehr kennengelernt. Ich habe ihnen, da bin ich mir sicher, einen guten, vielleicht nicht den besten, aber einen guten Weg aufgezeigt, doch nun sitze ich hier und kaum einer meldet sich, ja so ist das. Während meiner Zeit als Trainer bekam ich Geschenke, Weihnachtskarten und vieles mehr, weil ich eben zu ihrem Programm passte, was ihnen gerade wichtig war, doch es ist eben ein Programm und wenn du nicht mehr in das alte Programm passt, machen die Menschen ein Update und das war's, du bist weggezogen, das muss ich ehrlich sagen, stört mich nicht so sehr, weil am Schluss ist jeder alleine und leider sich selbst am nächsten in dieser Welt und da sollte jeder ehrlich sein und das auch so zugeben und nicht einen auf, netter Gutmensch sich verkaufen, weil wenn es um die Wurst geht, musst du aufpassen, dass du nicht verhungerst … ich sehe auf Facebook oft Menschen aus meiner Vergangenheit, die da Sachen posten, wie schlecht die Welt sei und sie nun angeblich die Wahrheit kennen, weil sie einige abgedroschene Sprüche posten oder sie präsentieren sich mit ihren materiellen Errungenschaften und was sie für ach so tolle Individuen seien, doch komischerweise frage ich mich, wie definieren sich diese Menschen, entweder als gute Menschen, die Opfer sind, oder als Menschen, die es zu was gebracht haben, und am besten so, dass man sie für große Denker hält oder Weltenretter … doch für mich ist das alles nur eine Fassade der sterblichen Wesen, die Angst haben und sich so an ihr Ego klammern, ansonsten würden sie merken, dass sie niemand, wirklich niemand sind und spätestens in 50 Jahren ihre Knochen genauso bleichen unter der Erde wie es die Knochen seit der Menschheitsgeschichte getan haben. Man sollte sich nicht danach definieren, was man hat und was man erreicht hat, sondern eher, was man ist, und das ist der Punkt, der mir in Deutschland das Leben schwer macht. Jeder kennt den Spruch: „Hast du was, bist du was", doch wo bleibt da der Mensch??? Oder der Spruch: „Das ist der Neid der Besitzlosen", mir kommt der Spruch so vor, als sei er aus einer Zeit, wo die Leibeigenen vor Hunger neidvoll dem Fürsten hinterherschauen, wenn er mit seiner prächtigen Jagdgesellschaft seinem Vergnügen frönt und das ist für mich so ein unmenschlicher und unchristlicher Spruch, doch so ist es eben im goldenen Westen, der seinen Reichtum auf dem Rücken der armen Länder aufgebaut hat. Uns, den kleinen Menschen, erzählt man, wir müssen politisch korrekt sein und durch Strafen und Sanktionen konditioniert man uns hier wie einen kleinen Hund, den man dressiert, aber sie, die Großen, führen Kriege, besetzen fremde Länder, zerstören ihre Denkweise und stülpen ihnen mit Gewalt ihre Art des Lebens auf, doch wenn eineinhalb Milliarden Chinesen gerne mit Stäbchen essen, so kann es wohl nicht sein, dass Messer und Gabel der Weisheit letzter Schluss sind. Der Mensch sollte sich in meinen Augen wieder auf die Menschlichkeit besinnen, auf seine Sterblichkeit und Ruhm und Ehre im Miteinander zu erlangen und nicht im Gegeneinander, indem man sich absondert und einen auf besser macht, als es sein göttliches Gegenüber ist. Ich als Beispiel lebe zurzeit auf dem niedrigsten Existenzminimum und werde aber immer wieder übermannt von den tollen Sachen dieser Welt, wie zum Beispiel ein neues süßes kleines Auto mit Bordcomputer und einer tollen Ausstattung, weil genau das macht den Menschen ja unglücklich, die Sachen, die man vorgespiegelt bekommt, und sie nicht erreichen kann. Aber mal ehrlich, alles ist doch am Schluss nur Humbug und es gibt nichts Besseres als die Jugend und deren Gesundheit und wer das eben nicht mehr hat, der muss mit Geld und so prahlen und das ist so erbärmlich. Ich erzähle euch zwei kleine Geschichten, die mich beeindruckt haben und das würde ich Leben nennen. Da war ich im Kosovo mit meinem Freund und wir besuchten seinen Onkel und es war ein wunderschöner Sommerabend, als wir in den Hof eintraten, da sah ich einen alten Mann, der uns mit einem Strohhut und einem Krückstock entgegenkam von seinem kleinen Feld hinter dem Haus und er lächelte so glücklich, man hat pures Glück gespürt, gepaart mit unendlicher liebe. Dieser Mann war arm und nie in der großen weiten Welt, doch er hat jedes Jahr aufs Neue den Frühling mit einem Lächeln erlebt, und so etwas ist eine Art zu leben, wo ich mir denke, der hat ein erfülltes Leben gehabt. Oder der Mann, den ich oben in meiner Lebensgeschichte erwähnt habe, der aus Bosnien kommt, und sein Haus eine Art lebensrettende Pension ist, wo Menschen aus aller Welt zu ihm kommen und er sie auf irgendeine Weise, so scheint es mir, wieder heilt, geistig, seelisch und körperlich, ohne dass er etwas Großartiges macht, es ist eben das Wesen von ihm und seiner Familie. Er hätte ein ganz Großer werden können und viel Geld machen, aber er hat etwas ganz besonderes geschafft, er hat seinen Frieden mit sich gemacht und auf alles verzichtet, um ein Leben nicht zu imitieren, sondern ein Leben zu leben. Das waren Menschen, die ich nie wieder in meinem Leben vergessen werde, weil sie einen Eindruck hinterlassen haben, und der war stärker als alles, was ich vorher kannte. Nur zum Schluss will ich noch einen Deutschen erwähnen, der mich so sehr positiv geprägt hat, denn es war in meinen Augen ein wahrer Erleuchteter auf seine Art und Weise. Ich besuchte seinen Sohn nach der Schule, um miteinander zu spielen und er sah mich mit einem Lächeln an, hielt mich sanft an der Schulter und sagte, dass die neue Zeit angebrochen ist und er sehr traurig sei, das seine Kinder zu solchen Materialisten heranwuchsen. Er hat es aber damals in mir verständlichen Worten gesagt, er war einfacher Bauer und lebt mit Sicherheit nicht mehr, doch er war seiner Zeit um Jahrzehnte voraus und komischerweise wusste er irgendwie, dass ich es verstehen würde. Am Schluss stellt sich mir die Frage, ob mein Leben nicht umsonst gewesen ist, und ich denke, diese Frage stellen sich viele Menschen und komischerweise kann nur ein anderer Mensch diese Frage beantworten, indem er dich für deine Taten und dein Wesen ehrt und nicht für das, was du hast. Und so habe ich für mich erkannt, dass es eben besser ist, ein aufrechter Mensch zu sein als ein reicher Mensch.

Schulsystem und Ausländer

Da ich nun ein älteres Semester bin, kann ich das heutige Schulsystem nicht wirklich beurteilen, aber ich versuche es anhand meiner Erinnerung an das frühere System klarzumachen. Da gab es die Sonder- und Hauptschulen, deren Aufgabe es ist und das ist meine Behauptung, Menschen zu Befehlsempfängern zu gestalten, die logische Zusammenhänge erkennen und ausführen können. Und jetzt die Realschule, da wird schon mehr abverlangt, die müssen da auch schon planen können und verbinden das Ausführen einfacher Tätigkeiten in Kombination mit selbstständigem Denken und ab und zu sogar abstrakte zusammenhängende Dinge auszufüllen wie einen Bericht schreiben als Polizist und Gesetze kennen … und nun die Gymnasien, wo Menschen gelehrt wird, sich viel Wissen anzueignen, um sich ein besseres Bild machen können von einer Situation und diese dann auch zu beherrschen, sie müssen abstraktes Denken entwickeln, kreativ sein und Führungsrollen übernehmen können … meiner Meinung nach ist die Trennung nach der 4. Klasse das Schlimmste, was man einem Kind antun kann, weil man da schon das Kind in der Entfaltung seines Potenzials einschränkt und es klassifiziert etikettiert und in das System einordnet. Ich durfte nur die Hauptschule besuchen und das hat mein Potenzial nicht voll und ganz sich entwickeln lassen, geschweige denn, dass erkunden konnte, was ich wirklich kann. Das ist so eine Art Handicap und Verstümmeln eines Menschen in meinen Augen. Was zur Folge hat, dass sich viele minderwertig im Laufe ihres Lebens fühlen werden und denken, dass die Herren, die studiert haben, besser sind, was ja leider auch stimmt und so kreiert man Kasten im verdeckten Mantel der Wirtschaft und eines Systems, das nicht Häuptlinge, sondern Indianer braucht. Das perfide an der Sache ist, dass man durch diese Vorverurteilung Menschen dazu verdammt, ihr Leben lang arm und handlungsunfähig zu sein. Oder habt ihr mal bei der FDP einen Parteivorsitzenden mit

Sonderschul-Abschluss gesehen. Es gab Berichte, wo ausländische Kinder in der Schule revoltierten und die Lehrer attackierten und das wurde in den Medien ausgeschlachtet, wieder einmal zu Ungunsten der ausländischen Mitbürger. Das Problem ist, was erwartet man, wenn man junge Kinderseelen verschiedenster Nationen in eine Schule abschiebt und sie dort hortet, damit sie irgendwie aufgehoben sind und jeder weiß, dass die Kinder im Inneren verbittert sind, weil sie intuitiv spüren, dass sie nur ein Kollateralschaden sind, der eben im großen Strom der Wirtschaft mitgewirbelt wird.

Wissen und Bildung

Dies wird nur sehr kurz angesprochen von meiner Seite aus, was eigentlich mit dem Kapitel des Schulsystems zusammenhängt. Man muss Deutschland ein großes Lob machen, weil man hier Zugang zu Wissen und Bildung kostenlos bekommt und ohne Bildung ist man in der heutigen Welt leider auf der Verlierer-Seite. Da sollten sich die ausländischen Bürger, ich weiß, dass es auch sehr schwer ist, organisieren, um ihren Kindern eine wertvolle Zukunft zu gewährleisten.

Ausländer und die Arbeitswelt

Mir ist schon klar, dass in den Banken, Bibliotheken Museen kaum ausländische Angestellte zu sehen sind, weil der Ausländer macht die Arbeit, die keiner gerne machen will und da muss man auch mal ehrlich sein, auf dem Bau, in Fuhrunternehmen, Straßendienst, in Krankenhäusern, bei der Spargelernte, in Firmen, wo mit Chemikalien hantiert wird, die nicht gerade gesund sind und in vielen anderen Jobs sind viele Ausländer anzutreffen, Gabelstapler, Paketdienst, Hafenarbeiter oder Fleischereien, alles voll mit Ausländern, die für Mindestlöhne schuften, wo kaum ein Deutscher sich freiwillig verirrt, mir ist es passiert, dass ich mal in ein schönes Restaurant gegangen bin, wo ein Bekannter von mir arbeitete, und da sah ich eine nette Deutsche, die mit mir im power Yoga war, sitzen, ich nehme an, die anderen waren ihre Eltern und Schwiegereltern, und wie der Teufel es will, sagt einer von diesem Tisch, an dem sie saß, in ordentlicher Lautstärke, dass sie da ein paar Türken holen werden, um irgendetwas aufzuräumen und die Blondine errötete, weil ich es voll mitbekommen habe, aber ich ging einfach weiter, als hätte ich nichts gehört … und in meiner Sportschule bekam ich ein Gespräch mit, wo einer sagte, dass ihr Chef gesagt habe, dass zuerst Deutsche eingestellt werden sollten, nun, ich schwieg wieder mal, weil was soll ich denn tun, ich dachte mir eben nur meinen Teil … in meiner Jugend, mit Anfang 20, arbeitete ich etwa ein Jahr an einer per Waschanlage und wer will kann sich mal erkunden was per für eine schlechte Wirkung auf den Menschen hat. Es ist aber auch klar, dass vieles mit der Bildung und der Sprache zu tun hat und der, der keine Bildung oder Ausbildung hat, der geht halt und macht die Jobs, die keiner machen will und die kein großes Wissen voraussetzen … und diese Tatsachen will keiner sehen, die meisten drehen sich eben nur um. Man sollte nicht vergessen, dass es viele Ausländer in Deutschland mittlerweile zu erheblichem Wohlstand geschafft haben unter sehr schweren

Bedingungen und dass in der dritten Generation der Ausländer die Kinder immer höhere Schulabschlüsse erlangen und das ist in meinen Augen der Verdienst der Ausländerinnen, weil sie die Kinder erziehen und intuitiv wissen, was gut für die Zukunft ihrer Kinder ist, im Gegensatz zu den Männern, die teilweise noch in patriarchalischen Strukturen festhängen und nur damit beschäftigt sind, Geld zu verdienen und keine Zeit haben, sich der neuen Welt anzupassen. Leider verwischen sich die Grenzen zwischen Menschen, die seit über einem halben Jahrhundert in Deutschland leben, mit dem Menschen, die neu dazugekommen sind, und die wieder bei Null anfangen müssen.

Gedicht

Oh Mensch, erkennst du deinen göttlichen Funken nicht, er strahlt aus dem Herzen, dieses helle Licht, und so bist du, genau du, mit der Macht ausgestattet, um die Welt zum Guten zu drehen, so lasse es die ganze Welt sehen, sei ein Leuchtfeuer für den verdunkelnden Geist der Menschheit und schaffe frohe und klare Wahrheit, befrei sie von der unsichtbaren Last so auf Gott mein lieber du gehört hast.

Das Bild der Ausländer und haben sie überhaupt ein Bild????

Ist euch schon mal aufgefallen, dass in Werbeprospekten selten bis nie ausländische Menschen zu Werbezwecken abgelichtet sind??? Oder das auf Werbeplakaten nie ein kleiner süßer Türkenjunge genommen wird als Werbung zu einer Supermarktkette?? Oder das in den deutschsprachigen TVSerien oder Filmen selten bis nie Dunkelhäutige, Türken, Albaner eine Hauptrolle haben und wenn sie eine Rolle haben, dann sind es Klischeerollen, wie man sie gerne sieht ... sorry, selbst ich muss lachen, wenn ich mir eine Werbung vorstelle, wo der kleine Ahmet oder Ismail aus Afrika in Pampers glücklich im Zimmer rumkrabbelt, tja, das ist traurige Realität. Leider habe ich das Gefühl, dass man die Ausländer immer noch mit den Augen der Gastarbeiter sieht, die vor über 60 Jahren nach Deutschland gekommen sind und das ist schon über ein halbes Jahrhundert her ... nun, das zeigt mir ganz deutlich, dass der Ausländer einfach ausgeblendet wird in dieser Gesellschaft und nur aus der Kiste geholt wird, wenn man ihn mal braucht, um ihn schlecht dastehen zu lassen ... und mal ganz ehrlich, hat jemand schon mal bei den Kölnern Domspatzen einen dunklen Italiener gesehen, der da rumträllert, tja, das Problem ist nicht, dass da keiner zu sehen ist von den Ausländern, das Problem ist, dass 95 Prozent der ausländischen Mitbürger nie etwas gehört haben von den Domspatzen, würde ich behaupten ... mit Sicherheit werde ich nie miterleben, dass bei der Serie der Bergdoktor einmal ein Schwarzafrikaner den Bergdoktor spielt, das ist ein Ding der Unmöglichkeit. Das alles ist nichts Neues, wer sich bemüht, in der Vergangenheit mal alte Zeitungsberichte oder Plakate zu suchen, wird schnell merken, wie damals Menschen anderer Nationen dargestellt worden sind ... und geschichtlich gesehen haben Religionen immer die anderen Religionsanhänger als Heiden, Barbaren, Muselmänner und angesehen, was auch die politischen Konflikte damals widerspiegelten, entweder waren es die Römer, die heidnischen

Slaven, die arabischen Invasoren, die Kreuzritter, die Osmanen, die Franzosen, also das Problem liegt viel tiefer, selbst der ungeliebte Nachbar, dessen Kirschbaum über den Gartenzaun wächst, ist ein Grund für Streit und das sind eben menschliche Probleme … nur wenn man sich ein Gesamtbild macht, kommt man auf eine gute Lösung, alles andere sind Strohfeuer, die nur solange wirken, wie eben die Wahlkampfperiode dauert … mir selber ist es passiert, dass zwei junge Polizisten mich angehalten haben und das meiner Meinung nach ohne Grund, sie sagten, ich solle aussteigen und als sie in meinem Wagen einen lang Stock eingeklemmt sahen, griff der eine gleich zur Waffe und der andere brüllte mich an, was das solle, ich erklärte ihm, dass ich Kampfsportler bin und den Stock nur zum Trainieren brauche und mal ehrlich, wer holt einen Langstock, der eingeklemmt war, aus Sicherheitsgründen heraus, um sich mit irgendjemanden zu prügeln oder sowas, das gibt es nicht mal in Hollywood, doch ich dachte mir, was erlauben die sich und wieso will der eine Vollpfosten gleich die Waffe ziehen und was wäre, wenn er einen unschuldigen, nicht vorbestraften Mann erschossen hätte, der nie in seinem Leben was Kriminelles gemacht hat und ein Trainer war, der Kinder trainiert???? Ich denke, man würde es so hindrehen, dass ich aggressiv gewesen sei und eine Waffe dabei hätte oder sowas, und wenn ihr denkt, dass ich übertreibe, dann wartet ab, was als nächstes kommt … ich war etwa Mitte 20 und mit meiner rosa Brille so naiv und hatte keine Ahnung von dieser Welt, weil ich an dieser Welt eben nicht teilhaben konnte … da kam es dazu, dass ich einmal zu schnell gefahren bin, und daran kann ich mich ganz genau erinnern wie heute, ich war so sauer, weil ich hatte es einfach satt, immer benachteiligt zu sein, und genau an dem Tag bezichtigte man mich einer Schandtat, die ich nicht begangen habe, es handelte sich darum, dass in dem Fitnessstudio, wo ich war, irgendein Mann bei den Frauen in der Sauna sie belästigend angestarrt hat und sie sich beschwert haben bei einem Trainer und ihre Beschreibung muss wohl meiner geähnelt haben, tja, ich habe wohl ein Allerweltsgesicht, und der Trainer kam in einem vollbesetzten Studio sofort auf mich zu und schnauzte mich an, was das solle, ich klärte die Lage und beschwerte mich beim Leiter, dass das gar nicht gehe, was denkt er denn, wer ich sei und so … mit einer Stinkwut fuhr ich in einem zu hohen Tempo an einem Blitzer vorbei und das kostete mich einige Punkte und den Führerschein-Abzug für, ich glaube es waren 3 Monate … also fuhr ich zur Polizei und fragte eine junge Polizistin, wann ich den Führerschein abzugeben habe und sie sagte mir, wann ich will, und das war mein erster Fehler, nach einigen Wochen kam ein Brief, dass ich meinen Führerschein abgeben solle und ich, so naiv wie ein rosa Elefant, fuhr auf die Polizeiwache, um meinen Führerschein abzugeben und da fragte mich ein älterer Polizist, mit was ich gekommen sei und ich sagte, mit dem Auto, ohne mir etwas dabei zu denken … da schrie mich der Polizist an, neben ihm ein junger, der sich schämte, ich habe nicht gleich verstanden, worum es geht, bis es mir langsam einleuchtete … der ältere Polizist sagte, dass ich seit einer bestimmten Zeit gar nicht mehr fahren dürfe und dass es Konsequenzen nach sich ziehen würde und das in einem Ton, als würde er mich am liebsten mit seinem Schlagstock in Grund und Boden dreschen, ich behaupte, er war kein Freund der Ausländer … der junge Polizist traute sich nicht mehr, mir ins Gesicht zu sehen und als ich mich verteidigen wollte wegen der jungen Polizistin, sagte er, es arbeite hier keine blonde Polizistin. Tja, ein Rabe pickt dem anderen eben kein Auge aus … das Ende vom Lied war eine Nachschulung mit Gerichtsverhandlung … nun, das Bild der Ausländer ist nicht gerade das beste, würde ich sagen, als Beispiel: mein Freund, ein Türke hatte es satt, dass man ihn wie einen Verbrecher in Geschäften verfolgte, bloß weil er sich was kaufen wolle und da besorgte er sich eine Brille und sagte, seitdem ließen sie ihn in Ruhe … soll ich mir jetzt auch eine Brille kaufen und mal ehrlich, wer schützt mich vor der Polizei?????

Großstädte und die ländliche Gegend

Großstädte sind so eine Sache, weil es da Armenviertel gibt, die meistens von Ausländern bewohnt werden und es Stadtteile gibt, wo man wohl, um eine deutsche Bäckerei aufsuchen zu können, schon weit fahren muss. Tja, wo man die Deutschen teilweise mit der Lupe suchen muss und das ist mir aufgefallen, weil ich komme aus einer eher ländlichen Gegend und das hat in mir so einige Fragen aufgeworfen ... nun stelle man sich vor, was sich ein Deutscher, der aus einer ländlichen Gegend kommt, wo es Schützenfeste, Dorffeste mit Bierzelten gibt, wo man Gaststätten und Kneipen aufsuchen kann mit traditionellen Stammtischen und schönen alten Kirchen und in den Hauptstraßen Bäckereien und Metzgereien gibt, wohl denkt, wenn er in eine Großstadt kommt, wo er sein Land nicht mehr wiedererkennt ... ich kann mir gut vorstellen, was solch ein Mensch denkt die Frage ist, ob man es ihm verübeln kann und ob er sich bewusst ist, was diese Menschen leisten für den deutschen Staat ... tja, alles ist immer ein zweischneidiges Schwert, da ist die Politik gefragt, sich mal ernsthaft damit auseinanderzusetzen und nicht wenn es Zeit wird für einen Wahlkampf, dass sich dann ein bayrischer Politiker in traditioneller Tracht da auf Plakaten ablichten lässt, weil die große Frage ist, was will er den Menschen suggerieren????? Das ist in meinen Augen fast okay, wenn es nicht rassistisch wäre gegenüber den Mitmenschen, die in den Gettos um ihr Überleben kämpfen müssen tagein tagaus ... oder habt ihr schon mal eine Blaskapelle gesehen mit türkischen, arabischen und asiatischen Musikanten in einer einheimischen Volkstracht ... es gibt Berichte, dass die ersten deutschen Einwanderer in den USA sich weigerten, Englisch zu sprechen und sie sich in Dörfern oder Stadtvierteln konzentrierten und das während des ersten und zweiten Weltkrieges die USA ein besonderes Auge auf sie geworfen haben aus Sicherheitsgründen ... nun, dasselbe passiert in allen europäischen Städten, wo sich Menschen verschiedener

Nationen finden, weil es einfach in der Natur des Menschen liegt, da kann man niemandem einen ernsthaften Vorwurf machen, es sind eben die Überlebensstrategien der Menschen, das ist auch gut so, doch das Problem beginnt nicht bei diesen Menschen, sondern bei der richtigen Fragestellung, und die würde meiner Meinung so aussehen: wie können wir das zu Gunsten der Ausländer und der Einheimischen verbessern???? Ich hätte da so einige Vorschläge, doch das ist, denke ich, nicht meine Aufgabe, weil ich nicht in der Politik sitze. Nebenbei darf man nicht vergessen, dass in den ländlichen Gegenden die Uhren anders ticken, man muss sich mal vorstellen, es gibt hier Gegenden, die werden ausländerfreie Zonen genannt, wenn so etwas in anderen Ländern, vorzugsweise aus dem Nahen Osten wäre, da wäre der Aufschrei wieder groß ... Und auf dem Lande sollte man sich mal in eine Kneipe reinsetzen und sich anhören, was da an den Stammtischen für Parolen rausgehauen werden, das ist zum schwindlig werden ... mir selbst ist es passiert, als ich mit meinem türkischen Freund in einer Kneipe gesessen bin, dass einige Tische weiter einige deutsche Jugendliche laut gesungen haben, man solle alle Türken an den Bäumen aufknüpfen ... zu der Zeit war ich jung und sehr gut durchtrainiert und es hat mich so verletzt und ich wartete, bis einer der Jungen auf das WC gegangen ist und ich bin hinterher und habe ihn zur Rede gestellt. Er hat mich sofort am Kragen gepackt und ich habe ihn von der einen Seite des WC zu der anderen geschleudert, das war für ihn ein Schock und er hat sich entschuldigt, doch was wäre gewesen, wenn ich nicht so stark wäre? Und das Traurigste war, das die Bedienungen in der Kneipe das alles mitbekommen haben und nur schwiegen ... ach ja, das Schlimmste, das ich mal gehört habe, war, man solle den Ausländern einen Vierkantstock in den Arsch schieben und solange drehen, bis sie ihre Eingeweide rausscheißen ... nun, ich schreibe hier etwas ruppig, aber erstens ist es das, was gesagt worden ist, und es unterstreicht das Gesagte, ohne es zu verschönern, es ist eben, was es ist. Wir dürfen nicht vergessen, dass Deutschland immer noch eines der schönsten und sichersten Länder auf der Welt ist und auch wenn vieles im Argen ist, man doch in einem tollen Land lebt und dass wir nur gemeinsam das auch so schön erhalten können und da sind eben nicht Nationalitäten gemeint, die uns trennen, sondern es ist der vernünftige Mensch gemeint.

Und nun einige Berichte, die man je nach Sicht interpretieren kann – das ist meine Sicht ...

Letztens starb ein Freund meines Vaters, auch albanischer Herkunft und vor einem halben Jahr ein türkischer Freund. Ich liebe meine Eltern und bin gottfroh, dass sie leben. Mein Vater ist 87 Jahre alt und einige Male in der Woche habe ich ihn immer zu einer Bäckerei gefahren, wo sich die ausländischen Rentner treffen. Es sind alte Männer, die in ihrem Leben Unvorstellbares erlebt haben und ihr Alter verrät, dass sie im wahrsten Sinne des Wortes aus einer anderen Zeit stammen. Als mein Vater nach Deutschland kam, fing er an als Lastwagenfahrer und er übernachtete in einer Holzbaracke, da ist heute jede Schrebergartenhütte Luxus dagegen, danach arbeitete er in einem Kieswerk, bis er durch viel Glück in einer guten Firma unterkam, er arbeitete hart und zog drei Kinder mit meiner Mutter groß, nebenher half er seiner Familie in der Ferne und sie schafften es, drei Eigentumswohnungen zu erwerben und das alles aus dem Nichts heraus. Nun zu meiner Mutter, die in Bosnien Lehramt studiert hat und Lehrerin war, doch in Deutschland fing sie in einer Firma an zu arbeiten und als sie mit mir schwanger war, arbeitete sie weiter und man öffnete dort immer die Fenster, es war bitterkalt, doch das spielte keine Rolle, da musste sie durch ... heute unvorstellbar. Danach weiß ich, dass sie immer nur arbeitete, ich frage mich heute, wie sie das geschafft hat, sie hatte mehrere Putzstellen und wir haben uns nichts gegönnt, ich weiß noch, als ich ein kleiner Junge war, wollte sie sich ein gelbes Kleid kaufen, aber es kostete damals 100 DM und sie hatte so ein schlechtes Gewissen und ich sagte ihr, sie solle es bitte kaufen, und das Bild geht mir bis heute nicht aus dem Kopf, wie schön sie aussah mit dem gelben Kleid ... so, worauf will ich hinaus, meine Eltern sind nun alt und ich würde sie auf meinen Händen bis ans Ende der Welt tragen, doch ich weiß, dass auch für sie die Zeit kommen wird, dass sie gehen ... haben diese Menschen es verdient, dass es politische Parteien gibt, die nicht gerade gut auf die ausländische Bevölkerung reagieren, ganz besonders auf die moslemische, ganz zu schweigen die verlogenen TV-Sendungen, die behaupten, dass sich die Ausländer nicht integrieren wollen und einige sehr bekannte Leute, wie der Herr, der ein Buch geschrieben hat, „Deutschland schafft sich ab", und öffentlich gegen moslemische Ausländer spricht. Tja, auf ihrem Rücken ist er mal kurz zum Millionär geworden. Nebenbei sollte man nicht vergessen, dass dieses Buch ein Verkaufsschlager war und er indirekt Narrative eingesetzt hat wie eine Art Samen, den man in die Erde legt, damit im Nachhinein eine Saat des Hasses aufgeht, und das ist in meinen Augen eine Riesensauerei, und das haben wir so nicht verdient. Man sollte nicht vergessen, dass man die ersten Ausländer mit Blumen begrüßt hat und sie gut genug zum Arbeiten, Steuerzahlen und Konsumieren waren und das für Billiglöhne. Man hatte damals keine Integrations-Programme und sie hausten in sehr unangenehmen Zuständen. Man hat sich auch nicht gleich bemüht, sie in das System einzufügen und sie ihrem Schicksal überlassen, sodass sich Gettos gebildet haben, was sollten sie denn sonst tun? Und dann auf ihrem Rücken rechte Politik zu betreiben, wenn es mal wieder nötig ist, das ist eine Schande und niemand spricht es an, aber integrieren wollen sie sich nicht, jaja, alles klar … es gab sogar eine Zeit vor 40 Jahren etwa, da wollte man viele wieder loswerden und zahlte ihnen 10 000 DM zur Rückführung, leider war ich zu klein und das müsste man genauer referieren, doch von zwei meiner damaligen Freunde sind die Eltern gegangen zu dieser Zeit … was mich persönlich traurig macht, sind die ausländischen Vertreter in der deutschen Regierung, die so tun als sei alles in bester Ordnung in diesem Rechtsstaat, da kann man sich schon manchmal fragen, ob sie die Ausländer-Gettos nicht sehen und das Unrecht … ganz zu schweigen von den wenigen Ausländern, die es zu etwas gebracht haben und nun einen auf Möchtegern-Deutsch machen, ihre Heimat, ihre Kultur und ihre Eltern damit mit verraten … aber das nenne ich gelungener Rassismus …

Was für eine Rolle spielt die Genetik und das Umfeld in der Entwicklung eines Menschen und eines Volkes??? Was ist das kollektive Unterbewusstsein einer Population, hm, was meine ich wohl damit … nur kurz zur Info, ich habe nicht studiert und nur den Hauptschulabschluss, ich spreche nur aus dem, was ich erfahren, beobachtet und mir über einige Bücher angeeignet habe. Ich will jetzt nicht zu sehr in die Genetik einsteigen, da es zwei Stränge sind von 4 Basen Paaren und ich sag es mal mit ganz einfachen Worten: der Apfel fällt nicht weit vom Stamm, das versteht wohl jeder eher. Wir Menschen sind immer das Abbild unserer Vorfahren und das zeigt sich mit der Zeit immer deutlicher mit fortschreitendem Alter. Da wir keine Buddhisten sind oder so eine Art Übermensch zu sein anstreben, werden wir es höchstwahrscheinlich nicht schaffen, die Ketten der genetischen Identität abzustreifen in einem Leben. Es ist ja nicht schlimm, dass wir das Abbild unserer Vorfahren sind, doch da steckt mehr dahinter als nur das Äußerliche, weil in unserem Programm steckt auch die Information, dass man seine eigene Population vor Feinden schützen muss, würde ich mal behaupten, und dass man seinesgleichen eben eher zugeneigt ist als einem Fremden, der, ich sag es mal so, einem kleinen Stamm die Ressourcen stehlen könnte oder die Menschen in dem Stamm umbringen oder versklaven könnte, das sind Urängste, meiner Meinung nach. Also kann man den Menschen nicht dafür verurteilen, dass er nach Mechanismen funktioniert, die er selber nicht mal bewusst wahrnimmt … Das ist dann auch gleich das kollektive Unterbewusstsein, das sich automatisch bei allen einschaltet wie eine Art Überlebensprogramm und somit das bewusste Denken auf ein Minimum reduziert … das kann man in großen Stadien bei Fußballspielen beobachten, wie Menschen gleichzeitig sich freuen oder trauern, sauer oder sogar aggressiv werden und das alles nur, weil ein Lederball in ein Netz geflogen kommt. Und nun die äußeren Einflüsse, die sehr stark sind und einen Menschen, sag ich mal, nicht nur formen, sondern umformen können. Mir ist das besonders aufgefallen, als ich in Frankreich war, die Franzosen haben mich interessanterweise sofort als Deutschen identifiziert, tja, wie kann das sein??? Nun, der Deutsche ist ein stämmiger großer kräftiger Typ, im

Gegensatz zum Franzosen, der eher schlank und etwas zierlicher ist, was mir die Frage aufwarf, wieso sehen sie mich nicht als Albaner oder so etwas, sondern als Deutscher? Nun ganz klar, überall herrschen andere Bedingungen und ein anderes kollektives Unterbewusstsein, das den Franzosen also sagte, der sieht so aus und handelt nach den und den Mustern und der ist einer aus Deutschland. Interessanterweise gehen sie von Mustern aus, die nicht zu ihren passen, dasselbe ist mir in Italien auch passiert … und was ich interessant fand, als ich die Ausländer in Frankreich sah, sahen sie den Franzosen sehr ähnlich, sie waren schlanker als wir in Deutschland und zierlicher … ja dies ist jetzt eine Art kleines Ausweich-Kapitel, aber um ein Verständnis zu bekommen, dass wir Menschen im Grunde alle gleich sind, wenn man uns auf unsere Grundbedürfnisse reduziert und später die äußeren Bedingungen anfangen zu unterscheiden, doch im Grunde heult jeder wie ein Indianer, wenn er Zahnschmerzen hat … ich könnte es noch weiter ausbreiten, aber ich denke, das genügt …

Nun muss ich mal aber auch eine Lanze für die Deutschen brechen, denn mir geht es darum, dass wir uns endlich näherkommen und nicht immer durch bestimmte Elemente teilen lassen, bloß weil es gerade diesen Elementen zu nutzen scheint. Da ich nun ein Liebhaber der antiken Geschichte bin, nenne ich die Deutschen jetzt einfach mal Germanen. So, der Germane ist ein wissensdurstiger Mensch, der in meinen Augen wahrhaftig ist, er verschwendet nicht viele Worte, um etwas zu verschnörkeln, was er sagt, hat Hand und Fuß, und das in knappen Sätzen. Er ist auch ein Macher, handwerklich begabt und kann sehr gut und sehr schnell etwas in die Tat umsetzen. Er hat ein unheimliches Durchhaltevermögen, wenn es um die Ziele geht, die er erreichen will. Doch wie oben erklärt, kann jeder Mensch eben nur so handeln wie seine Sippe und seine moralischen Werte es zulassen … die Politik hat meiner Meinung nach in der Völkerverständigung versagt und man kann es nicht den Menschen zuschieben, dass sie so sind, wie sie sind … so, für heute ist genug, ich bin müde …

Das Abschweifen

Nun, ab und zu schweife ich ab in meine philosophische Gedankenwelt, die das Fundament meiner Weltanschauung ist, ich kann nichts dagegen tun, die Gedanken kommen langsam und das immer heftiger, bis sie übersprudeln und mich mit so einer klaren geistigen Reinheit erfüllen, dass ich wie neu geboren bin oder mich so erschlagen, dass ich mich gezwungen sehe, immer und immer weiter zu machen, bis ich den Ausgang aus einem Labyrinth dieser Welt gefunden habe … nun, ich kann ja hier so oder so schreiben was ich will, also lass ich es einfach fließen. Da mir persönlich die spirituellen Fragen immer am Herzen lagen, wie das wieso und weshalb und ob es einen Gott gibt und so, stellte sich mir heute die geistige Aufgabenstellung, was denn wichtiger sei, ein scharfer Intellekt und ein hohes Bewusstsein oder ein reines Herz? Ich habe das Gefühl, dass wir Menschen im allgemeinen gerne mit unseren Stärken jeder auf seiner Art und Weise prahlen, um Bestätigung zu erlangen, die Frage ist doch, von wem will ein Schaf Bestätigung erlangen, wenn es unter vielen Schafen ist, die blöken und der Schäfer liebevoll seine Pfeife raucht und alles geschehen lässt, um seine natürliche Ordnung zu gewährleisten … ich weiß, die Gedanken sind nicht neu und wir alle haben die große Angst vor dem Tod, was ein großes Übel meiner Meinung nach auf der Welt veranstaltet, jeder will sich behaupten, um nicht unterzugehen und jeder versucht, sich zu definieren durch Taten oder materielle Güter und andere Dinge. Was ist denn ein Mensch heute wert? Wie berechnet man seinen Wert in einem Leistungssystem? Hat sich das mal jemand gefragt? Nun, meiner Meinung nach ist ein Mensch heute nichts weiter als eine Ressource, die solange ausgeschöpft werden muss, bis sie wie eine leere Zahnpastatube in den Müll geworfen wird, doch wo bleiben da die Religionen, die Nächstenliebe und andere Werte, heißt es nicht, geben ist seliger denn nehmen oder du sollst keine Götzen neben mir haben? Der Mensch heute ist ein abhängiges Produkt eines Systems, das die Menschen so formt, dass sie systemkonform sind, und alles andere ist nicht mehr tragbar für das System, aber man verkauft es als gesellschaftlich nicht mehr tragbar. Der heutige Mensch hat so viel Ängste, weil er den Glauben oder die Bindung zu seinem Schöpfer verloren hat, er lässt sich vom System alles vorschreiben, damit er am System teilhaben kann und die lebenswichtigen Grundgüter zum Leben erhält, doch denkt er immer noch, er sei frei und könne sich seine eigene Meinung bilden, als würde es jemanden interessieren, wenn einer jämmerlich zu Grunde geht bei einer Bevölkerungszahl von 84 Millionen sogenannter Individuen und das bei 8 Milliarden Menschen auf dem Planeten. Nun ich bin sehr vom Buddhismus geprägt, doch mein Herz gehört dem Islam, weil er in vielen Sachen den Menschen ins Herz spricht … im Islam hat jeder Mensch zwei Engel an seiner Seite, einen auf der linken, einen auf der rechten, die einen Menschen begleiten und seine guten wie schlechten Taten ins Lebensbuch eintragen, was mir aber sagt, dass jeder Mensch vor Gott wichtig ist und sogar zwei Engel zur Seite gestellt bekommt … oder der Gott, der die Standhaften liebt, die alles ertragen können und das sollte jedem, der ganz unten ist, auch zeigen, den Gott ihn ganz besonders liebt für das, was er erträgt und trotzdem standhaft ist bis zum Schluss, doch jeder soll seinem Herzen folgen und, wenn er, egal was auch immer für eine Religion er vertritt, ein guter Vertreter dieser ist, ansonsten ist es besser, er lässt es, so hat er wenigstens kein schlechtes Gewissen. So, wichtig ist es jetzt nicht, was ich geschrieben habe für andere, doch für mich wiederum ist es wie oben erwähnt das Fundament, wie man die Welt sehen kann und umso höher die Perspektive, umso leichter ist es das Leid der Welt zu ertragen, wenn einen nicht sogar dazu befähigt, das Leid der Welt etwas mitzutragen für das Allgemeinwohl und somit die von Gott gegebene Verantwortung anfängt zu übernehmen als wirklich mündige Seele auf dieser Welt.

So, nun einige Gedanken von mir, die für alle gelten, es ist egal, welcher Nation, Rasse ihr angehört. Ihr schaut in einen

Kasten, der in meinen Augen nur Lügen verbreitet, als Beispiel: ihr seht eine nette Limonaden-Werbung, wo im Hintergrund am Strand die Sonne untergeht und junge hübsche Menschen tanzend die Limonade trinken. Nun, ihr kauft euch dieses chemische Gemisch für einen Euro, leider ohne Strand und Sonnenuntergang und trinkt es mit dem Gefühl, als seid ihr am Strand, während der, der euch das verkauft, mit seiner Jacht vor den Malediven einen frischgepressten Fruchtsaft trinkt auf eure Kosten ... nun, wie sagte eine Professorin zu mir: mit den Dummen dreht man die Welt um, also überlegt euch, zu wem ihr hingehört.

Gedicht

manchmal stehst du da ganz allein fühlst dich kümmerlich und klein doch da kommt aus der Tiefe der Seele ein Schrei, der ruft dich schau zum Himmel und mach dich frei sehe die Sterne und die unendliche ferne, so sei dir bewusst du bist von dieser Welt ein wertvoller Teil und der Sternenhimmel umarmt dich und macht dich wieder heil.

Nun etwas für die ausländischen Mitbürger ...

Kennt ihr das, wie es ist, sich jedes Mal, wenn man irgendwo hinkommt, sich rechtfertigen muss, damit die Einheimischen sehen, dass du ein Netter bist??? Kennt ihr das, wenn man euch gleich duzt und euch nicht gerade mit dem gebührenden Respekt behandelt, wie es einem normalen Menschen zusteht??? Kennt ihr das, wenn ihr als einziger Ausländer in einer Gruppe Zebu bei der Arbeit nicht gefragt werdet oder dass ihr ausgegrenzt werdet??? Kennt ihr das, wenn man die Einheimischen euch vorzieht bei der Arbeitssuche, Wohnungssuche???

Ich könnte die „Kennt-ihr-das-Liste" beliebig weiterführen, aber das ist doch auf die Jahre höchst frustrierend oder????

Und könnt ihr euch vorstellen, dass es viele den Ausländern nicht freundlich gegenüberstehende Menschen gibt, die an Schaltzentralen sitzen und die euch, ohne dass ihr es merkt, das Leben schwer machen?????? Könnt ihr euch vorstellen, dass es Schulen gibt, wo es mit Absicht es keinen Ausländeranteil gibt, weil die Eltern beim Schuldirektor klagen??? Könnt ihr euch vorstellen, dass ihr in bestimmten Orten keine Bauplätze bekommt, weil man keine Ausländer in der Gegend haben will??? Könnt ihr euch vorstellen, dass es Firmen gibt, wo das Motto heißt: zuerst Deutschen die Arbeitsplätze geben, dann den anderen???

Diese Beispiele sind echt hart, aber das sind leider reale Tatsachen und jeder Ausländer könnte davon ein Lied singen ... man muss auch mal die Wahrheit sagen aus der Sicht der Ausländer, denn wer verteidigt uns, wenn nicht wir selber?????

Und habt ihr mal überlegt, was ihr hier macht in diesem Land und wer wirklich profitiert???

Was ich jetzt sagen werde, klingt bitter und wird so einigen die Augen öffnen.

Eure Eltern sind mit Träumen hergekommen und wollten etwas erreichen, um es in der Heimat besser zu haben, aber was ist passiert???

Die meisten wohnen leider in der dritten Generation immer noch in Miete ohne Eigenheim, ihr zahlt sehr hohe Nebenkosten, GEZ-Gebühren, Versicherungen, ernährt euch von Einkaufsketten, deren Essen mit Sicherheit keine Naturprodukte sind, eher solche, die man in eine Mikro steckt oder in Plastik verpacktes Pulver mit netten Bildchen auf Pappkartons und wenn man das Pulver ins Wasser schmeißt, wird daraus eine Suppe mit allerhand Gemüse und Fleischsorten, falls das noch wirklich Gemüse und Fleisch sein sollte? Ihr zahlt eure Autos ab oder fahrt immer Gebrauchtwagen für eine Handvoll Euro und eure Kinder sind im schlimmsten Fall drogensüchtig, kriminell oder entartet ohne Religion, Kultur und nicht mal der Sprache mehr mächtig ... und leider sind viele Familien zerstritten und wofür, dass ihr am Ende des Monates, wenn ihr Glück habt, zwei- bis dreihundert Euro übrig habt, falls ihr nicht noch Schulden abzahlen müsst für allerlei Unsinn oder Autoreparaturen und solche Sachen ... nun fragt euch, was hat es gebracht und ob es manchen in der Heimat nicht viel besser gehen würde???? Und falls ihr mir mit dem Argument kommt, medizinische und soziale Absicherung, komm ich euch mit meiner Sicht der Dinge, erstens, die medizinische Absicherung ist auf ein Mindestniveau gesunken für Kassenpatienten. Und die sogenannte soziale Absicherung ist ja nicht schlecht und wenn ihr alle eure Fixkosten abzieht, was bleibt da noch übrig, und das, was übrig bleibt, gebt ihr hier aus und die belebt die Wirtschaft, kurz gesagt, hier gibt es nichts umsonst, alles was ihr bekommt, wird euch auf einer anderen Art und Weise wieder genommen. Und wie oft werden Menschen ernsthaft krank??? Alle warten auf den Tag X, doch in der Zeit, wo ihr wartet, könntet ihr auch leben. Nun macht euch Gedanken und entweder ihr hört auf, ausländisches TV zu schauen und euch um Politik in fernen Ländern zu kümmern, während ihr hier lebt und nicht für eure Rechte einsteht, oder lebt so weiter, entwürdigt verbittert, aber mit einem satten Magen, bis dass der Tod euch holt. Es sind nicht die deutschen Menschen, die euch Probleme bereiten, obwohl es genügend gibt, aber sie stecken in derselben Zeitschleife fest, das Problem liegt ganz woanders, und da sollte sich bitte jeder seine Gedanken machen. Auch solltet ihr nicht vergessen, dass ihr aus anderen Kulturkreisen kommt, wo es seit eh und je andere gesellschaftliche Regeln gab und damit kommen die Ausländer nicht zurecht, weil es nicht einfach ist, in zwei Welten zu leben und so manch einer verirrt sich und das ist dann auch mit einer hohen Wahrscheinlichkeit sein Ende, wenn er nicht noch einen familiären Hintergrund hat, der ihn auffängt ... in vielen Kulturen, wo eine große Mehrheit der Ausländer herkommt, ist es üblich, den Eltern bis zum Schluss zur Seite zu stehen und sie nicht in Frage zu stellen, was auch ein Problem darstellt im Westen, wo es um Leistung und sogenannte Selbstbestimmung geht, was mit den alten Traditionen nun mal sehr schwer ist zu kombinieren, so bleiben viele Ausländer auch im höheren Alter in einem Stadium hängen, das sie nicht zu vollwertigen Bürgern machen kann, und sie treten immer noch in Kinderschuhen herum, das zeigt sich bei vielen Ausländern, die keinen Ehepartner finden können, weil das intellektuelle Niveau sich sehr weit voneinander entfernt und sie mit weit über 30 bei ihren Eltern wohnen, weil es die Tradition so verlangt. Und bei den Ehen, die geschlossen werden, gehen viele auseinander, weil sie geblendet sind von der Gesellschaft, in der sie leben und es sie im natürlichen Prozess ihrer Kultur und Tradition so durcheinanderbringt und ihnen niemand vorgelebt hat, wie es richtig hätte gehen sollen ... es sind große Probleme, die wir erkennen müssen, nur so können wir eine konstruktivere Lösung herbeiführen, ansonsten werden ganze Generation verloren sein in meinen Augen ...

Und nochmal ein Kapitel für unsere ausländischen Geschwister, in dem ich auch mal etwas scharf gegen euch schießen werde ...

Also meiner Meinung nach ist das Wort Integration ein nettes Wörtchen, die Frage ist nur, wer es wie auslegt. Ich denke, Integration ist es nicht, sich und seine Herkunft aufzugeben und als netter Integrierter von der 5. auf die 2. Reihe zu rutschen, um irgendjemandem zu gefallen ... ich glaube, jeder soll so bleiben wie er erschaffen worden ist, doch eins muss mit aller Strenge gesagt werden, es ist meiner Meinung nach Pflicht in dem Land, wo man lebt, die Sprache zu beherrschen und die Kultur, Religion oder auch die Gepflogenheiten zu respektieren, ansonsten ist das höchst respektlos, und wie man in den Wald reinschreit, so schallt es eben wieder raus ... und ja, ich weiß, dass man es hier schwer hat, aber nur mit gutem Willen und besseren Bemühungen kann man das Eis brechen. Und was mich persönlich immer wieder voll ankotzt, ist, wenn sich Ausländer betrügerischen Geschäften widmen oder schwer kriminell sind, was meiner Meinung nach schon mehr ist als reiner Überlebenskampf, es ist einfach nur schandhaft und das überall auf der Welt ... und ich schäme mich für diejenigen, die hier herumschmarotzen und auch noch denken, sie seien schlau und keiner bemerkt es, das ist eine Beleidigung der menschlichen Intelligenz. Ein Beispiel, das ich immer noch nicht vergessen habe: Mein Vater, der 87 Jahre alt ist, wollte mir ein Geschenk machen und hat gesagt, komm, wir gehen zu Samir, er ist ein ehrlicher Mann und hat gute Autos in seinem Autohaus am Teich ... also ging ich ganz stolz mit meinem Vater dorthin und da kam dieser Samir und als mein Vater ihm sagte, dass er mir ein Auto kaufen wolle, sagte Samir, er würde für den Sohn von ihm nur das Beste geben ... in Wirklichkeit verkaufte er mir einen Wagen, den er wohl für 600 Euro maximal irgendwo herbekommen hat, für 3500 Euro und nahm meinen alten Wagen in Kauf für 800 Euro, tja, das Problem war, er gab uns einen Wagen, wo die Zylinderkopfdichtung kaputt war, also verarschte er einen alten Mann und verkaufte ihm ohne Rechnung eine Schrotmühle für 4 300 Euro. Im Nachhinein merkte ich natürlich, dass mir mein Wagen, der kaputt war, von ihm untergejubelt worden war, Hauptsache Geld verdienen ... und als ich nach zwei Wochen reklamierte, weil ich keine Ahnung von Autos hatte, füllte der Samir Öl auf und sagte, ich solle nochmal zwei Wochen fahren, um das Problem dann endgültig zu identifizieren …der Punkt war, er machte das, damit ich kein Rückgaberecht mehr hatte nach vier Wochen … als einer an der Tankstelle, den ich fragte, sich meinen Wagen ansah, sagte er sofort, „Zylinderkopfdichtung" und dass die mich gelinkt haben … da bin ich sehr sauer geworden, denn das ist Betrug auf schändlichste Art und Weise, der in meinen Augen sehr hart bestraft werden müsste … er kann von Glück reden, dass ich ihn nicht gepackt habe, weil es ging mir nicht ums Geld, sondern um den Betrug an meinen Vater und es gab viel Streit … und wenn ich ihn gepackt hätte, wäre es bitterböse für ihn ausgegangen und ja, ich habe es immer noch nicht vergessen, sorry, so bin ich halt … nach langem Streit habe ich ein anderes Auto bekommen, aber ich sag es mal so, lasst den Scheiß, ihr zieht damit alle aufrechten Ausländer mit in den Dreck durch eure erbärmliche Art und Weise, an Geld zu kommen … und nebenbei war der Samir in meinen Augen ein komplexbeladener Mann, der gerne mehr wäre, als er ist, tja, du bist was du bist und das bis am Ende deiner Tage … sorry, das kann ich mir jetzt nicht verkneifen, aber ich kann mir nicht vorstellen, wie so ein Mensch auf Familienvater macht und sich für ein Helden hält, einfach nur ekelhaft.

Das sollten Immigranten bedenken, die neu in den Westen wollen

Viele Menschen aus Ländern, denen es anscheinend wirtschaftlich schlecht geht, träumen vom goldenen Westen auf ein besseres Leben, weil sie es in den Medien oder vom Hörensagen her kennen, doch Hollywood spiegelt nicht die Realität, sondern ist eine Traumfabrik, die nur an Profit denkt. Man sollte sich genau überlegen, wenn man es schafft, in den Westen zu kommen, was man auch selber anzubieten hat, weil wenn man die Grundvoraussetzungen der Sprache und einer gewissen Bildung nicht mitbringt, steht man schnell auf den Abstellgleisen im Westen und wird für das System leider auch zu einer Last. Der Westen ist einen Informationswelt, wo Bildung sehr wichtig ist, um am Westen mit zu profitieren, wer diese Voraussetzungen nicht mitbringt, kann leider keine anderen Tätigkeiten ausüben außer körperliche Tätigkeiten, die kein Wissen voraussetzen und die sonst niemand machen will. Und hier gibt es nichts geschenkt, alles kostet Geld, so ist der Westen aufgebaut, wie auch der Rest der Welt, um die Früchte zu ernten, die der Westen abwirft, muss man vorher eben auch etwas gesät haben, ansonsten kann man nur am Rande stehen im goldenen Westen und darauf hoffen, dass Krümel bei der Ernte abfallen für jemanden, der nicht viel dazu beitragen kann, dass die Ernte gelingt und geerntet wird. Und leider muss man sich auch nicht immer beschweren, wenn man dann ausgegrenzt wird oder als minderwertig angesehen wird, was traurig ist, aber eine logische Schlussfolgerung, denn was soll sich sonst jemand denken, der Menschen sieht, die mit nichts kommen und im schlimmsten Fall auch nicht viel können, er wird eben kein respektvolles Bild haben können. Manchmal frage ich mich, ob es für Menschen nicht besser ist, in ihrer Heimat zu bleiben und dort zu versuchen, sich ihre Chancen herauszuarbeiten, als in die Fremde zu gehen, um auf die Gnade zu hoffen, die man jemandem entgegenbringt. Zum Verständnis will ich ein positives Beispiel bringen: es waren zwei Albaner hier, die ich kennengelernt habe, der eine hat Medizin studiert und sein Cousin machte gerade das Abitur, sie waren sehr gebildet und kamen über eine Arbeitsagentur nach Deutschland, um etwas Geld für zwei Monate zu verdienen, damit sie in ihrer Heimat weiterstudieren können. Sie waren weltoffen, gebildet und egal, in welches Land sie gehen auf dieser Welt, sie waren eben durch ihre Bildung und ihre weltoffene kosmopolitische Einstellung überall kompatibel und das ist eben der Punkt: Wissen ist Macht, alles andere macht nichts außer Säcke schleppen.

Die Sache mit der Wahrheit

Donnerstag, 13. Januar 2022. Ich habe meine Eltern besucht und im Hintergrund lief der Fernseher und eine Krankenschwester hat irgendwas über diese neue Omikron-Pandemie geplappert und ja, es war eine nette, sympathische und hübsche Krankenschwester, mich wundert es, da ich solche nur selten im Krankenhaus zu Gesicht bekommen habe. Und dann sprachen die Moderatoren dieser Nachrichtensendung so, als seien es nette Menschen, die einem das Gefühl von Sicherheit vermitteln, eben nette vertrauenswürdige „die Welt ist in Ordnung"-Moderatoren … und danach sprachen sie in den Nachrichten ein Thema an, dass man einen syrischen Folterer oder so gefasst habe, ok, soweit so gut, und zu dem Bericht zeigten sie, wie angeblich in Syrien eine Bombe oder so etwas detonierte und kurz vor Schluss dieses Szenarios schrie einer noch „Allahu Akbar", da frag ich mich, was soll die Bauernfängerei eigentlich und was hat ein Folterer mit einer Detonation zu tun, war er jetzt auch Bombenleger oder was und wieso musste unbedingt am Schluss der Ruf Allahu Akbar zu hören sein, was den Menschen ins Unterbewusstsein gebrannt wird. Ist das nun Zufall und reine Natur wie Adam und Eva, oder haben sich die Leute dabei was gedacht, die es so zusammengeschnitten haben??? In meinen Augen ist das eine Manipulation der Menschen und genau diese Menschen bilden sich dann auch ihre sogenannte eigene Meinung. Nun stelle man sich vor, man steht als brauner Inder mit einem Turban, wie sie ihn tragen, vor einer Meute, die aus Wut auf die Moslems ein Opfer brauchen, da sage ich nur, armer Inder, lauf um dein Leben, Mann. Es geht nicht darum, dass man die Wahrheit spricht, es geht darum, ob diese Wahrheit, die man ausspricht, in das Konzept der Gegenpartei passt und wer das Monopol auf die Wahrheit hat. Und auch wenn die Menschen in ihren warmen schnuckligen Wohnzimmern im Winter die Wahrheit verstehen, werden sie sie nicht zugeben oder wahrhaben wollen, denn wer will sein schnuckeliges Leben mit vollem Magen denn riskieren??? Also, wem zum Teufel soll man dann die Wahrheit sagen??? Und was ist Wahrheit, ich halte es da so mit dem Spruch von Buddha, der sagte, dass Wahrheit das ist, was einem nutzt. Und ich kenne viele Menschen, die ihr Leben verloren haben oder flüchten mussten, weil sie die Wahrheit gesagt haben. Also dann doch lieber politisch korrekt und die Wahrheit verdeckt. Und mir braucht man nichts mehr vorgaukeln und he, ich war in der Hölle und habe mich dort wellnessmäßig niedergelassen, daher kommt auch die Brathühnchenbräune. Und wer mit einem Auge, wie es in den TV-Sendern gezeigt wird, besser sieht und eines dabei mit den Fingern zudeckt, der ist in meinen Augen zur Hälfte seines Gehirns beraubt, also bitte immer mit einem rechten und einem linken Auge schauen, hat sich bei mir sehr bewährt. Und nun ein kleines Beispiel: stellt euch vor, nur wenige Menschen schaffen es, die Spitze des Eisberges zu erklimmen, der im Ozean so dahintreibt und wenn sie dann oben sind, schauen sie runter in das trübe Wasser und können erkennen, wie die Welt im Unbewussten sich wie ein Bienenschwarm bewegt, leider ist man an der Spitze oft sehr einsam und alleine und wenn man zum Himmel hochschaut, kann man ihn sehen, doch ergreifen kann man ihn auch nicht … sich einlassen.

Jeder hat das schon gehört mit der Integration, gescheiterte Integration oder Multi-Kulti, alles ganz normal schon geworden, aber es geht doch darum, den Menschen die Angst zu nehmen vor dem Fremden und sie zu motivieren, sich aufeinander einzulassen. Und das geht nur, wenn man den Menschen aufklärt und da gebe ich dem deutschen Staat die Schuld, weil er es in meinen Augen nicht gemacht hat, und da sind immer strategische Interessen bei der Politik, weil die meisten Ausländer sind schon über ein halbes Jahrhundert hier und man hat es nicht auf die Reihe bekommen, doch wenn es um eine Fußball-WM geht, da macht man Milliarden locker mit dem Werbeslogan „Willkommen bei Freunden", also alles eine verlogene Geschichte von hinten bis vorne und der Kleine darf es ausbaden und ob der Kleine an Krankheit, Geldsorgen und Kummer leidet und nicht wenige dadurch sterben, interessiert die Politiker nicht, weil die haben dicke Bäuche und haben Zeit, um ihre Ziele zu erreichen. Also liegt es an uns Menschen, das Thema anzugehen und aus unserer Komfortzone herauszutreten und das Wagnis einzugehen, das man Leben nennt. In meiner Sportschule-Tätigkeit hatte ich viel mit Deutschen zu tun, ich kam super mit ihnen aus und das nicht, weil ich mich auf sie eingestellt habe, sondern weil ich sie auf mein Spielfeld geholt habe und wir nicht nach meinen, sondern nach universellen menschlichen Regeln miteinander zu tun hatten und komischerweise hat es bei mir sehr gut geklappt, weil ich den Menschen und seine Leistung gewürdigt habe, und alles andere war egal, so konnten auf einmal viele Menschen in meiner Schule miteinander gemeinsam einen Weg gehen und das ohne jeglichen Widerstand, und wenn ich das im Kleinen geschafft habe, ist es im Großen auch möglich, die Frage ist nur, auf wessen Spielfeld wir spielen nach welchen Regeln. Und in meinen Augen kann man sich Worte wie Integration und Multi-Kulti sparen, wenn man sie durch Worte ersetzt wie: „Gemeinsam Ziele erreichen", „Hand in Hand durch dieses Land." Der Rest ist nur Augenwischerei.

Mechanismen

Habt ihr euch schon mal gefragt, wie man es hinbekommt, Menschenmassen zu seinen Zwecken zu aktivieren??? Also mir ist es aufgefallen in jahrzehntelanger Beobachtung, dass Menschen unbewussten Mechanismen folgen, was ja nichts Schlechtes sein muss auf den ersten Blick. Ein Beispiel: als ich eine wunderhübsche deutsche Freundin mal hatte, die mich auf einen Geburtstag mitgenommen hat zu ihrer Freundin, da kam ich dort an und war schwer erstaunt … es waren wohlhabende Deutsche, die ein hohes Bildungsniveau hatten und aus einer landwirtschaftlichen Kulturlinie entsprangen .. nebenbei war ich da der einzige Ausländer, doch das waren sehr nette Menschen, zuvorkommend und sehr höflich, so wie ich mir eben die klassischen Deutschen vorstelle … nun, je später der Abend, sonderten sich die Jüngeren von den Älteren etwas ab und ich dürfte bei den Jüngeren dabei sein, als sie anfingen über ihre alten Erfahrungen während des Abiturs zu sprechen und die alten Lehrer, es war hochinteressant und da fing eine an, ein altes deutsches Volkslied anzustimmen und ich war wie vom Blitz getroffen, als diese kleine Gruppe auf einmal anfing, im Gleichtakt händeklatschend das Lied zu singen, als hätte eine höhere Macht ihr Bewusstsein übernommen, ich beobachtete das Schauspiel und merkte, wie das kollektive Unterbewusstsein auf einmal sich zu entfalten begann und was für eine enorme Kraft das war … es war ja was Schönes, weil sie ja auch schön gesungen haben, aber was, wenn man das zum Gegenteil zu etwas missbraucht, um ein Ziel zu erfüllen? Nun, dasselbe Schauspiel bot sich mir einige Jahre später in meiner alten Sportschule, was mich in meiner Beobachtung bekräftigte … es ist nicht einfach, ein Wort zu benutzen, das negativ vorbelastet ist, um nicht gleich in eine moderne Ecke der Verschwörungstheoretiker geschoben zu werden, doch mal ganz ehrlich, sind es nicht genau die Ideologen, Religionsvertreter und Vereine von bestimmter Herrenclubs, die man da auch in diese

Ecke schieben könnte???? Nun, ich sage es so, es ist nicht einfach, eine Art Mensch zu sein, der über den Dingen steht, so etwas wie eine Art Übermensch, der nicht von außerhalb erleuchtet, sondern durch langjähriger geistiger Anstrengung sich selbst durchleuchtet hat, um alles zu verstehen und besser mit der Welt und den Menschen darin umgehen zu können, Weisheit eben, und die kommt nur mit den Jahren. Ich denke, es sind die wenigen großen Verbrecher, die diese Mechanismen kennen und zur richtigen Zeit die Hebel betätigen, um an ihre Ziele zu kommen, weil sie genau wissen, wie das Menschlein tickt. Mein Lieblingsfeindbild ist ein Herr, der aussieht und sich auch so emotionslos artikuliert wie ein skrupelloser Mensch, der weiß, dass jeden Tag Menschen ihr Leben lassen und er zum Mittagessen seine Spätzle mit Soße genießt ... dieser besagte Herr, der da eben das höchst böse Buch mit dem Titel, dass sich Deutschland abschaffe, auf den Markt brachte, um die einen zu aktivieren, ihr schlechtes Inneres zu offenbaren und es in Massen gekauft haben und die anderen dadurch in Kauf nehmend in ernste Probleme gebracht hat ... und was mich wundert, ist, dass man ihn gewähren lassen hat und niemand es mal von dieser Seite sieht, die ich nun niederschreibe, aber ich weiß mit Sicherheit, dass viele der anderen Seite meiner Meinung sind ... und hat sich mal jemand gefragt, wer die Werbung für sein Buch gemacht hat und wer davon einen Nutzen hat??? Ich denke, den Produzenten dieser Operette ging es nicht um Geld, sondern sie wollten dem Publikum wieder mal ein Märchen vorgaukeln, um eine Stimmung im Land zu erzeugen, die sie wohl gerade gebraucht haben ... solch ein Werk ist nur ein Strohfeuer, was aber den Samen im Unterbewusstsein in einen Menschen gesetzt hat, dass die einen böse, faul und unproduktiv und sogar belastend sind für den Staat, ich hoffe nur, dass das Volk nicht zum richtigen Zeitpunkt getriggert wird, was diese Sache angeht. Kurz gesagt, ich beziehe es immer auf das Land, wo ich gerade lebe, doch das gilt für alle auf der Welt, alle sind wir gleich ... nun, ihr wisst ja, man darf alles, nur eins darf man nie machen, niemals und das ist, die Wahrheit zu sagen ... um jetzt damit abzuschließen, es gibt ein indisches Sprichwort ... wer denkt, die Welt sei real, ist eine Kuh, und wer denkt, die Welt sei eine Illusion, ist eine dumme Kuh, also ich zu meinem Teil erhoffe mir, dass mein Werk etwas Geld einspielt, sodass ich meine Illusionen endlich mal in die Realität holen kann ...

Ach ja, ob jemand, was ich schreibe ins Lächerliche ziehen will oder er es Widerlegungen will oder was auch immer, weil eins weiß ich mit Sicherheit: wer schreibt, der bleibt, was einmal manifestiert ist, hat eine reale Form angenommen und somit auch ein Werk, an dem man nicht vorbeikommt, tja, Reden ist Silber, Schreiben ist Gold.

Meiner Meinung nach kann dich am besten dein sogenannter Kontrahent therapieren und zu deinem besten Freund werden ...

So, nun muss ich etwas weiter ausholen. Ich fange mit meiner Sicht des Systems der westlichen Welt an ... die westliche Welt ist meiner Meinung nach eine knallharte Ellenbogen-Gesellschaft, die sich aber hinter Menschenrechte und sogenannten westlichen Werten versteckt, nun wollen wir es mal näher aus meiner Perspektive betrachten ... diese Worte, die ich geschrieben habe ...bevor ich sie erläutere, werde ich so anfangen, um einige philosophische Gedanken die große Männer niedergeschrieben haben. Mein Lieblingsphilosoph ist Nietzsche und er hat die Dinge meiner Meinung nach sehr treffend formuliert, was mich sehr gewundert hat zu einer Zeit, die heute mehr denn je zutreffen ... er sagte wo er lebe sah er keinen Willen zum Leben, sondern nur Willen zur Macht und jeder der lebt, will eine Art Macht ausüben, auch wenn man ihm vorgaukelt, er hätte die Macht zu wählen, zwischen Möglichkeiten die man ihm vorsetzt, aber ihm verschweigt, dass es unendlich viele Möglichkeiten gibt, so was nenne ich Bauernfängerei ... ich werde es jetzt in meinen Worten wiedergeben, dass er sagte, dass viele hart arbeiten müssten, damit einige wenige große Werke vollbringen, naja, egal, will ich nicht eingehen ... wenn wir sehen, es werden wirklich große Werke geschaffen von staatlichen Institutionen zu Forschungsprogrammen oder Theatern, Regierungsgebäuden und vieles mehr. Der Witz an der Sache ist, dass es die Steuern der armen Massen sind, die nicht mal an diesen Sachen teilhaben kann, weil sie nicht in der Richtung geschult sind, und es nicht verstehen oder zu schätzen wissen. Da ist ein Fußballstadion schon das höchste der Gefühle oder von Sachen, wo die Masse nicht mal in ihren entferntesten Träumen davon weiß ... ich denke, für einige habe ich jetzt schon alles gesagt, was es zu sagen gibt, aber egal, weiter im Text, was denkst du, Mensch, was du wert bist und wie dein Wert berechnet wird. Glaubst du, dass es Nahrung und medizinische Versorgung aus Nächstenliebe gibt oder aus strategischen Gründen, um eine Bevölkerung durchschnittlich intelligent zu halten, sodass sie in er Lage sind, für einen bestimmten Zeitraum zu arbeiten, bis sie ausgemustert werden, Rente oder der Tod … tja wie eine Professorin mir mal so niedlich gesagt hat: mit den Dummen dreht man die Welt um … nun zu meiner Geschichte: ich habe Jahrzehnte unter starkem Stress gelitten in den letzten Jahren, nur als kleines Beispiel, besaß ich eine Sportschule von knapp 500 qm und als ich im Sommer die Schule übernahm, verschwieg man mir, dass die Heizung defekt ist. Nun ich trainierte von Jahr zu Jahr in der Kälte und die Schüler trainierten manchmal sogar mit Winterjacken und Straßenschuhen und ich gab ein Vermögen an Heizöl aus für eine Heizung, die zu etwa 15 Prozent funktionierte, bis ich irgendwann mal auf Heizstrahler (Gas) umgestiegen bin … es waren grausame Zeiten, wo ich ständig erkältet war, unter hohem Stress, was die Schule, das Privatleben und meine Finanzen anging, sodass es Zeiten gab, dass ich Schmerzen hatte und meine Knochen spürte, wie sie schmerzten, weil keine eigene Körperwärme mehr da war, als ich mit dicken Boxhandschuhen auf einen weichen Sandsack schlug und ich mit Lungenentzündung bei Minusgraden Training abhalten musste … nebenbei waren meine Vermieter so nette Leute, die mir sagten, wenn es mir nicht passen würde, ich doch gehen könne und sie mit einem Bagger alles platt machen und eine Wiese daraus machen oder ich hätte gewusst, auf was ich mich da einlasse, obwohl sie in meinen Augen wie gedruckt zu ihrem Vorteil gelogen haben … aber was sollte ich machen, ich hatte keine Möglichkeit zum Ausweichen und meine Kundschaft kam aus dem Ort, ich war gefangen … nun, mit 51 Jahren war ich sehr ramponiert, als ich die Schule geschlossen habe und dachte ja, wie oben schon erklärt, dass ich sterben würde … nun, mein Hausarzt war gottfroh, dass es nur eine chronische Gastritis war nach der westlichen Medizin und kein Tumor, aber medikamentöse Hilfe Fehlanzeige, obwohl ich aussah wie eine lebende Leiche, nebenbei schickte man mich zu einer Psychologin, was ich mir echt hätte ersparen können, weil die Dame so reagiert hat, wie ich es erwartet habe, ich habe sie in ein Gespräch verwickelt, oder sagen wir mal so, eingewickelt, dass sie einige Äußerungen gemacht hat, wo sie mir gesagt hat, sie will mir auch sagen, dass sie eine eigene Meinung hat und nebenbei hatte sie eine andere Meinung von der Menschheitsgeschichte. Tja, nicht zu vergessen, dass ich ihr erklären musste, was ein Ghostwriter ist, ok, waren ja nur zwei Sitzungen und ich trat die Flucht an, weil es bei mir nicht darum ging, dass mich meine große Liebe vor 20 Jahren verlassen hat, oder mein Papa mich schlug oder meine Frau fremd geht … ich hoffe, Sie verstehen. Nun, kurz gesagt, keiner konnte mir helfen und ich war nur am Rumkriechen vor Leiden, tja, es gibt da ja noch die anderen Ärzte, die verdammt gut sind, aber ich konnte mir keine 100 Euro zwei Mal die Woche leisten … und was hätten Sie an meiner Stelle gemacht???? Ich will aber jetzt nicht das medizinische System kritisieren, ich hätte es, glauben Sie mir, weiter ausbreiten und aufdecken können, nicht zu vergessen, dass ich Masseur gelernt habe und in einigen Krankenhäusern gearbeitet habe, nebenbei viele Kurse in anderen medizinischen Richtungen besucht habe über 15 Jahre … kurz gesagt manchmal ist Selbsthilfe und der Glaube an Gott gar nicht so falsch, weil wir sind Kinder Gottes und nicht abhängige Mikroorganismen eines menschenverspeisenden Systems. Ok, in meinen Augen will ich es mal bildlich aufzeigen, das westliche System ist wie ein großes Raubtier, das sein Maul aufmacht und die Menschen im Rachen des Tiers eine wundervolle Spiegelung einer tollen Welt sehen und sie alle aus allen Herren Länder pilgernd zu dieser Welt strömen, bis sie auf der Zunge sind und dann schnappt das Tier zu, verdaut die Menschen und entsorgt eine tote Masse, an denen nur noch das Zeichen des Tiers zu erkennen ist. So, nun zu meinem Gegenüber, der mein angeblicher Kontrahent ist, wenn er anfängt, dir entgegenzukommen, dir anfängt zu helfen, ist das eine gegenseitige Befruchtung und jeder wird sich heilend weiterentwickeln und ein wahres Mitglied einer Weltengemeinschaft werden, das die richtigen Spuren setzt für die nachfolgenden Generationen … also sucht nicht die Unterschiede, sondern die Gemeinsamkeiten für das Allgemeinwohl und macht euch nicht abhängig von einer Welt, die aus Gauklern und Zirkusdirektoren besteht, versucht es mal mit einer Art Gebet, um wieder das Leben in voller Pracht zu erleben … ach Gottchen, ich habe den Faden etwas verloren, kurz, das Arbeitsamt sendete mir irgendwelche irrealen Job-Angebote, ohne meine Situation zu kennen und die meisten, die mich so sehen wollten oder nur so sehen konnten, wie sie es für richtig hielten, sagten „Bub, du musch Arbeit gau", so als sei ich ein fauler Strick und die Vorschläge reichten von Gabelstaplerfahrer, Sicherheitsdienst bis zum Paketfahrer. Tja, die konnten sich nicht vorstellen, dass ich um einiges mehr auf dem Kasten habe und ganz und gar nicht konnten sie sich vorstellen, dass ich ihnen um Welten überlegen war, deshalb schreibe ich dieses Buch, um zu zeigen, in was für einem Gedankengefängnis wir alle leben …

Nun kurz zu mir, ich bin nun 51 Jahre und im wahrsten Sinne des Worts aus dem Grab gestiegen, das für mich wohl vorgesehen war. Können Sie sich vorstellen, wie es ist, wenn man sich selber die Zähne aus dem Mund pult oder sie beim Kebabessen verschluckt? Können Sie sich vorstellen, wie es ist, wenn die Leber krampft und die Durchblutung so schwach ist, dass man bei Herbstanfang jeden Windstoß wie eine eiskalte Dusche spürt, die bis auf die Knochen kühlt? Können Sie sich vorstellen, wenn Sie das Gefühl haben, Sie hätten rostige Nägel im Magen und der Darm brennt und man ab und zu geteerten Stuhlgang hat? Können Sie sich vorstellen, wie das ist, bei einem so demolierten Rücken, dass man manchmal Angst hat, sich das Genick selber zu brechen oder die Wirbel ab und zu im Lendenbereich entzündet sind und so blockieren, dass man sich nicht beugen kann? Kann man sich vorstellen, wie es ist, wenn man Tage hat, wo man kraftlos ist und ein Kind einen umwerfen könnte und nun stellen Sie sich vor, ich hatte in meiner Jugend an einer per Waschanlage schaffen dürfen, die krebserregend ist, oder wie ich es geschafft habe, 11 Jahre und davon 7 Jahre sehr erfolgreich auf internationaler Ebene eine Schule zu führen, nebenbei viele Menschenleben im wahrsten Sinne des Worts gerettet zu haben auf die eine oder andere Art und Weise. Können Sie sich vorstellen, wie es ist, mal einige Wochen nichts zum Essen zu haben und an der Tankstelle für 5 Euro zu tanken, sodass eine unterbelichtete Tankstellen-Arbeiterin laut angefangen hat zu lachen … können Sie sich vorstellen, sich von degenerierten Wohlstands-Kindern etwas anhören zu müssen die fucking friday for futtere Anhänger sind mir etwas erzählen wollen, was gut ist für die Welt, während bei mir alle Knochen klappern … tja und dann sagt so eine Psychologin doch glatt, Frührente gibt es nicht und meine nette Steuerberaterin sagte mir, ich solle es mal mit Arbeit versuchen, wenigstens einen Minijob??? Und mein Vermieter der damaligen Sporthalle gab mir zu verstehen, ich solle neben meiner Sportschule noch arbeiten gehen, ja, der hat leicht reden, ein Riesenerbe, noch keine 40 und ein großes Haus und nur das Beste vom Besten, während ich mit meinem Leben kämpfe??? Alles kann ich jetzt nicht aufzählen, aber ich denke, das genügt. Aber mein Nachbar hat mir mal was Gutes gesagt, er ist Grieche und der sagte: „Wärst du ein Deutscher, hätten sie dir ein Denkmal gesetzt." Und ein Deutscher sagte mal zu mir: „Du bist super und machst so viel, du hast halt nur den falschen Namen …"

Ehrenmorde und kriminelle Ausländer

Hat sich jemand schon mal gefragt, wieso es sogenannte Ehrenmorde gibt und wieso es kriminelle Ausländer gibt oder sogar welche, die den sogenannten deutschen Sozialstaat belasten????

Nun, wenn man es prozentual ausrechnen würde, die Ehrenmorde, Kriminellen und Arbeitslosen auf die ausländische Bevölkerung, würde man bestimmt auf eine verschwindend kleine Zahl kommen und hat sich jemand mal gefragt, wie viele lebensgefährliche Jobs die Ausländer hier machen und dadurch ihr Leben verloren haben? Wie viele gefährliche und unangenehme Jobs die Ausländer übernehmen, wo es harte körperliche Arbeit ist, die nur wenige Deutsche annehmen würden??? Und hat sich jemand gefragt, wie viele Selbstständige es hier gibt unter den Ausländern, die es unter schwersten Bedingungen zu etwas gebracht haben und hat sich jemand mal gefragt, wie es Ausländer, die aus den erbärmlichsten Haushalten kommen, schaffen zu studieren und dann Lehrer, Juristen oder Ärzte werden? Haben diese Menschen, die in der 3. Reihe stehen, es nicht verdient, sie mal ernsthaft öffentlich zu würdigen mit Fernsehsendungen am Samstagabend zur Hauptsendezeit oder Plakaten an den Werbetafeln, mal was anderes als Parship oder so und vieles mehr????

Nun, wieso werden die bösen, ach so bösen Ausländer bloß kriminell? Tja, da sollte man sich die Ausländer-Gettos mal ansehen, hauptsächlich in den Großstädten, wo sie in mehrstöckigen Betonwüsten zusammengepfercht leben und tagein tagaus sehen müssen, wie ihre Nachbarn in den, ich sage es mal so, Dörfern in wundervollen süßen kleinen Häusern leben mit Vorgarten und ein bis zwei Autos, nebenbei manchmal ein nettes Motorrad und ... tja, und dann unsere Medien, die alles anpreisen, was sich ein auslag (asoziale kanacken) wie sie mittlerweile liebevoll genannt werden, nie leisten können??? Und ich würde sagen, wo ich lebe, in der Hölle, sah ich nur den Willen zum Überleben. Ist es da nicht verständlich, dass Menschen aus solch trostlosen Verhältnissen alles riskieren, um auch etwas von den verlogenen Träumen zu bekommen, die man ihnen tagein tagaus vor die Nase reibt?

Nun ein kleiner Schwenker zu einer Kuh, nun, so eine nette Kuh, die auf einer Wiese steht, hm, man kann sich nun fragen, was das denn nun wieder soll, aber jetzt hat sich bestimmt jeder vorgestellt, wie sie aussieht und wo man sie überall finden kann, auf Verpackungen von Schokolade, in der Natur und … tja, hat sich nun mal jemand vorgestellt was für ein Bild der Deutsche hat, wenn er an einen Ausländer denkt, den man heute so gebildet als Migrant verkauft??? So, ich denke dieser kleine Text muss nicht weiter erläutert werden, weil einige sich wohl jetzt schamvoll wegdrehen werden … weiter im Text …

Und nun zu den immer so in den Medien ausgeschlachteten Ehrenmorden, da kann ich ein kleines Beispiel aus meiner Familie nennen. Mit Mitte 20 hat meine jüngere Schwester mal einen deutschen Freund zu uns nach Hause gebracht, für mich war das ein Schock, sie brachte ihn zu uns nach Hause in unser Allerheiligstes, das wir in der Fremde hatten, nebenbei hatte ich nur einen deutschen Freund, der mich in 51 Jahren zu sich eingeladen hatte und das sollte allen sagen, was Sache ist. Meine Eltern drehten durch, weil es ihr Weltbild zerstörte, nun ich denke, für die Deutschen ist das nicht so schlimm, da bei ihnen tagein tagaus (ich entschuldige mich für den Ausdruck, doch er unterstreicht das, was man vor dem geistigen Auge sehen soll und meine Worte) baumlange Neger, reißfester und Araber mit Turban ein- und ausgehen. Und nun stellen sie sich mal vor, was das für ein Stress für eine ausländische Familie ist, die es hier in diesem Land so schwer hat und die mit Augen der Minderwertigkeit angesehen werden und jeder Tag ein kleiner Überlebenskampf ist, ein wichtiger Bestandteil der Familie abbricht, und somit ihr ganzes Glaubens-, Kultur- und Überlebens-System mit einem Wisch noch tiefer in den Dreck gezogen werden … und niemand ist hier, der den Ausländern entgegen kommt, das müssen sie dann schon selber bewältigen und bei so einem hohen Stressfaktor kann es zu Kurzschlüssen kommen, wenn das Stromnetz überlastet wird und das ist dann auch die Gelegenheit für die Geier, sich darauf zu stürzen, um es in den Medien auszuschlachten, wieder einmal auf dem Rücken der Ohnmächtigen, die alles über sich ergehen lassen müssen. Die Geschichte mit meiner Schwester werde ich am Schluss fortsetzen.

Nun und was ist mit den kriminellen Ausländern, die eine verschwindende Zahl ist im Gegensatz zu den Millionen Bürgern aus Ostdeutschland, die wir mit bezahlt haben, nicht nur die, auch Kriegsreparationen, Wiedergutmachungen … die den sogenannten Sozialstaat belasten???

Diese Ausländer, die deprimiert sind, oft die niedrigste Schulbildung haben und dann noch im schlimmsten Fall gesundheitlich so angeschlagen sind, dass sie leiden, aber keine Frührente oder so bekommen, wer braucht die denn noch, aber he, zum Säcke schleppen geht es noch, wird nicht gesagt, aber noch schlimmer, gedacht. Diese Menschen, die an den Rand der Gesellschaft gedrängt werden und sich in Drogen, Alkohol oder Spielsucht flüchten, über diese Kollateralschäden wird geschwiegen, klar, Menschen, denen man die Welt verspricht, aber ihnen gierigerweise nicht das Rüstzeug in die Hände gibt, sind von Geburt aus zum Tode verurteilt, man kann es an den Friedhöfen sehen, wo viele verscharrt liegen. Ich bin mir bewusst, dass ich jetzt sehr scharfe Worte benutze, aber soll mir einer das Gegenteil beweisen, bitte, die Wahrheit muss auch mal von unserer Seite gesagt werden.

Nun wieder zu meinen Schwestern. Ich liebe sie und gebe ihnen keine Schuld, weil es die Umstände sind, die das Leben ebenso geformt haben und ich weiß, eines Tages werden wir uns wieder in den Armen liegen, weil das ist der kleine Rest unserer Familie, der auf dieser Erde von uns übriggeblieben ist. Ich habe zwei von ihnen, die eine hatte über die Beziehung mit den Deutschen sozusagen das Rüstzeug fürs Leben bekommen und ist sehr erfolgreich geworden, sie sagte da doch glatt mal liebevoll zu mir, ich sei zu nichts anderem geboren als zu arbeiten und das Ende vom Lied war, dass sie mich verleugnet hatte in ihrer neuen Welt und ich mit ihr über 20 Jahre nicht gesprochen habe und nicht mal ihr Kind sehen durfte, ach doch, einmal per Zufall … aber ihre Freunde komischerweise hatten mich nie, ich meine nie, eingeladen, und der eine hatte sogar nicht mal dem Mut, seinen Eltern zu sagen, dass sie muslimischer Glaubensrichtung ist. Bei der anderen Schwester war es etwas besser, sie verleugnete mich nicht, sie tat so, als sei ich nicht da und sagte zu mir doch glatt, ja, du warst auf einmal weg, 15 Jahre, hm, ich war mir nicht bewusst, eine Weltreise gemacht zu haben … aber fairerweise muss ich sagen, ich wurde in 15 Jahren einmal zu Weihnachten eingeladen und war etwa fünf- bis sechsmal bei ihnen, he, das ist doch was oder???? Im Umkehrschluss, was bedeutet das?? Nun, unsere Familie ist zerstört und meine Eltern, die mittlerweile 87 und 78 Jahre alt sind, leben in einem Traum, dass alles gut wird und Deutschland zwar hart war für sie, aber ich froh sein könnte, dass ich hier bin, sie sehen die Realität nicht mehr und mein Herz ist gebrochen und die Seele schreit tagein tagaus, weil ich für meine Eltern im Rahmen meiner Möglichkeiten alles gebe, wenn wir uns nicht wieder mal streiten wegen meinen Schwestern, die uns in meinen Augen im Stich gelassen haben, was das Thema angeht und es aussitzen hinter meinem Rücken. Nun, falls ihr denkt, dass das schockierend ist, tja, das war nur der Anfang, nun beginnt der Kampf um Rom (das Erbe), ich bin so blauäugig und kämpfe immer noch für eine verlorene Sache, während die anderen hinter meinem Rücken das Bärenfell teilen, obwohl der Bär noch lebt, mal ehrlich, wer wird mich hier begraben, wer wird an meinem Grabe stehen und in was für einem Loch werden sie mich entsorgen????? Ich kämpfe und kämpfe, aber wie es im Islam steht, Allah liebt die Standhaften, die mit Geduld ausharren und eines Tages kommt auch für uns der Lohn, und unsere Tränen werden alle zu einem goldenen Fluss gesammelt, der uns die Straße der Gerechten sein wird und er wird strahlen, sodass alle Ungerechten ihre Augen vor Scham verschließen werden. So, nun das ist eben mal ein anderes Bild von Ausländern und deren Leben, doch ich bin mir sicher, dass es auch viele Deutsche gibt, die sich damit identifizieren können.

Ich versuche, den Spagat zu schaffen in meinem Leben zwischen Menschlichkeit und Verbitterung und versuche, es so zu schildern, um allen gerecht zu werden, weil im Grunde sind wir ja nur in geliehenen Körpern, die eine kurze Lebensdauer haben und wir, ich wiederhole mich, das Beste daraus machen müssen. Nun etwas aus meiner Geschichte,was die Herkunft angeht, ich denke, das ist auch wichtig und ausschlaggebend. Und teilweise meinen Eltern zur Ehre geschuldet. Es hat aber jetzt nichts mit dem Thema Deutschland zu tun, eher mit dem Thema der Menschen und was sie sich antun, und es wiederholt sich in der Geschichte immer und immer wieder. Wenn ich zu meinen Eltern gehe und die alten Bilder sehe von meiner Oma, Opa und so, und dann die Bilder von meinen Eltern, als sie jung waren und so schön voller Träume, bricht es mir jedes Mal aufs Neue das Herz. Meine Mutter stammt aus Bosnien, aber ihr Opa aus Montenegro, der musste damals flüchten, als die damaligen Orthodoxen ihn umbringen wollten und so floh er nach Bosnien und mich würde es nicht wundern, wenn er auch irgendwie albanischen Blut hatte. Wie in einem Märchen war seine Geschichte, als er heiraten wollte, damals ging er zu einer Familie, wo seine Angebetete war … die Frau des Hauses holte ihre Töchter, um sie zu preisen, aber mein Opa sagte, er wolle die, die sie im Keller versteckt haben und so heiratete er diese, doch wie gesagt, mussten sie nach Bosnien flüchten und dort hat er mit Nichts angefangen, er arbeitete sehr hart, bis er am Schluss viele Landarbeiter hatte und sehr wohlhabend wurde, bis der 2. Weltkrieg begann … Doch meine Mutter erzählt, wie sie als Kinder hungernd vor dem Ofen standen und meine Oma heißes Wasser aufsetze und sagte, dass das Essen gleich fertig sei, bis mein Opa nach einem harten Arbeitstag etwas Mehl nach Hause brachte, damit sie wirklich etwas zu Essen machen konnte ... nun es waren harte Zeiten ... mein Vater ist aus dem Kosovo und die Albaner hatten nun mal eine sehr harte und undankbare Geschichte, doch das wird nicht thematisiert, obwohl jeder das weiß mit etwas Bildung in der Richtung, doch da will ich jetzt nicht so einsteigen ... mein Vater sagte mir, mein Sohn, dein Uropa war ein Bajraktari, eine Art Anführer, der von hinten erschossen worden ist während einer Mission. Und mein Opa war ein reicher gebildeter Mann, der sogar in Mekka war, damals war das eine Reise von einem Jahr mit vollem Risiko ... und dann kamen die Balkankriege, der erste und der zweite ... Während des 1. Weltkrieges, glaube ich, haben uns die Bulgaren und Serben richtig zugesetzt. Unser Haus wurde in Pena niedergebrannt und wir wurden geplündert, meinem Vater, seiner Mutter haben die Bulgaren sogar ein Feuer auf dem Kopf angezündet, um von ihr zu erfahren, wo unsere Schätze begraben waren, tja, so mussten sie nach Mitrovica wieder mal mit nichts, aber mein Opa hatte dort wieder ein Haus und zwei Geschäfte errichtet, bis das damalige kommunistische Regime uns enteignete, unsere Ländereien, und wir wieder bitterarm waren und danach nötigten sie uns mit Repressalien, alles dem Staat zu überschreiben, was wir hatten und in die Türkei also sogenannte Türken zu immigrieren. In der Türkei änderten sie unsere albanischen Namen und meine Familie hauste in einem Keller, in den es hineinregnete, alleine diese Geschichte ist herzzerreißend, aber ich springe weiter bis zu dem Zeitpunkt, als mein Vater dann nach Deutschland kam und dort jemanden kannte, der ihm meine Mutter vermittelte, das war eben damals so ... nebenbei, als meine Mutter jung war, kam eine Zigeunerin an ihren Garten in Bosnien und sagte ihr, es werde ein Mann aus der Fremde kommen und sie mitnehmen in ein fremdes Land ... meine Mutter, jung und Lehrerin, lachte und vertrieb sie, aber komischerweise hatte die Zigeunerin recht, wie das Leben manchmal so spielt ...

Ich hoffe, diese kleine Geschichte hat Sie alle zum Nachdenken gebracht und auch gefallen, sodass es dieser eine kleine Stein ist, der ins Rollen gebracht worden ist, um etwas ein bisschen zum Guten zu verändern ... für mich war es der langersehnte Steinwurf, auf den ich mein Leben lang gewartet habe

Was in meinen Augen Geld ist

In unserer heutigen Zeit ist Geld wichtiger, als es in den Generationen zuvor war, weil früher gab es einen starken Familienverband, der einen beim Fallen aufgefangen hat und früher waren viele Menschen Selbstversorger und somit hatten sie noch eine Art Macht über ihren Grund und Güter, die sie selber erwirtschaften konnten, doch in unserer heutigen Zeit sieht es ganz besonders in den westlichen Gesellschaften ganz anders, aus weil kaum einer selber holz hackt, jagt, etwas anbaut oder Tiere hält, was man noch weiter ausbreiten könnte.

Also ist man total abhängig von der Gesellschaft und welchen Platz man dabei einnimmt. Das liebe Geld ist für mich die Existenzberechtigung eines Menschen, umso mehr er hat, umso berechtigter ist er, in einer Gesellschaft zu existieren und auch etwas zu melden im Gegensatz zu den Menschen, die keins haben, die werden leider nicht mehr ernst genommen und müssen sich immer hinten anstellen im Kampf um ihre Bedürfnisse … also Geld ist das Lebenselixier, mit dem man sich nicht nur materielle Güter erwirbt, sondern auch eine höhere Lebensqualität und sich auch eine bessere Gesundheit erhalten kann und Zeit hat, sich den höheren und schönen Künsten im Leben zu widmen. Und viele Menschen halten sich für Versager, weil sie denken, es sei ihre eigene Schuld, dass sie in Armut leben, doch in meinen Augen sieht die Sache ganz anders aus … die Welt besteht, soweit mir bekannt ist, seit tausenden von Jahren und die Grundmechanismen haben sich nie geändert, es ging immer um die Familie, das Wissen und die damit verbundenen Macht, die einem nicht nur das Überleben sicherte, sondern auch den Wohlstand … augenscheinlich haben wir nicht das indische Kasten-System, doch wenn man genauer hinschaut, ist unser System ein strengeres Kasten-System und es kommt immer darauf an, wo man in einer Pyramide geboren wird … ist man ein Ausländer oder ein Deutscher, dessen Familienstrukturen zerstört worden sind und der dadurch besitzlos geworden ist, wird man meiner Meinung nach ganz unten in einer Pyramide geboren, es ist das Fundament einer Gesellschaft, die arbeitende und besitzlose Masse. Und danach kommt der sogenannte Mittelstand und die Pyramide wird von Stufe zur Stufe nach oben hin immer enger, bis man an der Spitze angelangt ist, wo es einige wenige sind, die das ganze Geld verwalten und dadurch die Macht haben, die ganze Pyramide zu kontrollieren, sie setzen die Werte einer Gesellschaft vor und zeigen damit, wohin die Marschrichtung geht … und das wenige Geld, das in den unteren Teilen der Pyramide bleibt, ist für die Menschen ein wichtiger Grund, um sich gegenseitig das Wenige aus der Tasche zu ziehen und sich somit gegenseitig zu bekämpfen, ohne zu merken, dass jemand das alles kontrolliert und sie dadurch ihre Macht nach oben abgegeben haben. Also ist der Mensch, der nichts hat, ein Versager, oder ist er von Anfang an dazu verdonnert, ein Versager zu sein???? Ich weiß, dass das sehr evolutionistisch klingt, aber soll mich doch einer vom Gegenteil überzeugen … und wie kann man erwarten, dass es in einer Gesellschaft Menschen gibt, die sich ernsthaft um andere kümmern oder es menschliche Werte gibt, wo doch jeder um sein eigenes Überleben kämpft … und soziale Absicherung ist das eine, Sicherheit oder eher eine Abhängigkeit? Und mal im Ernst, Geld ist absolute Macht und jeder, der diese Macht einmal genossen hat, wird wissen, von was ich rede. Machen Sie einen kleinen Test, ziehen Sie sich sehr gut an mit teurer moderner Markenkleidung und füllen Sie ihren Geldbeutel mit sehr vielen Scheinen, danach gehen Sie in ein Kaffee und trinken ein Getränk. Und wenn Sie fertig sind, rufen Sie die Bedienung zum Zahlen, dabei öffnen Sie den Geldbeutel, sodass die Bedienung das Geld auch gut sehen kann und achten Sie mal, wie nett die Bedienung auf einmal wird, fehlt nur noch, dass Sie einen roten Teppich ausgerollt bekommen. Und leider sind wir Menschen in meinen Augen alle so, wenn wir Macht bekommen, spielen wir sie auch auf irgendeine Art und Weise aus, weil, wie sagte Nietzsche so schön, wo ich lebe, sah ich kein Leben, nur Wille zur Macht.

Nun ein kleines Beispiel aus der Türkei

Ich kann nicht viel über die Türkei sagen, weil ich hier in Deutschland geboren worden bin und eben die Türkei nur aus dem Urlaub kenne, doch eines weiß ich, was meine albanischen Verwandten angeht. Nun, in der heutigen Türkei beginnen die albanischen Kulturvereine wie Pilze aus dem Boden zu wachsen und es gibt langsam auch Schulen, wo die albanische Sprache wieder gelehrt wird, was ich damit sagen will: Die Türkei ist ein Land, das jeden mit offenen Armen aufnimmt, solange er nicht gegen die Regierung ist und politisch gegen den Staat agiert. Die Albaner dort haben keine Diskriminierung erfahren und haben sich sozusagen schnell in das Land eingefügt und das zeigt, dass die Türkei jeden aufnimmt, ohne ihn zu hinterfragen, wenn er gute Absichten hat, nebenbei gibt es in der Türkei ganze Siedlungen am Meer, wo deutsche Rentner sich zur Ruhe setzen oder Deutsche ihr Glück dort versuchen und habt ihr gewusst, dass es sogar deutsche Dörfer gibt in der Türkei, wo es heute zwar Türken sind, aber genetisch sind es Deutsche, die blond und blauäugig sind???? Ich will nicht auf die politische Situation eingehen, was die Türkei angeht, ich spreche nur aus meinen Erfahrungen und derer meiner Familie, die dorthin vertrieben worden sind und in der Türkei gab es albanisch-stämmige Politiker, Schauspieler und vieles mehr, was in Deutschland leider nur langsam vorangeht, in der Türkei ist das ein natürlicher Prozess. Nebenbei sollte man wissen, dass die Türkei aus dem osmanischen Reich entsprungen ist und es ein Großreich war, das viele Völker beinhaltete und somit die heutige Türkei ein Vielvölkerstaat ist und Rassismus, was die menschliche Seite angeht, kaum bekannt ist, da ist die Politik eine andere Sache, aber darauf gehe ich nicht ein, weil ich nicht qualifiziert genug bin. Glauben sie mir, in der Türkei gibt es Gegenden, wo sich ein Europäer wie ein Südländer vorkommt, wenn er die dort Ansässigen sieht, die groß, blond und blauäugig sind, wie gesagt, ein Vielvölkerstaat.

für mich persönlich ist die Türkei ein erstaunliches Land weil es viele Nationen und Kulturen beherbergt und sie alle friedlich nebeneinander leben.

Unterschiede zwischen Ausländern

Es werden unter dem Begriff alle in einen Topf geworfen und meistens meint man die dunkelhäutigeren, die moslemische Herkunft sind und das bedeutet wahrlich nichts Gutes. Es gibt aber verschiedene Gruppen und ich zeige sie mal etwas auf. Engländer, Norweger, Franzosen, und vieles mehr, die nicht ins Auge fallen und deren kulturelle Hintergründe auch mit Deutschland leichter zu kombinieren sind. Und dann kommen die Menschen, die aus dem ehemaligen Ostblock stammen, sie sind zu einem größeren Teil akzeptiert, zwar nicht so gut wie die erstgenannte Gruppe, aber doch immer noch besser als die nächsten Gruppen. Jetzt kommen wir zu den Asiaten, die eine kleine Gruppe ausmachen und die nicht wirklich ins Auge fallen. Außer man geht in ihre Restaurants oder trifft sie in einer Universität, ist diese Gruppe ist auch sehr unauffällig, doch wenn man sie oft heranzieht für erfolgreiche Menschen, die sich gut eingliedern, da sollte man bedenken, dass es wenige sind und wer mal, so wie ich es war, in New York in Chinatown war, bekommt schnell ein anderes Bild von einer Realität, die sich in Deutschland so noch nicht abspielt, und wenn einer mal versucht hat, mit ihnen in New York ein Bild zu schießen und sie dir den Hintern zudrehen, um dir zu zeigen, was sie von dir halten, wird schnell merken, dass nicht alles, was glänzt, Gold ist. Oder wenn ein Vietnamese einem Prügel auf dem Zechen Markt androht, wenn er merkt, dass du mit einem Kind Spielzeug kaufen willst, statt Chrystal Meth und auch noch anfängst, etwas zu handeln, was das Plastikspielzeug angeht. Jetzt kommen wir zu den Spaniern, Portugiesen, Griechen oder Italienern, die recht gut angenommen sind, wenn sie nicht gerade kriminell sind, dann stehen sie schon gut da, sie sollten aber gut Deutsch reden können und nicht aussehen wie jemand aus dem Nahen Osten. Ja und einer von dieser Gruppe hat mir mal, als ich jünger war, vor meiner Nase mein vergoldetes Zippo-Feuerzeug geklaut, das ein Geschenk aus den Staaten meiner Verwandten war, also auch keine Gruppe der Engel. Nun kommen wir langsam den Gruppen näher, die man nicht wirklich gerne hierzulande in der Öffentlichkeit sehen will, zuerst fange ich mit den Albanern an, das ist eine Gruppe, die man, wenn man den Namen hört, gleich mit brutaler Kriminalität in Verbindung bringt, was aber ausgeblendet wird ist, dass sie hart arbeitende Menschen sind, die sehr widerstandsfähig sind, und fast auf jeder Baustelle zu finden sind, doch dass es unter ihnen sehr erfolgreiche gibt, die sogar in den höchsten Positionen entweder eigener Firmen oder anderer Firmen gibt, ist leider dem deutschen Publikum nicht bekannt. Und jetzt ein kleiner Schwenker zu der gröbsten Gruppe, es sind die Türken und leider wird nur das Wort Türke in Deutschland für minderwertig und andersartig benutzt, obwohl es mittlerweile sehr gut sogenannte integrierte Menschen sind, die sehr hart arbeiten und ich würde behaupten, dass nur diese Gruppe mehr verdient als manche Bundesländer aus dem Osten. Es gibt unter ihnen mittlerweile sehr erfolgreiche Geschäftsleute, Ärzte, Juristen und viele mehr, die es geschafft haben, der Welt ein Mittel gegen die auf einmal so neu aufgekommenen Pandemien zu schenken, doch ich habe das Gefühl, umso brauner jemand ist, umso schlechter trifft es ihn und nun zu der Gruppe, die ich zusammenfasse, die aus Afghanen, Arabern, und Schwarzafrikanern besteht, das sind neue Gruppen, die in Deutschland zum größten Teil als Asylanten hergekommen sind, und ihr Ruf ist sehr schlecht, was teilweise vielleicht sogar zutrifft, aber nicht wirklich dem Gesamtbild entspricht, weil da gibt es auch sehr erfolgreiche Menschen in allen Branchen, leider fällt das nicht ins Gewicht, wenn man bedenkt, wie sie in den Medien dargestellt werden und ja, ich verharmlose es nicht, sie haben wirklich viel auf dem sogenannten Kerbholz und es ist auch bekannt, dass sie wohl ein sehr junges Durchschnittsalter haben ohne Familienstrukturen, die in vielen Situationen sehr gefährlich auch sein können, doch nun sind sie auch hier und machen Deutschland mitunter bunter … in meiner Schule habe ich einige der letzten Gruppe auch als Schüler gehabt und sie waren wirklich in Ordnung, doch leider waren da auch ihre Freunde, wo ich mal mit einem Prügel aus meiner Schule gegangen bin, der vorne beschwert war, um eine bessere Schlagkraft zu haben, weil sie meine Kinder, die zu mir ins Training kamen, ungebührlich angesprochen haben … und das in einer kleinen Stadt von 15 000 Einwohnern, da möchte ich mir nicht ausmalen, wie es in Großstädten ist …

Unterschied zwischen Asylanten und Ausländern

Leider zerstören die Asylanten in unserer heutigen Zeit das Bild der Ausländer, das wir uns durch harte Arbeit und vielen Entbehrungen über Jahrzehnte erarbeitet haben, weil nun viele einen Grund haben, uns alle in einen Topf zu schmeißen und uns Migranten zu nennen. Die sogenannten Ausländer sind schon in der dritten Generation hier und viele haben den deutschen Pass, obwohl das die Pigmentierung ihrer Haut auch nicht gerade verändert. Viele Ausländer sind selbstständig oder in guten Firmen angestellt und mittlerweile gibt es auch immer mehr Juristen, Ärzte und vieles mehr. Und wie allen bekannt sein sollte, hat die große Masse der Ausländer immer noch nicht die deutsche Staatsbürgerschaft, was sie vom politischen Geschehen hier ausschließt und das ist in meinen Augen nicht ganz fair, weil sie doch richtig was dazu beitragen, dieses Land auf Vordermann zu halten … und nun kommen die neuen sogenannten Migranten, die hauptsächlich aus jungen Männern bestehen, und belasten die sozialen Kassen, was aber allen Ausländern in die Schuhe geschoben wird. Viele sind nicht berufstätig und nicht wenige sind kriminell, was auch für uns ein unschönes Bild hinterlässt … doch leider fristen viele Asylanten ihr Leben hier auch in sehr schlechten Verhältnissen und das über Jahre, da ist es klar, dass einige eben durchdrehen, weil es eben Menschen sind und keine Tiere … bei mir trainierte einer aus Angola, er lebte in einem Asylantenheim und als ich ihn dort mal besuchte, war ich schockiert über die Verhältnisse, er lebte vier Jahre lang mit drei anderen Asylanten in einem Zimmer eingepfercht, das nach meinen Schätzungen etwa 25 qm hatte, in einem Haus voll mit Asylanten, einer Gemeinschaftsküche und sanitären Einrichtungen, es war erbärmlich. Und ich sage, wer ernsthaft Asyl beantragt, weil er auf der Flucht ist, da habe ich nichts dagegen, aber als in meiner Schule ein Mann aus Syrien seine vier Kinder anmelden wollte und ich sie zum halben Preis trainieren lassen habe, weil es Asylanten waren, wollte er von mir auch noch die staatliche Unterstützung haben, die mir zusteht für die Unterstützung der Asylanten, da dachte ich, der hat sie wohl nicht mehr alle, ich kämpfe um den Erhalt meiner Schule und der kommt mir auch noch so dreist und das Beste war, als ich ihn aus meiner Schule geworfen habe, was mir für die Kinder leid tat, rief ein deutscher Berater an, der an seiner Seite stand und die wollten noch Geld von mir, da bin ich ausgetickt und habe dem Berater mal meine Meinung gegeigt, von da an war Ruhe … nun ist klar, dass die Asylanten auch bei uns kein sehr gutes Bild haben.

Wie die Zukunft meiner Meinung nach aussehen wird

Aus meiner Sicht sieht die Zukunft für die Ausländer und die Verlierer in dieser Gesellschaft nicht sehr rosig aus. Es gibt ein Ungleichgewicht in der Verteilung der Bevölkerung und damit meine ich, dass es immer mehr Gettos geben wird, und das Wort Getto ist schon längst überholt, ich würde es ja fast schon unsichtbare Internierungslager nennen, wo man die abschieben wird, die in das neue Bild einer perfekten Gesellschaft nicht passen werden und sie werden immer mehr und mehr sich selbst überlassen sein, und das wird mit Sicherheit in Großstädten zu massiven Ausschreitungen führen. Frankreich hat uns es ja vorgezeigt ... doch dieses scheinbare Problem ist mit einer kühlen Härte einkalkuliert worden, ich jetzt mal so unterstelle ... ich sag es mal, so der Pharao, der auf seiner Sänfte getragen wird, umringt von Soldaten, wird selten angegriffen, weil er sich auch nie in den Elendsvierteln zeigt und als Nero Rom angezündet hat, wurde das römische Reich ja auch nicht gestürzt und wieso???? Weil die Masse keinen Führer aufbauen kann, sie keine ernsthafte Opposition bilden können gegen den Staat und somit ihre Wut sich immer in ihren eigenen Vierteln entlädt und sich gegen ihresgleichen richtet, das ist in meinen Augen die Unfähigkeit der Massen, zu reagieren, sie sind ohnmächtig und suchen immer einen Retter, der wieder mal der Pharao oder Imperator sein wird. In Zukunft werden private Sicherheitsdienste in den zu Stadtstaaten mutierten Gettos patrouillieren und die Arbeit der Polizei übernehmen und den Führern der Gettos wird eine Macht zugesprochen, um ihre Gettos im Zaun zu halten, damit sie fern bleiben von den wohlhabenden Stadtteilen ... hört sich bitter an, aber so würde ich die Zukunft prognostizieren und man darf nicht vergessen, unter der Masse an verfallensten Menschen kann man auch immer und jederzeit aus den Vollen schöpfen, um billige menschliche Arbeitskraft zu erhalten. Und falls jemand denkt, dass ich übertreibe, kann ich euch aus meinen Erfahrungen erzählen, die ich in den USA gemacht habe und das vor über 25 Jahren, da gab es Wohnsiedlungen, eingemauert und bewacht und unsichtbare Grenzlinien trennten die Menschen voneinander, was Ethnien oder soziale Unterschiede angeht und es ist so leicht, das aufrecht zu erhalten, weil am Schluss, wie es mir jemand gesagt hat, es klingt bitter, ist aber so, frisst jedes Schwein aus seinem eigenen Trog. Ich gehe auf die Themen immer so ein, dass es sich auf das Nötigste beschränkt, weil man nicht vergessen darf, dass die Wirtschaft, die neusten technischen Entwicklungen wie auch der immer schneller sich entwickelnde wissenschaftliche Standard viele Menschen zu unbrauchbaren Verlierern der Neuzeit macht. Ich denke, dass es in Zukunft Nationalstaaten nur noch bei großen sportlichen Ereignissen geben wird, aber in Wirklichkeit sind es Wirtschaftszonen, die geschaffen werden und die Menschen, wie es ihrer Natur entspricht, werden immer dahin gehen wollen, wo es ihnen eben besser geht, eine Art modernes römisches Reich, das eine Idee, ein Gedanke war und die sogenannten Barbaren wollten alle ein Teil davon sein. Meiner Meinung nach sind alle politischen Systeme gescheitert, die mit Macht und Gewalt die Welt regiert haben, wo die Kultur der Menschen unterdrückt worden ist und die neue Strategie scheint mir zu sein, den Menschen alle ihre kulturellen und religiösen Bräuche zu gewähren, weil man sie mit dem Geld an den Angelhaken bekommt und da spielen alle anderen Sachen nur noch eine blasse Nebenrolle und so kann man ein verstecktes Großreich beherrschen, ohne dass es der abhängige Mensch merkt, weil er eben immer noch seine Nation beim Fußball anfeuern kann, einfach gesagt.

Und nun eine kleine Prognose, die ich in den Raum stelle, ich behaupte, dass es in den nächsten Jahrzehnten in Frankreich bürgerkriegsähnliche Zustände geben wird, die man dann Ausschreitungen nennen wird, der sozialen Klassen und man muss dort politisch eine Veränderung schaffen, doch in Wirklichkeit wird es ein Bürgerkrieg sein zwischen den Kulturen und man wird sie sich auch gegenseitig bekämpfen lassen, bis sie erschöpft sind und dann steigt der sogenannte Staat, der in meinen Augen nur eine wirtschaftliche Interessengemeinschaft ist, ein, um diesen Brandherd unter Kontrolle zu bekommen, um ihn wieder, wie sollte es auch anders sein, zu seinen Gunsten zu kontrollieren, und ich behaupte es wird viele Todesopfer geben, sehen wir mal in der Zukunft, ob ich recht behalten werde.

Gedicht

Gebt acht, denn es ist euer eigener Dämon, der erwacht und das in jeder neuen Nacht. Es sind eure Taten, die ihr versteckt, doch der Dämon wird sie euch verraten, indem sich seine Kralle bis in eurer Seele erstreckt. Schweißgebadet ihr euch dreht und wendet im Bett, ihr macht eure Sünden nicht mehr wett. So führt ein tugendhaftes Leben, es ist ein himmlischer Segen. Und gebt acht der Dämon kommt immer bei Nacht.

Das Gefälle

Das Gefälle zwischen den Menschen, den Staaten und Ländern und was uns das allgemein für eine Zukunftsprognose geben könnte und ob es da noch die Ausländer geben wird oder sie zusammengefasst werden in der Masse, die unnütz ist für unsere neue Welt???

In den Industrienationen, die sich immer mehr zu Informations-Nationen transformiert haben, zählt das Wissen und der Mensch hat sich dort auch revolutioniert in ein Wesen, das in meinen Augen ein transhumanistisches Wesen ist und im Gegensatz zu den Ländern, die ganz unten in der Rangliste rangieren, wo Menschen noch im Lendenschurz jagen gehen oder mit Hacke und Pflug die karge Erde bearbeiten, um einen dürftigen Ertrag zu erhalten, der ihr Leben einigermaßen sichert, wo sie in Bambushütten oder in elenden Wellblechstädten ihr Leben fristen. Diese Menschen sterben noch an Hunger und den einfachsten Infektionskrankheiten, die die anderen schon längst überwunden haben, sie arbeiten unter lebensgefährlichen Umständen, um die Rohstoffe für die Industrienationen zu liefern ... ich denke, solange wir das nicht auf die Reihe bekommen, alle Menschen auf eine gleiche Stufe zu stellen, wird es nie Gerechtigkeit geben und politische Korrektheit, die nur eine Worthülse ist für die Leute, die sich an diese halten müssen, um nicht sanktioniert zu werden und das ist meiner Meinung nach eine moderne Diktatur, versteckt unter Leitwörtern und Ideologien, die nur denen Nutzen bringen, die am längeren Hebel sitzen. Doch was bringt der sogenannte Westen denn für Menschen hervor, es sind hochgebildete Roboter, die funktionieren müssen, doch seelisch sind sie leer geworden, tja, der Mensch lebt nicht vom Brot allein und somit wachsen die psychisch Kranken in einer Anzahl, dass man den Westen in meinen Augen schon als eine psychisch kranke Gesellschaft bezeichnen könnte. Ihnen fehlt der Zugang zur Seele und zum Mitmenschen, sie verdursten menschlich umgeben von Materialismus, der jedes Jahr veraltet und man etwas Neues braucht, um mit dabei zu sein, und immer mehr und mehr um den inneren Unfrieden zu sättigen. Im Gegensatz dazu sind die armen Menschen noch verbunden, mit den, ich sag es mal so, Naturgöttern, die ihnen Trost spenden und sie müssen nicht ins Sportstudios rennen, um ihren Körper naturgemäß zu belasten, weil sie ihren Körper noch so nutzen, wie es wohl von der Natur bestimmt worden ist. Und psychische Krankheiten kennen sie wohl auch nicht und könnten es kaum definieren oder können sie sich vorstellen, wie in einem Dorf in Angola einer eine Bambushütte hat, wo über dem Eingang steht „Psychologische Beratung" und die Menschen in einer Reihe stehen, um sich zu therapieren???? Ich weiß nicht, ob ich dieses Thema anschneiden darf, doch ich wage es. Malawier sind in meinen Augen eine höchst unmoralische Welt, wo Lügen den Alltag beherrschen und keiner merkt, dass es Lüge und Ungerechtigkeit ist, so als sei das logische Denken abgeschabt worden. Wir stellen in unserer heutigen Zeit Impfstoffe her und einige Herren, die sich anmaßen zu sagen, dass die ganze Welt geimpft werden sollte, das ist in meinen Augen so ein grandioses Verbrechen, was die Menschlichkeit angeht, es geht mir hierbei nicht um die Impfung, sondern eher darum, dass man arme hungernde Menschen durchimpfen will und dafür Milliarden ausgibt und sie danach wieder als geimpft und gesund in ihr Elend entlässt, sodass sie sich vor Hunger wieder ihre Sandkuchen backen können und vielleicht einige Wochen länger überleben … mit dem Geld, das man da ausgibt, könnte man Schulen, Krankenhäuser, die Infrastruktur aufbauen und den Menschen langsam aber sicher so einen Weg weisen, das sie sich den anderen Ländern wirtschaftlich und geistig nähern, aber nein, das spielt keine Rolle, sollen sie in ihren Wellblechhütten elend verenden an Armut, Hauptsache geimpft. Ich will die Pandemie nicht runterspielen, ich will nur das Verhältnis aus einer Sicht aufzeigen.

Tribut an meine und alle anderen Eltern

Hiermit will ich meinen Eltern den Tribut zollen, den sie verdient haben und allen anderen Eltern, die hier nie zu der Ehre gekommen sind, die sie verdient haben und ich hoffe, es kommt eines Tages der Tag, an dem man den vielen Menschen, die hier ihr Leben aufgeopfert haben für dieses Land, ein Denkmal setzt, weil sie es verdient haben. Meine Eltern haben es geschafft, aus dem Nichts durch harte Arbeit drei Kinder großzuziehen und drei Eigentumswohnungen zu kaufen und das nur in einem Menschenleben, nun sind sie alt. Meine liebe Mutter, die Asthma, Osteoporose, chronische Magen-Darmentzündung, einen kaputten Rücken hat, der im wahrsten Sinne zerbröselt und zwei abgerissene Schultermuskeln und mittlerweile schwerhörig ist, ist eine Heldin, die ihr Leben lang so hart gearbeitet hat. Und die nie aufgegeben hat und in ihrem Herzen immer noch die junge Dame ist, die als Lehrerin nach Deutschland kam. Und mein Vater, der ein so hartes Leben hatte, der von Kosovo in die Türkei im wahrsten Sinne des Worts deportiert worden ist, und von dort in jungen Jahren hierher kam und ich ihn nur als einen Mann kannte, der arbeitet und das immer in der Nachtschicht, und wenn ich sie heute sehe, spüre ich die Narben an meinem Herzen, das unendlich viele Male gebrochen worden ist, und doch immer wieder zusammengewachsen, so wie das Leben meiner Eltern, das Leben ist wie im Fluge an uns vorbeigerast und nur am Ende merkt man das, weil man es in dem Augenblick so intensiv spürt und endlich den wahren Dingen im Leben Bedeutung zumisst, der Liebe menschlicher Wesen, die so kostbar ist und doch selten beachtet, in ihren Augen sehe ich die Jugend dieser liebevollen Eltern, deren Körper gealtert sind, aber nicht das Tor zur Seele, das uns in der Ewigkeit immer verbindet, sodass ich nie wirklich etwas von meinen Eltern hatte und sie ihr Leben aufgeopfert haben für ihre Kinder, das sind die wahren Helden, die hier niemand ehrt, doch ich mache das und ich mache es stellvertretend für alle, die hierhergekommen sind, man darf sie niemals vergessen, sie sind ein wichtiger Pfeiler dieser Gesellschaft und haben dieses Land mitaufgebaut, sie sind ein Teil dieses Landes und dessen unauslöschlicher Geschichte. Vor euch gehe ich auf die Knie, um eure Füße zu küssen voller Dank.

Meine guten Erfahrungen mit den Deutschen und Deutschland

Es ist mir höchst unangenehm, das Wort Deutsche zu benutzen, weil das uns ja irgendwie als Menschen trennt und in meinen Augen gibt es nur bewusste und unbewusste Menschen, das Wort Gut und Böse will ich nicht benutzen, weil es ist in meinen Augen so unbewusst diese Worte zu benutzen und zeigt mir, dass das Problem sein könnte, Menschen zu etikettieren, kategorisieren und dann ihnen keine Chance mehr zu geben ... in meiner Schule hatte ich wundervolle deutsche Schüler, wenn sie jünger waren, waren es wie meine Kinder, ich gab ihnen all mein Wissen, das sie zu der Zeit fassen konnten und sie sahen zu mir herauf, weil sie mir vertrauten und ihr Vertrauen ist mir eine göttliche Ehre, die es gilt, zu beschützen ... da war zum Beispiel ein Junge, den ein albanischer Schüler von mir etwas geärgert hat, und ich sagte zu dem Jungen, mach dir keine Sorgen, mir ist es egal, ob er mein Landsmann ist oder nicht, mir ist es wichtig, ordentliche Leute um mich herum zu haben und lieber schmeiße ich ihn raus als dich ... oder einer, den ich super mochte, er war ein toller Kämpfer und auch super in der Schule, ich glaube, er studiert jetzt Physik, er hörte auf mich, befolgte brav meine Anweisungen und machte mich sehr stolz, nebenbei schreibt er mir heute immer noch Nachrichten und fragt, wie es mir geht, oder gratuliert mir zu besonderen Anlässen, so einen Sohn kann sich nur jeder wünschen ... oder ein ganz besonderer Mann, der Direktor an einer Schule ist, ich kenne ihn bestimmt seit 25 Jahren und er hat mir bei all meinen Problemen, wenn er mir helfen konnte, geholfen, und mich nie in Stich gelassen, er ist sogar einmal an Weihnachten mit einem Geschenkkorb extra zu mir gefahren, um mir den zu übergeben und man sollte wissen: Weihnachten ist für mich immer eine Zeit, die ich alleine mit meinem Dackel zuhause war und was für eine Freude es war, als er kam, unglaublich ... oder eine Dame, die mir selbstlos geholfen hatte, als ich mit Corona im Bett gelegen bin ... und es gibt auch diejenigen, die einen respektvoll behandeln, obwohl man sie nicht kennt und die aushelfen, wo es geht. Wie eingangs erwähnt, es gibt nur Menschen, entweder passt es oder eben nicht. Und was Deutschland angeht, ist das Land reich beschenkt worden von Mutter Natur, es hat Berge, Flüsse, Täler in solch einer Pracht und Vielfalt, das man eigentlich gar nicht wegfahren müsste und die Nord- und Ostsee, das sind wundervolle Gebiete, wo die Menschen auch sehr nett sind. Das deutsche System ist nicht in allen Punkten gut, meiner Meinung nach aber doch eins der besten Staatssysteme, die wir hier auf Erden haben und das soll was bedeuten. Und wer in Deutschland lebt, der lebt im wahrsten Sinne des Worts selbst im abgelegensten Dorf am Puls der Zeit, weil das Land einfach wundervoll ausgebaut ist und man überall alles bekommen kann zu jeder Zeit. Leider sind Worte oft ungünstige Vertreter des Erlebbaren, weil eine Erfahrung kommt und geht wie der Wind, doch wer sie erlebt, der wird nie wieder von ihr loskommen. Wer das beste und grandioseste am deutschen Volk kennenlernen und deren Volksseele mit allen Sinnen erfassen will, der sollte durch das Land reisen, um die Landschaft, ihre Menschen mit ihren Bauwerken auf sich wirken lassen, während er deutsche klassische Musik hört und diese Impressionen erzeugen dann auch eine perfekte Komposition, die man nur erfahren kann und die dann auch das respektvoll wiedergibt.

Der Mensch

Ich schreibe viele Themen an, weil es ja darum geht, dass ich abrechne und eine Abrechnung ist immer eine sehr wichtige Sache für jeden Menschen und jeder sollte eine Abrechnung machen, um sich selber zu befreien, nur wer befreit ist und am Schluss nach der Abrechnung sehen kann, was unter dem Strich übriggeblieben ist, kann sich aufrappeln um einen Neustart zu machen, einen Start so wie er es verdient, indem er sein Leben in seine Hände nimmt und nach der Abrechnung niemandem mehr zürnen muss, nein, im Gegenteil, er wird sogar barmherziger und demütiger, weil er das Geschenk des Lebens erkennt und die Menschen erkennt, dass sie alle belastete Seelen sind, die Angst haben, eine Abrechnung zu machen, weil was sie dann unter dem Strich sehen werden, wird sie wohl nicht sehr freuen und ihnen würde es wie Schuppen von den Augen fallen, das sie höchstwahrscheinlich vier Sechstel ihres Lebens gelebt haben und was dann noch kommt, ist die kostbarste Zeit, die man hat, es ist die Restzeit und die wird geschätzt und man kann sie nicht in Gold aufwiegen. Doch leider leben die Menschen immer in der Illusion, dass sie mit 70 jünger seien als der mit 85, obwohl sie selber schon alt sind … wir sind wundervolle Geschöpfe, perfekte Wesen in den verschiedensten Farben, Größen und vieles mehr, aber jeder hat in sich etwas, das ich das Licht oder die Seele nenne und wenn man unsere Hüllen wegnimmt, strahlen wir dann nur noch, es ist das helle Licht unserer Seele, die reinste Verbundenheit mit unserem Schöpfer. Letztens traf ich einen jungen Mann in einem Discounter, dessen Namen ich jetzt nicht nenne, eben da, wo alle armen Menschen einkaufen gehen, um sich Nahrung und billige Kleidung zu kaufen. Ich wollte mir Thermo-Unterwäsche kaufen, weil sie in einem Prospekt angeboten wurde. So traf ich diesen jungen Mann, den ich seit meiner Kindheit kenne, er war der Cousin meines damaligen besten Freundes, der Türke war. So, nun, der junge Mann, für ihn waren wir die großen Vorbilder, er war ja jünger und wir nahmen ihn mit zum Fußballspielen und so. Es sind aber so viele Jahre vergangen, dass ich ihn fast schon aus meinem Gedächtnis verloren habe und da traf ich ihn im Discounter und er erkannte mich trotz Maske. Er war geschockt, weil ich wie ein Penner aussah, so wie ich mir damals in der Jugend dachte, als ich solche Leute sah, dass ich so nie enden wolle, würdelos, ich war erkältet, hatte meine Haare nicht gerichtet und bin mit einer Jogginghose in den Laden rein. Er war respektvoll und fragte mich gleich, ob ich Hilfe brauche und so fing das Gespräch an, er erkannte, dass ich in ernsthaften Problemen steckte und ich spürte seine aufrichtige Hilfe, die er mir angeboten hatte, doch es gibt nun mal Sachen, die kann man nur selber geradebiegen, das ist eben wohl das, was man einen Mann nennt, weil am Schluss ist der Mann im wahrsten Wort sein selbst oder wie man so schön sagt, selbst ist der Mann. Wir verabschiedeten uns, aber ich sah in seinen Augen das Entsetzen. Ok, ich habe gelernt mich durchzuboxen und meine Wunden selber zu lecken. Doch am selben Abend schrieb ich ihn über den Facebook-Messenger an, ob er mir nicht einen Erfahrungsbericht schreiben würde für mein Buch. Drei Tage später meldete er sich und war so begeistert von meiner Idee und meinem Buch, weil ich sozusagen die Stimme war aller Menschen, zwar vordergründig der Ausländer, doch beim genaueren Hinsehen die Stimmen der Menschen. Ich war mir nicht bewusst, dass mein Projekt so eine durchschlagende Wirkung hatte auf die Menschen, mit denen ich sprach und von denen ich Erfahrungsberichte einholte. Das ist ja der Punkt, genau der Punkt, um den sich alles dreht und das ist der Mensch, der was sagen will, weil er jemand ist, der auch gehört werden will, ein menschliches Lebewesen, mein Gegenüber und doch mein Spiegelbild. Und ich erhoffe mir so sehr, dass ich mit meinem Buch genau diese Wirkung erziele beim Leser, dass wir eine Familie sind und niemand ist vergessen, es gibt immer jemanden, der dich ernst nimmt und für dich einsteht. So dass der Mensch nicht immer des Menschen größter Feind ist, sondern des Menschen Bruder, der endlich erkennt, dass man nur gemeinsam leben kann und gemeinsam Freud und Leid teilen sollte, um am Schluss des Lebens ein erfülltes Leben geführt zu haben, sodass man seine Restzeit wirklich vergoldet hatte ohne Family.

Ein ganzes Menschenleben und doch immer ein Kind geblieben

Letztens, als ich im Auto saß, wieder mal unterwegs ins Nirgendwo, einfach nur zu fahren mit meinem Freund Jack, dem Zwergdackel König Jack, so wie Freunde es ab und zu tun … übrigens, Jack ist ein echter Kumpel, ich glaube, er ist ab und zu sauer auf mich, weil er seit über sieben Jahren kein Wort mit mir gewechselt hat und das, obwohl ich für ihn singe, tanze und ihm das Fleisch gebe, ich begnüge mich dann auch mit Brot, hahaha, eben hörte ich ein altes Lied aus den 70er-Jahren, es war von Drafi Deutscher, „Marmor, Stein und Eisen bricht, aber unsere Liebe nicht", und es versetzte mich in meine Kindheit zurück. Als ich kleines Kind war, habe ich mich trotz aller Widrigkeiten super gefühlt, ich saß in meinem Zimmer, das ich mit meinen zwei Schwestern teilte, in meiner Ecke und spielte wie immer mit meinen kleinen Plastikfiguren, es waren antike Krieger und ich liebte sie, von der Marke Atlantis, das war meine Welt, ich saß da mit der Begleitmusik eines alten Radios im Hintergrund, wo ich eine alte geschenkte Kassette immer und immer wieder hörte, es waren Hits aus den 70er-Jahren, glaube ich … meine Figuren kaufte ich mir auf Flohmärkten oder ich bekam sie geschenkt, es waren bestimmt mehr als 1 000 zwei Zentimeter große Figuren und ich baute mir Städte und kreierte riesige Schlachtfelder. Ich fühlte mich so wohl und hatte so viele Träume und das Leben blühte, doch wenn ich gewusst hätte, was in diesem Leben auf mich zukommen würde, hm, da wäre ich wohl nie über die magische Türschwelle meines Kinderzimmers getreten, um die weite Welt wie ein General von 1 000 Plastikfiguren zu erobern … nun, ich bin wohl ein sehr schwerer Fall gewesen, mein Berufswusch war doch wirklich, ein Held zu sein, oder eine Art römischer Imperator, hahaha, und als eines Tages meine Tante bei uns war, wollte sie mir einen Pulli stricken und ich durfte mir ein Motiv auswählen, sie ging wohl davon aus, dass es eine Lokomotive oder ein Auto sein würde, doch ich kam angerannt mit einem Geschichtsbuch und wollte unbedingt einen Brustpanzer haben wie ihn Julius Cäsar auf dem Bild getragen hat … meine Tante sah mich überrascht an und sagte zu meiner Mutter, dass ich irgendwie anders bin, lachen … und nun mit 51 Jahren war ich wohl wirklich eine Art Julius Cäsar gewesen, wenn man bedenkt, dass ich eine Schule hatte mit über 130 Schülern und das 11 Jahre am Stück und es hunderte Menschen waren, die meine Wege dort kreuzten und ich muss euch sagen, ich will nie wieder ein Cäsar sein, hahaha, Menschen sind so anstrengend und die Vorbereitung auf einen Krieg ist so langwierig, sie muss geplant sein und deine Krieger müssen perfekt ausgebildet sein und das alles nur, um eine Schlacht zu gewinnen und der Witz ist, nach der Schlacht hat man einen Sieg in der Hand und das wars, und nun, was jetzt, ich kann es euch sagen, alles wieder von vorne, zur nächsten Schlacht, hahaha, nene, ich will jetzt nach nur noch zur Ruhe setzen und endlich mal leben, weil das Leben ist für alle Menschen dasselbe und wir haben alle dieselben Probleme, es verändern sich zwar die Ebenen der Probleme, doch Probleme bleiben Probleme … und nun führe ich mein voraussichtlich letztes Gefecht mit diesem Buch, tja, um das rettende Ufer zu erreichen, der letzte Ritt eines sehr ramponierten Helden, den irgendwie keiner mehr haben will, dem Sonnenuntergang entgegen, wie all die anderen, die neben mir reiten auf ihrem Lebensritt und manchmal muss man vielleicht auch ein Leben lang warten, um die Sonne mal zu sehen, der man dann entgegenreiten kann … im Grunde bin ich wohl nie erwachsen geworden und in irgendeiner Parallelwelt muss es diesen kleinen Jungen noch geben, der in seinem Zimmer Musik hört und spielt, oh, was ich dem sagen würde (zwinkert): „Also meine lieben Helden, die wir wohl alle sind auf dieser Welt, wir sehen uns auf der Sonnenseite." Und ja, wir wollen alle LEBEN.

Erfahrungsberichte

Es folgen einige Erfahrungsberichte, die von Ausländern und Menschen anderer Länder zusammengefasst worden sind und die ergeben ein interessantes Bild, was die Erfahrungen angeht. Wundervolle Menschen aus verschiedenen Ländern schreiben etwas zu dem Thema aus ihrer Sicht, auch aus anderen Ländern.

Dardan M.

In Deutschland bemerkt man, dass sich einige Menschen schnell instrumentalisieren lassen, ob es von den Medien ist oder auch von der Politik. Vergleiche ich uns Albaner damit (ein Volk, das über 2 000 Jahre Krieg um die Freiheit hatte), wirkt es so, dass Albaner sich nichts von der Politik erzählen lassen. Da herrschen eher die Volksgesetze.

Hier lernte ich die Welt kennen, als wäre „Germany" die Hauptstadt. Alle Nationen und Kulturen sind hier so nah, dass man von jedem lernen und unterschiedliche Erfahrungen sammeln kann. Wenn ein Deutscher bei einem anderen Menschen erkennt, dass er es weiterbringen möchte, dann stellt er ihm auch keine Steine in dem Weg. Die Ämter und die Politik sind da schon anders gestrickt. Beispielsweise ist das Justizsystem unverändert. Es basiert auf der NSDAP-Struktur. Die Amerikaner haben nichts im Justizministerium beeinflusst, genau dort, wo sich alle Mitglieder der NSDAP verschanzt hatten. Es zeigt, dass die Politik hier eigene Interessen hat und vieles links stehen gelassen wird. Die Völker dieser Welt müssen begreifen, dass wir keine Lebenszeit damit verschwenden sollten, mit dem Finger aufeinander zu zeigen, uns Menschen gegeneinander aufbringen zu lassen.

Wir leben einige Jahrzehnte und hinterlassen Erinnerungen für die Zukunft.

Da ich so viele Kulturen und Nationen kennenlernen durfte, ist mir nichts mehr fremd. Mein Mutterland ist Dardanien (Kosovo), wo ich zur Welt gekommen bin und erzogen hat mich Vaterland in Deutschland, wo ich beim deutschen Volk aufgewachsen bin, das mich mit seinen Eigenschaften geprägt hat, unter anderem mit: Einigkeit, Recht und Freiheit und vor allem „Freie Meinungsäußerung".

John Dela Pina

Jede Migration beginnt mit Anfeindungen aus dem einen oder anderen Extrem. Mit dem Gastland hatte es mein Vater schlimmer als ich, besonders in der Schweiz in den 1960er-Jahren. Er wurde verhaftet und geschlagen von der Polizei, in eine Zelle geworfen, weil er spät in der Nacht nach Hause ging (sein Verbrechen war, spätnachts barfuß nach Hause zu gehen, weil ihm die Schuhe wehtaten), er arbeitete als Kellner. Diese und viele andere Vorfälle von Belästigung, Einschüchterung und immer daran erinnert zu werden, dass er nicht von hier ist, er ist hier nicht willkommen. Das führte ihn schließlich dazu, die Schweiz zu verlassen und sich in London niederzulassen, dort fand er eine andere Welt, ein besseres Leben und tolerantere Menschen. Zumindest damals. Also ließ er sich nieder und holte mich und meine Schwester, die wir bei meiner Großmutter in einem kleinen Bergdorf in Italien lebten, und brachte uns nach England. Ich war sieben, sprach kein Wort Englisch, natürlich wurde ich in der Schule gehänselt und sich über mich lustig gemacht, aber ich lernte schnell mit meinen neuen Jamaika-Freunden (mit denen zu identifizieren mir Trost gab), damit umzugehen. Ich passte mich schnell an und fand mit der Zeit mein Selbstvertrauen. Als ich aufwuchs, hatte ich nie wirklich Probleme wegen meiner ethnischen Zugehörigkeit, es war eher eine Reviersache ... meinem Revier seinen Respekt zu verschaffen, mein Revier war mehr ein Problem ... als meine ethnische Zugehörigkeit zu etablieren.

Ich bin in London aufgewachsen bis zum Alter von 20 Jahren, dann bin ich ausgewandert und habe in der Schweiz gelebt, von 1984–1989, in Frankfurt in Deutschland 1989–1992, dann zurück in die Schweiz 1992–1996 und zurück nach Großbritannien, genauer London, 1996–2006. Nach Dublin in Irland ging ich 2006–2008, dann nach Rumänien 2008–2011. Seit 2011 lebe ich in Basel, Schweiz.

Alles, was ich sagen kann, kommt von meinen Erfahrungen mit dem Leben in anderen Ländern unter Fremden, obwohl ich mich bereits an die Länder gewöhnt hatte, in die ich gegangen war, um zu leben. Also habe ich mich nie wirklich als Außenseiter gefühlt, aber das allgemeine Gefühl, das ich von den Leuten hatte, war, dass du nie wirklich an diese Orte gehörst und dass deine Zeit jederzeit ablaufen könnte … sie tolerieren dich und du tolerierst sie, so was in der Art. Aus welchem Grund auch immer. Aber sobald der Grund nicht mehr wichtig ist oder sich die Umstände ändern, werden sie nicht zögern, dir zu sagen: „Du gehörst nicht hierher, geh dorthin zurück, wo du hingehörst.“

Ich weiß nicht, ob es damit zu tun hat, ein Ausländer zu sein oder nicht, ich denke, es hat mehr damit zu tun, institutionalisiert zu werden, wir werden gedankenfrei geboren, als freie Geister, aber dann wird uns beigebracht, was wir denken sollen, wie wir handeln sollen und die vielen Regeln, die wir befolgen müssen. Ich glaube, das ist das Haupthindernis jedes Landes, dass weitreichende Regierungsinstitutionen und Doktrinen sein Volk erreicht haben, es ist ein ständiger Kampf, in dem wir uns von den Ketten der Gesellschaft befreien wollen, in manchen Ländern ist es schlimmer als in anderen, da liegt das Problem, da müssen wir uns anpassen.

Da fragst du dich dann, wo gehöre ich hin, und die Antwort ist: Du gehörst nicht zu ihnen, sie verstehen dich nicht, du kannst nur zu deiner eigenen Art gehören, oder zumindest zu denen, die wie du denken! Jetzt habe ich Rückblicke auf meine Kindheitstage, als ich aufwuchs, bis ich sieben Jahre alt war, ich denke, da gehöre ich hin, zu den Ziegen, zu den Kühen mit all diesen Nachtsternen, ich will zurück in mein kleines Dorf im italienischen Apennin! Denn in der Fremde ist man nie zu Hause.

Agus F.

Aufwachsen in DE

Anders. Als ich in das Gymnasium kam, wurde mir das zum ersten Mal klar. Ich gehörte einfach nicht dazu. Ich war verwirrt und wusste nicht, wie ich mich hier verhalten soll. Ich kam aus einer Grundschule, die zu 80 Prozent von Ausländern befüllt wurde. Natürlich war ich dadurch im Kopf ganz anders geprägt worden. In der Grundschule spiegelte sich mein Verhalten bei den anderen Schülern, doch im Gymnasium sah ich nur ein verschwommenes Bild. Die Klasse war gefüllt mit Deutschen und ich als braunhäutiger, schlitzäugiger Migrant, der auch noch Moslem ist, ragte natürlich heraus. Man könnte sagen, ich hätte beim Minderheitenquartett fast alle Karten. Am Anfang war es erfreulich, denn als Kind erkannte man solche Unterschiede nicht. Befreundet habe ich mich sehr rasch mit den Leuten aus meiner Klasse, denn durch meine lustige Art und Weise, die ich von der Grundschule erworben habe, bin ich mit meinen Klassenkameraden sehr gut zurechtgekommen. Wenige Zeit später wurde ich auch zum Klassenclown, und dieser Titel machte mich auch stolz. Doch als ich älter wurde, veränderte sich auch mein Umfeld und somit auch meine Klassenkameraden. Sie merkten natürlich auch langsam, dass es Unterschiede zwischen uns gibt. Als denen mein Humor nicht mehr gefiel, wurde ich auch weniger wertgeschätzt. Mir schien es so, als würden sie keine Zeit mehr mit mir verbringen wollen. Mein Sein reduzierte sich nun mal nur auf Blödeleien, die mich lustig gemacht haben. Es war so, als würde die wahre Vielfalt meines Charakters nicht anerkannt werden. Jedoch klammerte ich mich trotzdem noch an der Vorstellung fest, dass ich irgendwie von diesen Leuten wertgeschätzt werden muss. Ich dachte, dass es mich glücklich machen würde, aber da habe ich mich wahnsinnig geirrt. Ich wurde unglücklicher, denn meine eigenes Ich wurde mir fremd. Ich stellte fest, dass ich mein Glück und meine echte Persönlichkeit für sie geopfert habe. Ich wurde mehr wertgeschätzt, aber nicht auf die Art und Weise, die mir gefiel. Ich wurde wertgeschätzt und ich war mit vielen befreundet. Jedoch, als manche mit mir reden wollten, nannten sie mich einfach „Asiate". Die rufen nicht mehr nach meinen Namen, sondern nach meiner Rasse. Für die war ich also nur ein Zugehöriger und Vertreter einer anderen Ethnie und kein Individuum. Meine Persönlichkeit wurde getrübt. Ich war nicht sauer, doch es gefiel mir natürlich nicht, also antwortete ich nicht mehr darauf, wenn sich mich „Asiate" genannt haben. Stattdessen wartete ich einfach, bis sie meinen Namen sagten. Ich hoffte so sehr, dass sie „Asiate" so lange rufen würden, bis sie endlich feststellen, dass ich eigentlich nicht nur ein Asiate bin, sondern „Deckname". Bei mir war es zumindest halb so schlimm, denn es waren ja teilweise meine „Freunde". Doch manche, die ich kenne, haben schon mal Nazisprüche wie „Scheiß-Ausländer" kassiert oder Begründungen bekommen, wieso sie die schlechtere Rasse sind. Das ist eine andere Liga. Mich persönlich macht es nicht wütend, sondern eher traurig. Mich bekümmert es, dass viele dieser Leute missinformiert sind und vielleicht noch nie die Chance hatten, mit einem Ausländer zu sprechen. Akzeptieren können viele uns erst, wenn sie den Ursprung unserer Unterschiede kennen und verstehen. Es braucht einen Diskurs.

Auch als ich älter wurde, lernte ich auch über die Freiheiten, die man in Deutschland genießen darf. Mit 14 schon vögeln und mit 16 schon ans Bier. Für mich wirklich unfassbar. Aber ich habe nichts dagegen, eigentlich finde ich es sogar ganz verständlich, denn das Bildungssystem hier in Deutschland sorgt für genug Aufklärung. Dennoch fand ich genug Persönlichkeiten hier, die diese Freiheiten bis zum Limit genießen. Ein italienischer 15jähriger Playboy, der im Monat mehrere Mädchen befriedigte oder ein Deutscher, der sich am Wochenende „entspannt achtarmig einen reinorgelt". Jetzt stehe ich da komplett verwirrt. Soll ich mitlaufen? Soll ich mich an die Mädels ranmachen? Soll ich mitlaufen?

All diese Fragen machten mich verrückt und als Moslem habe ich angefangen, meinen Glauben anzuzweifeln. Ich stellte dauerhaft die Frage, ob das Leben in Deutschland nicht einfacher sein würde, wenn ich kein Moslem wäre. Die ganzen Fragen fesselten mich. Ich hatte den Drang, mitmachen zu wollen, jedoch fühlte ich mich auch den Prinzipien meiner Religion treu. Und in der Mitte dieses Konfliktes erstarrte ich. Ich stellte fest, dass diese Freiheiten, die mich verlocken, der Grund dieses Konflikts sind und trotzdem blieb ich stecken. Im Endeffekt stellte ich fest, dass ich mich von der Freiheit beschränken ließ. Also musste ich etwas tun. Ich greife das Bier. Ich lief mit. Allerdings zögerte ich, doch manche Sprüche, die meine deutschen Freunde mir zugeflüstert haben, wie „eins ist keins" oder „Allah ist eh nicht da" drängten in meinen Kopf. Ich trank Alkohol, aber ich hatte es unter Kontrolle. Zu hundert Prozent dicht war ich noch nie, aber durchs Trinken wurde ich nicht glücklich. Bier ist eine deutsche Tradition, doch ich habe nicht verstehen können, weshalb viele sich dann die Birne wegkippen. Anders als ich stehen meine deutschen Freunde nicht in einem Prinzipienkonflikt, also greifen sie zum Bier, ohne ein zweites Mal nachzudenken. Für sie ist der Bierkonsum selbstverständlich. Ich dachte, ich konnte auch so sein. Ohne ein schlechtes Gewissen Alkohol zu konsumieren. Diese Person war ich aber nicht, denn diese Person wäre nicht glücklich gewesen. Diese Person wäre mir völlig fremd, denn sie wäre nicht „Deckname". Ich hörte auf zu trinken. Ich merkte, dass ich durch den Verzicht auf Alkohol glücklicher bin. Meine deutschen Freunde akzeptieren und verstehen es vollkommen, so wie ich die Tradition des Biertrinkens. „Ich bin einfach nicht der Typ, der Alkohol trinkt", war meine Begründung. Hier in Deutschland merke ich meine Privilegien. Das Gesundheitssystem ist auf dem höchstem Niveau, das Bildungssystem ist auch sehr bewundernswert, und allgemein die Infrastruktur ist ausgezeichnet. Das, finde ich, macht Deutschland wirklich aus. Hier hat man Möglichkeiten und Chancen. Ich bin sehr dankbar dafür, dass ich auch in diesem Land aufwachsen durfte, trotz der mentalen Herausforderungen. Durch diese werde ich stärker und immer weiser, sowohl ich als auch meine deutschen Freunde, die durch mich mehr Perspektiven von der Welt erfahren können. Es ist auch sinnvoll, die Herausforderungen zusammen zu überwinden anstatt alleine, sodass man mehr Verständnis gewinnt. Nur gemeinsam kann man sich eine bessere Zukunft erschaffen.

Y.H.

Hallo zusammen,

Ich bin 24 Jahre alt, bin in Deutschland geboren und lebe natürlich seit meiner Geburt in Deutschland. Jedoch habe ich albanische Wurzeln (Familie & Verwandtschaft kommen aus Kosovo). Durch meine deutschen Papiere bin ich quasi ein Deutscher, aber ich fühle mich weder am Papier noch im Herzen wie ein Deutscher, denn meine Wurzeln liegt im Kosovo und ich fühle mich komplett als Albaner zugehörig. Klar, eine schwierige Frage, was Heimat bedeutet ... Ist absolut legitim, wie es jeder empfindet. Nach über 24 Jahren, obwohl ich seit meiner Geburt in Deutschland lebe, fühle ich mich fremd. Klar, ich bin bei Gott sehr dankbar, dass ich trotz teils schwieriger Vergangenheit ein gutes, gesundes & sicheres Leben habe, weil ich die Hauptfundamente wie ein Dach über dem Kopf, Nahrung, Pflege etc. habe. Jedoch fehlt mir etwas. Die Mentalität in Deutschland hat sich leider sehr stark verschlechtert, was aber genauso gut überall zutreffen kann! Viele Menschen denken nur an sich selbst. Die anderen sind quasi egal geworden, denn das eigene Ego zählt meistens. Respekt, Loyalität, Hilfsbereitschaft und Selbstbewusstsein fehlt leider bei sehr vielen Menschen. Vor allem der heutigen Jugend fehlt es an vielen Sachen wie Disziplin, Respekt und Benehmen, aber es kommt natürlich auf jeden einzelnen Menschen an. Aber es ist halt eine Tatsache, die man nicht verbergen kann/darf. Das Leben in Deutschland ist allgemein nicht so einfach, aber auch ziemlich langweilig. Reines Arbeiterleben halt ... Viel Arbeit, wenig Freizeit, denn heutzutage muss man funktionieren. Die lästig hohen Steuern werden als Belohnung vom Monatsgehalt abgezogen so dass das Nettogehalt sinkt für die Leistung was man monatlich hart erarbeitet hat. Viel Zeit für Familie und Freunde hat man oftmals nicht. Hilfe kriegt man auch zu selten und viele Menschen sind von ihrem Charakter falsch. So viel dazu.

Ich stelle mir in Zukunft trotzdem ein Leben außerhalb von Deutschland vor, weil ich es leid bin, in einem Land zu leben, in dem teilweise zu viel Arbeit für zu wenig Geld geleistet wird und das kaum Freizeit bietet. Dazu ist das Leben in Deutschland sehr stressig, vor allem als Selbstständiger. Es gibt Länder wie Kosovo, in dem das Leben entspannter und gemäßigter abläuft als in Deutschland – trotz Armut, versteht sich! Aber in Kosovo sind die Menschen trotzdem glücklich, obwohl sie nicht viel haben, weil man sich oftmals auf das Nötigste beschränkt und das auch zu schätzen weiß. Das muss man oft hart erarbeiten. Dazu wird man im Kosovo von den Mitmenschen sehr wertgeschätzt und man fühlt sich einfach Willkommen! Immer wieder ein tolles Gefühl, wenn man die stressigen Zeiten aus Deutschland hinter sich lässt und nach Kosovo reist. Es ist aber meine persönliche Meinung. Jeder Mensch kann sich seinen Teil denken.

Ich danke Oktay sehr für diese Arbeit und dass ich als Gast eine Anekdote schreiben durfte! Alles Gute!

Michael W. Späth

Sehr geehrte Damen und Herren

Als erstes würde ich mich gerne bedanken für Ihr Interesse an meiner Person und Kosovo, ich werde in diesem Kurzbrief versuchen, es Ihnen bestmöglich zu erklären. Mein Name ist Michael W. Späth und wurde geboren in Bietigheim-Bissingen, aufgewachsen bin ich mit deutsch-amerikanischen Eltern, meine Mutter ist deutsch und mein Vater Amerikaner, dieser war tätig im USMilitär. Im Alter von vier Jahren habe ich bei meinen Großeltern in Untersberg gelebt für ca. 10 Jahre, da mein Vater schon am Anfang des Vietnam-Krieges versetzt worden ist und ein Familiennachzug nicht möglich war damals. Meine Großeltern haben damals untervermietet an Gastarbeiter aus dem Ausland und viele kamen aus dem ehemaligen Jugoslawien, welches heute als Kosovo und Serbien gesehen wird. Dadurch war ich schon in den Kindheitstagen konfrontiert worden mit Albanischen Staatsbürgerkunde, unter anderem habe ich durch Nachfahren herausgefunden, dass diese Verhältnisse auf meinem Großvater zurückgehen bis 1938 im Zweiten Weltkrieg, dieses habe ich erst im Kosovo erfahren durch einen Besuch eines in Bietigheim-Bissingen lebenden Kosovaren, als wir uns im Restaurant Soma in Pristina Kosovo trafen.

Damit waren ja schon die Grundkenntnisse erschaffen worden vor über 50 Jahren, und natürlich durch meinen Militärdienst in den U.S.A., wo wir zu einem späterem Zeitpunkt schon gewisse Leute ausgebildet haben für einen Konflikt auf dem Balkan, welches ja dargelegt ist durch die Geschichte und die Kriege in Kroatien und Bosnien. Es war nur eine Frage der Zeit, bis es in den Kosovo übergeht.

1997 wurde ich mehrmals darauf angesprochen und eingeladen von verschiedenen Personen, wo mit meiner Familie zu tun gehabt haben, wie schon erklärt, am Anfang habe ich es abgelehnt, weil ich zu viele Einsätze in anderen Gebieten hatte, und man eben kriegsmüde wird. Im Frühjahr 1998 habe ich dann zugesagt, Kosovo zu unterstützen und alles gegeben, was ein Mensch geben kann für eine unterdrückte Bevölkerung und damit auch weiter Massaker an der Zivilisation zu verhindern. Ich konnte selber nicht damit rechnen, dass aus 18 Monaten 24 Jahre werden, und den Kosovo bis heute zu unterstützen, natürlich hat sich die Zeit geändert und nicht immer zum Besten für uns, die hier leben, im Gegenteil, jetzt geht es eigentlich rückwärts, aber da muss man durch, wie mit jeder anderen Angelegenheit auch.

Natürlich frage ich mich ab und zu, ob es Zeitverschwendung war, überhaupt, da ich niemals meinen Sohn habe aufwachsen sehen können, oder den Verlust meiner Eltern, ohne in den letzten Jahren an ihrer Seite zu sein können und ein letztes Mal bei ihnen zu sein.

Nein eigentlich nicht, niemand hat mich gezwungen, diesen Weg einzuschlagen, welchen ich selber gewählt habe, aber die ganze Geschichte wird auch durch mein Buch THE LONE SOLDIER dann zum Vorschein kommen, wie und was, auch mit Leuten, die einen wirklich hintergangen und verraten haben durch Unwissenheit und mit dem eigenen Profit in ihrer Aussicht.

Florian G.

Ich kam 1998 als Sohn kosovo-albanischer Immigranten in Frankfurt zur Welt. Mein Vater wurde 1991, als die Lage im Balkan zu eskalieren drohte, von der Jugoslawischen Volksarmee an die Front berufen. Als Albaner weigerte er sich, gegen die Kroaten, mit denen wir kein böses Blut hatten, in den Krieg zu ziehen. Der einzige Weg, dem zu entkommen, war, die Heimat und somit seine Familie zu verlassen. So beschloss er, zu seinem Bruder zu flüchten, der zu der Zeit bereits in Deutschland Gastarbeiter war, um nicht in diesem schrecklichen Krieg voller Unmenschlichkeit und haufenweiser Kriegsverbrechen teilzunehmen. Nachdem er sich in Deutschland eingelebt hatte, beschloss er, seine Verlobte ebenfalls nach Deutschland zu bringen und heiratete sie anschließend. Ein neues „normales" Leben begann. Einige Jahre später wurde ich geboren. Ich genoss eine albanische Erziehung. Hier wurde man nicht verfolgt und misshandelt, weil man albanisch gesprochen und nach albanischen Werten gelebt hat. Nachdem sich die Lage im Kosovo beruhigt hatte, begann mein Vater, so wie viele Albaner auch, seine Familie zu besuchen. Das bedeutete, dass ich jedes Jahr mindestens einmal in Kosovo, dem vom Krieg gezeichneten Land, Urlaub machte. Schnell merkte ich, wie verschieden die Menschen dort unten im Vergleich zu denen in Deutschland doch waren. Dunkle Haare und dunkle Augen waren was völlig Normales. Es gab keine Vorurteile, da wir mehr oder weniger alle gleich waren. Der Umgang miteinander ist das, was mich heute noch jedes Mal erneut überrascht. Ich kenne das Leben in Deutschland, wo sich überall Gruppen bilden, die die gleiche oder eine ähnliche Sprache sprechen. Indem die Menschen bei ihren Landsleuten bleiben, kompensieren sie die ihnen fehlende Heimat. Versteht mich nicht falsch, ich war genau so, auch wenn ich dadurch viel einsamer war, da es im Vergleich zu Menschen türkischer, jugoslawischer oder nordafrikanischer Herkunft sehr wenige Albaner gab und ich somit automatisch nicht sonderlich viele Freunde hatte. Nicht, dass ich ein Problem hatte und habe, mich mit Nicht-Albanern abzugeben, es ist vielmehr die Sprache, die ich sprach, und die Kultur, die ich lebte, die sich sehr von den anderen unterschied. Als sehr heimatverbundener Mensch wollte ich darauf nicht verzichten. Somit war ich mehr bei meiner Familie oder auf andere Art und Weise mit meinen Wurzeln in Verbindung. Natürlich bin ich auf der anderen Seite auch stolzer Frankfurter und dem deutschen Staat dankbar dafür, dass er mir eine kostenfreie schulische Laufbahn und eine Ausbildung ermöglichte. Dass er meinen Vater, der einer großen Gefahr ausgesetzt war, weil er kein Unheil vollbringen wollte, aufgenommen hat. Dankbar dafür, dass wir ein unbeschwertes und sorgenfreies Leben führen dürfen. Das, was für viele selbstverständlich ist, ist für einige ein Luxus. Schließlich trat hier niemand die Tür ein, um Familien zu zerstören, alles zu plündern oder gesamte Gebäude in Brand zu setzen. Bis auf wenige Einzelfälle erfuhr ich nie Rassismus oder sonstige Art von Anfeindungen. Abschließend möchte ich sagen, dass ich froh bin, hier leben zu dürfen und gleichzeitig auch, wann auch immer ich möchte, meine befreite Heimat besuchen kann. Auch das ist nichts, was jeder kann.

Marsala Koca

Über Einwanderung zu sprechen ist ein sehr wichtiges und weites Thema, bei dem verschiedene Faktoren, Situationen und Personen eine wichtige Rolle spielen können und bei dem selbst scheinbar unbedeutenden Elementen große Auswirkungen auf die Definition von Einwanderung selbst haben können. Dies bedeutet, dass eine Reihe von Verhaltensweisen, Ideen, befolgten Regeln und die Anwendung des Einwanderungsgesetzes Definitionen vor unsere Augen bringen könnten, die lange Anfänge in der Vergangenheit nachzeichnen, die oft gemeinsame Alternativrouten einschlagen, die zusammen in einem Wort, Einwanderung, Gestalt annehmen.

Menschen immigrieren aus unterschiedlichen Gründen und sie sollen ihr Land wahrscheinlich in verschiedenen Momenten ihres Lebens verlassen. Ich möchte über die albanische Einwanderung sprechen, insbesondere in Italien ab den 90er-Jahren, nachdem die Berliner Mauer gefallen war und für die Welt eine neue Ära begann. Für Albanien war es die Zeit der massiven Einwanderung, die bis heute andauert. Ich bin ein Produkt dieses Phänomens.

Studieren, zur Schule gehen, verschiedene Kurse besuchen, es war erstaunlich, in meinem Land erlebte ich eine schöne Jugend. Mein Vater war einer der ersten Auswanderer, die Albanien nach Griechenland verließen, und alles in unserer Familie änderte sich. Nach ihm ging mein Bruder weg, als er 16 war, und alle meine Verwandten, Cousins, Nachbarn, Freunde, wollten einfach weg von Albanien. Es war eine Zeit, in der viele junge Leute nach Italien auswanderten, um zu studieren, und ich begann, von diesem Land zu träumen. Ich beendete das Abitur und dachte nur, wie ich Albanien verlassen könnte. Ich weiß nicht warum? Aber es war nicht aus triftigen Gründen. Ich meine, wir lebten in guten Verhältnissen, ich hatte alles zusammen mit meiner Mutter, mein

Vater hat uns viel geholfen und mein Bruder, nicht am Anfang, aber später, als er anfing, in Italien zu arbeiten. Warum musste ein junges Mädchen von 19 Jahren so viel davon träumen, ihr Land zu verlassen? Ihre Mutter, ihre Omas, jeden einzelnen ihrer Familie und Freunde so einfach zu verlassen?

Zu studieren, keinen Mann zu heiraten, den andere für sie aussuchen wollten, und ihrer Familie zu zeigen, dass sie auch ohne sie arbeiten und überleben kann.

Es war einer der glücklichsten Tage überhaupt, als ich in Bari ankam. Viele Studenten wie ich kamen an. Der Polizist, die meine Dokumente kontrollierte, fragte mich, warum ich so viel lächelte?

Und ich sagte leise: „Weil ich in Italien bin."
Er hat überhaupt nicht mit mir gelächelt …
Diese Zeit war bekannt als die Einwanderung des albanischen Gehirns. Tausende und abertausende junger Menschen wählen Italien zum Studieren und Einwandern, weil es sehr einfach war, ein Visum zu bekommen, und wir alle glaubten, dass die italienische Sprache so einfach zu lernen sei.

Ich wurde Teil einer wunderbaren Generation, voller Freunde und besonderer Dinge, die es zu lernen und zu tun gibt. An der Universität war es sehr einfach, sich zu integrieren, aber außerhalb war es nicht dasselbe. Ich wusste nicht, dass die Leute nie glauben würden, dass eine junge Albanerin an der Universität studieren könnte, und ich konnte nicht einmal wissen, dass eine junge Albanerin dort draußen nur für eine Prostituierte gehalten wurde.

Ich wusste nicht, dass es Vorurteile, Klischees gibt, und ich lerne ihre Bedeutung in Italien. Es war sehr schwer, mit Vorurteilen zu leben, schwer, ein Zuhause zu finden, schwer, einen Job zu finden oder außerhalb der Universität einen Freund zu finden. Es war schwer für meinen Bruder, eine Lösung zu finden, während er nach einem Haus suchte, sagte man ihm, die Albaner seien Mädchenverkäufer. Es ist schwer, die Leute davon zu überzeugen, dass wir Brüder sind.

Ich wollte Ihnen nur einige Erfahrungen meiner Selbsteinwanderung vorstellen und bin überzeugt, dass viele von Ihnen manchmal in gewöhnlichen Situationen gelebt haben. Es ist sehr wichtig, die Umgebung, in der Sie leben, zu verstehen, die Mentalität der Menschen, mit denen Sie zu tun haben, wie sie über Sie und Ihr Land denken, und glauben Sie mir, mein Land galt als eines der Schlimmsten in Italien. Nach einiger Zeit, in der ich die Menschen, mit denen ich zusammenlebte, davon überzeugt hatte, dass ich wirklich eine Person war, die nach Italien kam, um ehrlich zu studieren und zu arbeiten, begann ein neues schönes Leben, hart, aber schön für mich. Ich war jung, voller Träume, die es zu verwirklichen galt, voller Energie, Dinge voller Positivismus zu tun. Ich war eine von Hunderten von albanischen Studenten an der Mailänder Universität, die versuchte, sich selbst und ihrer Familie eine Chance zu geben, ohne damals zu denken, dass ich das Gesicht meines Landes verändern würde. Ich und alle, die Teil dieser neuen Ära der Einwanderung aus Albanien waren. Der Brain-Drain, Brain-Drain ist ein umgangssprachlicher Begriff, der auf eine erhebliche Auswanderung oder Migration von Personen hinweist. Ein Brain-Drain kann aus Unruhen innerhalb einer Nation, der Existenz günstiger beruflicher Möglichkeiten in anderen Ländern oder aus dem Wunsch resultieren, einen höheren Lebensstandard anzustreben.

Ich hätte nie gedacht, nicht umzukehren, aber es ist 20 Jahre her und ich bin immer noch ein Immigrant.

Ich bin jetzt albanischer und italienischer Einwanderer. Zum zweiten Mal auswandern, aber das ist eine andere Geschichte.

In Italien sind die Albaner jetzt eine Ressource für das Land, sie zeigen, dass sie gute Profis und harte Arbeiter sein können. Harte Arbeiter und sie sind besonders im Baubereich bekannt. Die

Albaner gelten heute in der Regel als gutes Beispiel für die Einwanderung, weil sie sehr schnell die Sprache lernen, bereit sind, sich in die Gesellschaft, in der sie leben, zu integrieren, und sie in der Lage sind, alle Arten von Jobs zu machen.

Bei der Einwanderung sehen nicht alle Gemeinden dasselbe. Die Albaner werden in verschiedene Kategorien eingeteilt, im allgemeinen Arbeiter, Fachkräfte, Frauen und Männer. Die Vorurteile unter ihnen sind wie bei den anderen Einwanderergemeinschaften unterschiedlich.

Ich muss sagen, dass die Studentenwelle die Mentalität der albanischen Gemeinschaft in den letzten 20 Jahren in Italien stark verändert hat und es sehr geholfen hat, die Albaner als eine wichtige Bereicherung für das Land zu sehen. Die gute Arbeit von hunderten von Albanischen Kulturvereinen, die Familienzusammenführung, veränderte allmählich das Gesicht der Albaner.

Von einer reinen Männereinwanderung sind wir auch zur Fraueneinwanderung übergegangen, insbesondere durch Familienzusammenführung und Einwanderung aus Studiengründen, und wir befinden uns jetzt in der sogenannten zweiten Generation unserer Kinder, der Kinder der Einwanderer.

Alle Phasen, die die Einwanderung durchläuft, hängen von verschiedenen Faktoren ab, und eine der wichtigsten ist die politische Situation eines Landes, die Auswanderung hervorruft. Es gibt inzwischen eine andere Mentalität über das moslemische Volk, wenn im Nahen Osten ein Religionskrieg geführt wird. Muslim zu sein war damals nicht, ist nicht ganz einfach.

Es war eine Zeit, aus der das Gefährliche kam. Die Albaner, Frauen- und Drogenverkäufer, als der Feind das rumänische Volk, die Prostitution, die niedrigen Preise für den Bau von Arbeitsplätzen und jede Art von Arbeit, dann die Afrikaner, die zu Tausenden im Mittelmeer verloren gingen, als die Araber aus dem Krieg kamen in Syrien, Palästina, Libyen, Ägypten, Tunesien, die das Phänomen des Terrorismus „mitbringen". Die Welt braucht immer einen Feind zum Kämpfen.

Jetzt haben wir „endlich" ein gemeinsames Problem, Reiche, Arme, Junge, Alte, Muslime und Orthodoxe, das Problem der Pandemie. Wie wird es die Einwanderung definieren und beeinflussen?

Wir werden Zeit haben, es in einer anderen Geschichte zu erzählen.

Familie Aksel

Hallo, wir sind die fünfköpfige Familie Aksel, und unsere Meinung ist zu diesem Thema ist: Deutschland ist ein schönes Land, wo wir uns eigentlich recht gut wohlfühlen sollten, doch leider fühlen wir uns als türkische Familie in Deutschland nicht angenommen. Was uns nicht immer glücklich stimmt, aber wir haben gelernt, damit zu leben. Wir sind eine Familie, wo alle berufstätig sind und die Kleinsten besuchen noch die Schule, ich möchte damit sagen, dass wir dem Staat nicht zur Last fallen, unsere Steuern zahlen und ordentliche Bürger sind, uns in dem Land gut eingefügt haben und nebenher ehrenamtliche Tätigkeit ausführen.

Leider haben wir das Gefühl, zweitklassig behandelt zu werden.

Wir werden jetzt zwei kleine Geschichten erzählen, damit Sie ein Bild haben.

Vor einigen Jahren waren wir zu Silvester auf dem Münsterplatz, um uns das Feuerwerk anzusehen, und dann ist es uns leider passiert, dass uns einige Deutsche höchst aggressiv angegangen sind, weil meine zwei Verwandten Kopftücher getragen haben. Einige umstehende Passanten haben uns beleidigt und uns angeschrieben, dass wir hier abhauen sollen und vor unserer Moschee feiern sollen und nicht vor deren Kirche. Irgendeiner ruft die Polizei, um die Lage unter Kontrolle zu bringen, da es ernsthaft zu eskalieren drohte. Anschließend kam die Polizei, die komischerweise auch zu uns sehr unhöflich war und zu den anderen höflicher. Die Polizei war höchst unfreundlich und sagte, wir sollen aufs Revier laufen und die anderen wurden von der Polizei gefahren. Das hat uns leider gezeigt, dass man als Ausländer immer schlechtere Karten hat. In einer anderen Situation wurde mein Sohn ungerechtfertigt von der Lehrerin auf dem Pausenhof geohrfeigt, weil mein Sohn mit einem Deutschen gestritten hat. Ich frage mich, warum nur mein Sohn und nicht der Deutsche oder sogar beide, warum nur der Takedas, natürlich wurde das von unserer Seite beim Schulministerium gemeldet, leider kam eine sehr unhöfliche Antwort, dass die Lehrerin richtig gehandelt habe, obwohl viele Kinder unsere Version bestätigt haben. Für uns war das sehr ungerechte Behandlung, mit der wir lernen müssen zu leben.

G.A.

In Deutschland lässt es sich gut leben, es gibt große Sicherheit, vor allem Bewegung und die Meinungsfreiheit war auf dem höchsten Niveau... dachten wir zumindest, bis CORONA eintraf ...!!!? Aber mal ehrlich! Man muss das auch positiv sehen, ein stark wirtschaftlich geprägtes Land oder Region heißt nicht immer, dass es auch immun gegen verhaltensbedingt eintretende Krankheiten sein kann, es kann höchstens wirtschaftlich im Stande sein, einige Sicherheitsvorkehrungen zu treffen, wie Einrichtungen zur Verfügung zu stellen oder entsprechende Mittel und Fachkräfte, die dazu führen, dies auch konform zu behandeln, aber mehr auch nicht. Vorbeugend agieren ist nicht immer die Antwort, erst recht dann nicht, wenn man nicht so ganz versteht, was da los ist. Aber was wichtig in dem Ganzen ist; was zum Wohle der Allgemeinheit führt, sollte auch begrüßt werden, selbst wenn wir Opfer bringen müssen, wie z.B. an Grundrechten und Freiheit. Zu hinterfragen ist das ganze „Warum"? Es gibt ja keinen Grund dazu, außer man beabsichtigt die entsprechende Aufklärung über die Auswirkungen DRINGEND zu betreiben. Damit Menschen verstehen, um welches Ausmaß und um welche Art der Katastrophe es sich handelt UND WO DAS GANZE HINFÜHRT. Es ist wohl Pflicht eines jeden würdigen und verantwortungsbewussten Bürgers, vielleicht hat das ja auch mit dem Klimawandel zu tun, wer weiß!?

In Sachen Identität hat aus meiner Sicht Deutschland dazu beigetragen, mich zu vervollständigen. Ich sage das mit Stolz und großer Dankbarkeit, gleichzeitig mit der Hoffnung, dass ich nicht mit Moses in Ägypten identifiziert werde. Integration haben hier viele missverstanden, Deutschland führt eine Art Anerkennung/Belohnungspolitik in Sachen Migration. Kommunikationsbedingt und vorausgesetzt, man weiß sein Verhalten oder sein Benehmen hier anzupassen. Meinem Verständnis nach wird in Deutschland eine klare Linie gesetzt zwischen

Einheimischen und Migranten, was für viele als Diskriminierung angesehen wird. Ganz im Gegenteil, und je nachdem, welchen Erwartungen beziehungsweise Gegebenheiten man als Migrant oder Flüchtling ausgesetzt ist. Mich persönlich hat genau das aus dem sogenannten Hintergrund befreit, mir meine Würde in den Vordergrund gestellt. Mir klar gezeigt, wonach ich tatsächlich zu suchen habe, denn das, was heute meine Persönlichkeit prägt und meine Weltanschauung, ist genau diesem FORMAT zu verdanken, der deutschen Integrationspolitik. Denn wahrlich, es ist von besonderer Ehre, genau das zu sein, was man tatsächlich ist. Etwas anderes zu sein, das kann man sich nicht zumuten, denn was genetisch nicht passt beziehungsweise nicht vereinbart ist, kann praktisch auch nicht (authentisch) funktionieren. Sollte man daran den Glauben aufgebaut haben, dass der eine oder andere eine bestimmte Position genießt, obwohl er nichts weiter gemacht hat als eine Uniform anzuziehen. Die klar darauf hinweist, dass man SYSTEMKONFORM ANGEKOMMEN IST. Also diese KONFORMITÄT als Leistungsträger, nicht Dazugehöriger. Liebe ist genetisch vereinbart, hat aber auch kulturelle Hintergründe, und was nicht dazugehört, kann auch nicht dazu passen. Wir müssen anerkennen, wie es halt so ist, und anerkennen, respektiert zu werden, und falls einer da andere Erwartungen hat, sollte er sich damit begnügen, im Rahmen der Gleichbehandlung zu profitieren. Solange die Politik und Gesellschaft sich dafür noch einsetzen, unabhängig von seiner Herkunft, Kultur oder Rasse. In Deutschland wird Gerechtigkeit großgeschrieben: „Der Bedürftige beziehungsweise der Schutzbedürftige braucht Sicherheit, nicht Format, wie er zu sein hat, braucht Entlastung, keinen Druck (oder Zwang), braucht Aufklärung, keine List, er ist nämlich nicht ausgeliefert, sondern aufgenommen worden, also setze ich mich stark dafür ein, dass Deutschland deutsch BLEIBT, das immer von sich auszugehen, denn dieses Gefühl zu beschreiben, genau das zu sein, was man tatsächlich ist, ist die beste Ausdrucksform, die man jemals zum Ausdruck gebracht hat." Stolz aber liegt nicht allein darin, welcher Herkunft man ist (obwohl in sich entscheidend als Wert), sondern und vor allem an dem, wofür man steht. Deutschland hat im Hinblick auf Solidarität und Entwicklungspolitik oft darauf hingewiesen, sowohl offen als auch durch Migrationspolitik Migranten, die vor allem aus sogenannten Drittländern nach Deutschland gekommen sind, in allen Richtungen, sowohl der beruflichen als auch auf sozialer Ebene, zu helfen – und hat dabei auch investiert. Um ihren Herkunftsländern, aus denen die gekommen sind, beim Aufbau und bei der Weiterentwicklung zu helfen und sie dabei zu unterstützen. Als Migrant selbst hat man das zu oft missverstanden, vor allem die, die sich nicht über sich hinaus verstanden haben im Sinne des gesellschaftlichen Interesses jener Herkunftsländer, und gedacht haben und immer noch denken, dass Deutschland sie nicht langfristig hier haben will. Mir persönlich wurde genau das zu oft klar gemacht, sowohl direkt und indirekt, was ich sehr zu schätzen weiß. Also alles andere als Manipulationspolitik, für die vor allem, die fest überzeugt sind, dass deutscher Integrationskurs zu Assimilationsdefizit führt. Man muss zu profitieren und zu verstehen wissen. Deutschland führt eine langfristige, grundlegende und sehr genaue, einkalkulierte Politik (sofern wir über keinen anderen Zahlen verfügen), sowohl im Innen- als auch im Außenbereich. Aber eine Sprache extra für diese Migranten zu entwickeln, damit man dies auch versteht, ist zu viel verlangt, somit von Deutschland auch nicht zu erwarten. Zudem Deutsch als Verständnissprache zu lernen und Deutsch als Inhalt beziehungsweise als Funktion zu verstehen, politisch damit zu kommunizieren, kulturell sich damit zu befassen, von genauso großer Bedeutung ist. Die deutsche Sprache ist eine lobenswerte Sprache, überall wird groß gelobt, selbst eine „6" wird hier mit: „Hat sich bemüht" bezeichnet oder eine Putzfrau als Fachkraft im Laborwesen in Sachen Zusammensetzen und Anwenden der Reinigungsmittel beim Putzen einer Toilette bezeichnet. Im Ganzen heißt; du BEKOMMST nicht, wofür du gelobt wirst, und auch nicht verschönert, wo du abgewertet bist, selbst wenn es dir Hoffnung gibt und sich gut anhört. Viel einfacher geht das in Afghanistan oder Bangladesch. Ich kann zum Schluss nur sagen, und somit erlaube ich mir insbesondere die zu vertreten, die wirklich bedürftig oder notbedürftig, und auch anständig sind; persönlich habe ich verstanden mich hier anzuschließen, dankbar für die Notaufnahme zu sein, und dafür aber auch stark dazu beizutragen, dass meine Bleibe höchst produktiv, rentabel, vorausschauend und kollektiv konzertiert bleibt. Zu Gunsten der Gesellschaft, zu der ich die Möglichkeit bekommen habe und zu Diensten der Gesellschaft, zu der ich hingehöre, die mich IDENTIFIZIERT. ... Dieses Gefühl dabei, hier und jetzt sich so klar auszudrücken, ist nicht nur von besonderer Ehre und ein Sondererlebnis, sondern auch von großer Bedeutung für mich. Zum großen Teil, ist das der deutsche Politik, Kultur als offener Gesellschaft und Prägung als Nation zu verdanken, wofür ich auch sehr dankbar bin.

G.A.

Christian A.

Wie ich Oktay kennengelernt habe. Eigentlich kenne ich Oktay schon lange. Zuerst traf ich ihn Anfang der Neunzigerjahre, als ich in meinem damaligen Fitnessstudio bei einem Taekwondo Schnupperkurs mitmachte. Schon damals fiel mir auf, mit welcher Präzision und mit welchem Einsatz er diese Sportart betrieb. Ich war tief beeindruckt von seinem Können, war er doch ungefähr gleich alt wie ich. Nach circa drei Jahren – ich hatte es mittlerweile immerhin zum blauen Gürtel gebracht – hörte ich mit dem Taekwondo auf, nachdem ich mit dem Studium fertig war und in den Beruf einstieg. Es war einfach zu wenig Zeit. Viele Jahre hörte ich nichts mehr von Oktay. Dann eines Tages, ich war mit meinem Sohn in einem Supermarkt beim Einkaufen – wir gingen gerade über den Parkplatz, als mich mein Sohn auf ein Auto aufmerksam machte, auf dessen Rückfenster ein Gesicht zu sehen war und die Aufschrift „Taekwondo". Mir kam dieses Gesicht seltsam bekannt vor und ich identifizierte es schnell als das von Oktay. Ich ging an das Auto heran und zu meiner Überraschung saß Oktay sogar am Steuer. Er erkannte mich auch gleich wieder, wir kamen ins Gespräch und er erzählte mir, dass er eine Kampfsportschule in einem nahen Ort aufgemacht hatte. Mein Sohn – der damals circa acht Jahre alt war – machte schon seit einigen Jahren Kungfu – und daher bot Oktay mir an, ob er nicht mal bei ihm in der Sportschule ins Taekwondo reinschnuppern wolle. Gesagt getan, wenige Wochen später war mein Sohn bei Oktay angemeldet und nahm mit großer Freude am Unterricht teil. Und natürlich kam Oktay auch auf mich zu und fragte mich, ob auch nicht ich wieder anfangen wolle, ich hätte ja schließlich schon den blauen Gürtel. Also begann auch ich nach vielen Jahren der Pause wieder und schaffte es über die Jahre – mit einem Wechsel des Standorts der Kampfsportschule – zum schwarzen Gürtel, ja sogar zum zweiten schwarzen Gürtel. Dies alles verdanke ich Oktay, der nicht nur mir, sondern vielen, vielen anderen

Schülern, oft auch gerade den sozial Schwachen und denen, die vielleicht sonst keine Chance bekommen haben, immer geholfen hat. Jeder war bei ihm Willkommen und es gab keine Unterschiede, egal welche Nationalität, Bildung oder Alter. Ich glaube es nicht nur, ich weiß es sicher, dass er vielen – vor allem jungen Menschen – viel für ihr Leben mit- und dafür selbst viel von sich selbst gegeben hat. Dabei ging es ihm auch gar nicht darum, viel zu verdienen. Seine Preise waren wirklich fair und eher zu niedrig als zu hoch. Es war eine schöne Zeit dort und ich bedaure es, dass die Schule nicht mehr existiert. Dass Oktay noch viel zu sagen hat, dass er seine Erfahrungen und Erlebnisse für viele interessant sind, kann man an den Inhalten dieses Buches sehen. Vielleicht schlägt er ja hier einfach das nächste Kapitel auf – ich würde es ihm sehr gönnen und wünsche ihm alles Gute!

Christian A.

Schlusswort

Zum Schluss muss ich sagen, dass ich unheimlich stolz und glücklich bin auf die Erfahrungsberichte der Menschen, die mir ihr Vertrauen geschenkt haben und sie mit der Welt teilen wollen. Ich bin so sehr zu Dank verpflichtet, dass ihr mir die Ehre gegeben habt, euch in meinem Werk mitzuverewigen. Wie man merkt, sind sie doch sanftmütiger, liebevoller und weiser, als man denkt und sie kommen am Schluss alle auf dasselbe Ende und das hat mich erstaunt, weil es die menschlichen Werte sind und dass wir nur zusammen etwas erreichen. Es gibt dieses neue Modewort Verschwörungstheoretiker und ich behaupte, jeder Ausländer, der seit Jahrzehnten hier lebt, ist gezwungenermaßen ein Mensch, der die Wahrheit sieht, weil er Möglichkeiten hat, um abzugleichen zwischen seiner Welt und der Welt außerhalb und so merkt er schnell, wenn er an Weihnachten ein kleines Säckchen mit Nüssen und Orangen bekommt, dass das Verhältnis nicht stimmt im Gegensatz zu den vielen Geschenken der anderen, die unter dem Weihnachtsbaum liegen. Heute sagt man, dass die Menschen erwachen und sie gehen auf die Straße, tja, wenn es einem an den Kragen geht, mobilisiert man sich schnell, doch vorher hat es irgendwie niemanden interessiert außer der kleine Ali der erwacht ist und mit seinem Paket der Wahrheit alleine dastand vor seinem Häuserblock in der Kälte des Winters. Ok, nun lasst uns bei Mull beginnen und mal unsere Sichtweise, die entrückt war, wieder etwas geraderücken, um somit bis an den Grund des Teiches zu sehen, dessen aufgetriebener Schlamm sich gelegt hat, und neue Konzepte suchen, und da muss jeder bei sich anfangen und nicht mehr die Verantwortung abgeben oder sich wegdrehen. In der heutigen Zeit sind die Menschen sehr orientierungslos geworden und ihnen fehlt die richtige Motivation, doch wenn sie einen neuen guten Weg in ihrem Leben sehen, werden sie meiner Meinung nach die Welt neu gestalten zum Allgemeinwohl der Menschheit.

Mit freundlichen Grüßen, euer Nachbar, der unbekannte Ausländer.